STORY TURBO: DER PRAXIS-RATGEBER MIT SYSTEM

SCHREIBEN SIE IHR BESTES BUCH IN 4 WOCHEN ODER WENIGER!

L.C. FREY

INHALT

StoryTurbo: Besser schreiben mit System — ix

Teil I
NIEMAND SCHREIBT EIN BUCH

1. Niemand schreibt ein Buch! — 3
2. Die Frage nach dem Warum – und zwei Antworten — 6
3. Das finden Sie in diesem Buch — 9
4. Wieso Sie mit diesem Buch beginnen sollten — 11
5. Der Weg ist das Ziel? — 13
6. Was?! Keine Marketing-Geheimtipps?! — 16
7. Mein Versprechen an Sie — 19
8. Für wen ist dieses Buch? — 21
9. Sie möchten ein Sachbuch schreiben? — 22
10. Für wen ist dieses Buch nicht? — 23
11. Wie Sie mit diesem Buch »arbeiten« — 26
12. Warum ich? — 28
13. Wie lange dauern vier Wochen? — 32
14. Schreiben heißt: Üben für das nächste Buch — 35
15. Glaube, Liebe, Hoffnung — 37
16. Finden Sie Ihre Routine! — 39
17. Unser täglich Brot — 41
18. Pausen — 43
19. Die Phasen des Schreibens — 46
20. Die Ziele der einzelnen Phasen — 47

Teil II
WERKZEUGE: HARDWARE, SOFTWARE UND DER GANZE REST

1. Tools of the trade — 51
2. Über das Lesen — 52
3. Ihre Schreibwerkstatt — 56
4. Überall schreiben … und was ich daraus gelernt habe — 58
5. Das richtige Schreibprogramm — 60
6. Die Zeit im Griff: Ihre Timeline — 66

7. Ihr virtuelles Gedächtnis: das Notizbuch 69
8. Zusatz für Stressgeplagte: Sprachnotizen 72
9. Der gute, alte Schreibblock 74
10. Alles eine Frage des Timings 77
11. Das Parkinsonsche Gesetz 81
12. Noch ein kleiner »Parkinson« von mir 84
13. Zehn Finger tippen mehr als zwei 87
14. Zum Diktat, bitte! 89
15. Alternative Möglichkeiten 92
16. Ein Hinweis zur Normseite 94
17. Checkliste: Werkzeuge 95

Teil III
DAS KLEINE EINMALEINS FÜR AUTOREN

1. Das kleine Einmaleins 99
2. Basiswissen: Ihr Genre 102
3. Anregungen, wie Sie Ihr Genre finden 105
4. Eine Idee entsteht 109
5. Die Frage aller Fragen 117
6. Die Guten ins Töpfchen 122
7. Eine explosive Exposition 127
8. Konflikte und Komplikationen: Leiden soll er! 130
9. Ziel und Motivation 134
10. Dämonisch: »Innere Hindernisse« 137
11. Ein Angebot, dass Sie nicht ablehnen können 139
12. Eher ungeeignete Dämonen 141
13. Backstory? Gääähn! 143
14. Menscheln muss es: Der Bambi-Effekt 149
15. Der »Böse« 150
16. Nichtmenschliche Übeltäter 152
17. Ein Wort zur Heldenreise 154
18. Die ULTIMATIVE Wunderformel! 157
19. Das kürzeste Kapitel, das Sie je über Struktur lesen werden 159
20. Jede Menge Ärger 162
21. Noch mehr Konflikte! 164
22. Das gewisse Etwas, Teil I: Konzept 167
23. Das gewisse Etwas, Teil II: Das literarische Thema 170
24. Recherche? Halten Sie den Ball flach und lassen Sie die Kirche im Dorf 172
25. Infodump 177
26. Geheimtipp 1: die Story »träumen« 181

27. Geheimtipp 2: Top Secret!	183
28. Hausaufgaben Und Checkliste	186

Teil IV
PHASE 1 / WOCHE 1: SOMETHING FROM NOTHING

1. Die Muse knutschen	191
2. Ziel der WOCHE 1	192
3. Tag 1: Finden Sie Ihr Genre!	195
4. Tag 2: Die Idee Brainstormen	197
5. TAG 3: VON DER IDEE ZUM ENTWURF, IN DREI EINFACHEN SCHRITTEN	199
6. Schritt 1: Ein Satz, sie zu knechten	201
7. Schritt 2: fünf Punkte und ein Doppelzelt. Und kein Halleluja.	204
8. Trotz aller »Regeln«: Bauchgefühl ist Trumpf	217
9. Schritt 3: Perspektivenwechsel	223
10. Tag 4: Ihr Plot	225
11. Was ist ein Plot?	226
12. Plot am Beispiel von Gone Girl: Das perfekte Opfer	227
13. Ursache und Wirkung	231
14. Konzentrieren Sie sich auf das Wesentliche	234
15. In aller Bescheidenheit: ein Beispiel von mir	236
16. Das dicke Ende kommt bestimmt!	238
17. Foreshadowing	241
18. Warum ich (manchmal) mit dem Ende beginne	245
19. Wie ich das Ende brainstorme	247
20. Tag 5: Beat It!	249
21. Die Beats aus SO KALT DEIN HERZ	251
22. In (nicht mal so) geheimer Mission	255
23. Wie viele Beats?	257
24. Die perfekte Szene	258
25. Time is on my side	261
26. Tage 6 Und 7: Plot Vs. Beats	263
27. Das Ziel vor Augen	266
28. Die Hin-und-Her-Methode	268
29. Zusammenfassung Phase 1	272
30. Checkliste Phase 1	274
31. Pause	276

Teil V
PHASE 2 / WOCHEN 2 UND 3: DER RITT AUF DEM BULLET TRAIN

1. Warum ist Geschwindigkeit wichtig? 281
2. Ziel Der Phase 2 284
3. Falls das Ihr erstes Mal ist 286
4. Ihre Tippgeschwindigkeit 287
5. Durchhalten! 289
6. Vorbereitung auf Phase 2 292
7. Über das Anfangen 295
8. Was denn, einfach so losschreiben? 298
9. Über die Tage 8 bis 21 300
10. Tag 8: Schreiben Sie! Irgendwas. 301
11. Tag 9: Die #-Methode 304
12. Tag 10: EIN BISSCHEN DRILL 306
13. Tag 11: Schreiben mit beiden Gehirnhälften 307
14. Tag 12: Tempo 312
15. TAG 13. DAS ZIEL HEISST »ENDE«. SONST NICHTS. 314
16. »So Kalt Dein Herz« von L. C. Frey 316
17. Tag 14: Scribus Interruptus 328
18. Tag 15: Wiedereinstieg 329
19. Tag 16: Auf Und Ab 330
20. Chuck Wendigs emotionale Meilensteine des Schreibens: 333
21. Tag 17 – ? 338
22. Tag 18: Die Schreibfalle 340
23. Tag 19: Über Inspiration Und Dialoge 345
24. Tag 20: Über Das Aufhören 350
25. Tag 21: Ende! 352
26. Zusammenfassung Phase 2 354
27. Checkliste Phase 2 355
28. Warum Sie jetzt Urlaub machen sollten 356

Teil VI
PHASE 3 / WOCHE 4: FINETUNING

1. Endspurt… 361
2. VORBEREITUNG AUF PHASE 3: Ihr idealer Leser 363
3. Ziel Der Phase 3 366
4. Tag 22: Lesen Auf Logik 368
5. Über das Lügen 371

6. Tag 23: Die # Auflösen ... 373
7. Tag 24: Noch Etwas Mehr Recherche? ... 375
8. Schon fertig? Gut! ... 378
9. Tag 25: Alles Auf Elf! ... 379
10. Ausdruck und Stil ... 381
11. Lücken lassen! ... 384
12. Dialoge aufmotzen ... 386
13. Tag 26: Ihre Testleser ... 388
14. Meine Testleser ... 390
15. Der Fragebogen ... 392
16. Zurück von den Testlesern ... 396
17. Tag 27: Lektorat Und Korrektorat ... 398
18. Wie finden Sie einen geeigneten Lektor? ... 400
19. Zurück von der Lektorin ... 403
20. Tag 28: Das Finale ... 405
21. Checkliste / Hausaufgaben ... 407
22. Schluss, Aus, Feierabend! ... 408

Teil VII
BONUS 1: CHEAT SHEETS ZUM »SPICKEN«
1. Spickzettel ... 411

Teil VIII
BONUS 2: VERÖFFENTLICHEN
1. Über das Veröffentlichen ... 415
2. Der Titel ... 416
3. Cover ... 421
4. Klappentext ... 423
5. Agent 007 ... 425
6. Verlage ... 428
7. Selfpublishing ... 432

Teil IX
ANHANG
1. Literaturliste ... 437
2. Was tun mit all den Ratgebern? ... 441
3. Für Sie: Ein Schlusswort ... 449
4. Feedback: Wünsche, Fragen, Anregungen? ... 451
5. Neues von mir und meinen Romanen ... 452

Über den Autor ... 453

Alle Rechte vorbehalten. Nachdruck – auch auszugsweise – nur mit schriftlicher Genehmigung von L.C. Frey. Kein Teil des Werkes darf in irgendeiner Form (durch Fotografie, Mikrofilm oder andere Verfahren) ohne schriftliche Genehmigung des Autors reproduziert oder unter Verwendung elektronischer Systeme verarbeitet, vervielfältigt oder verbreitet werden.

* * *

Umschlaggestaltung: Ideekarree Leipzig
Unter Verwendung von ©yuravector, Fotolia.com und ©martialred, Fotolia.com
Lektorat: Claudia Heinen
Impressum: L. C. Frey, c/o Alexander Pohl, Breitenfelder Str. 66, 04157 Leipzig, E-Mail: autor@lcfrey.de, Tel. 0341 / 91 888 977

Neugierig?
www.StoryTurbo.de

Für alle, die sich trauen, ihre Träume zu leben.

TEIL I
NIEMAND SCHREIBT EIN BUCH

NIEMAND SCHREIBT EIN BUCH!

»Rat zu geben ist das dümmste Handwerk, das einer treiben kann. Rate sich jeder selbst und tue, was er nicht lassen kann.«

- *Johann Wolfgang von Goethe*

***

Der Ausdruck »Ein Buch schreiben« ist meiner Meinung nach irreführend. Kein Schriftsteller, von dem wir je gelesen hätten, tut das, egal, was er oder sie Ihnen im Nachwort oder in Interviews erzählen mag oder was man uns in Filmen glauben machen will.

Es ist einfach nicht wahr.

Der geradlinige Weg von Null zum fertigen Buch ist eine Notlüge, die man uns in Filmen aus dramaturgischen Gründen auftischt. Einen Schriftsteller bei der Arbeit zu zeigen, die er wirklich macht, ist weitaus langweiliger, als ihn mit sorgenvoller Miene auf einer alten *Remington*-Schreibmaschine herumhacken zu lassen, aus der er ab und zu ein

Blatt zieht, um es zu zerknüllen und zu den anderen zu werfen, die schon neben dem Papierkorb auf dem brandlöchrigen Perser liegen.

Ein weiterer Schluck vom billigen Gin, ein Zug von der selbst gedrehten Zigarette. Dann beginnt er plötzlich wieder zu tippen, die Worte fließen nur so aus ihm heraus. Es folgt die weiche Abblende zum verklingenden Tippgeräusch ...

... und eine Woche später ist der Bestseller fertig getippt. Umfang: um die tausend Seiten. Mindestens.

Na klar.

Bloß macht das in der mir bekannten Realität niemand so, der noch einigermaßen bei Trost ist. Autoren, die tatsächlich vorhaben, ihr Buch irgendwann mal zu veröffentlichen, gehen mit einem *Plan* vor und gestatten sich, neben erheblichen Mengen berauschender Getränke wie Kaffee oder starkem Tee, vor allem eines: Zahlreiche Überarbeitungen ihres Textes.

Und zwar nicht erst, seit es Computer gibt.

Und kommen Sie mir jetzt bloß nicht mit Stephen King! Der Mann weiß sehr wohl, worüber er schreiben wird, bevor er sich an seinen Computer setzt, dessen bin ich mir absolut sicher – und als echter Fanboy habe ich ihn oft genug übers Schreiben reden hören. Vielleicht kennt der Meister zu Beginn noch nicht jedes Detail seiner Story, aber er hat auf jeden Fall genug beisammen, um zu wissen, dass es jetzt an der Zeit ist, mit dem Erzählen anzufangen. Das weiß er, weil er diesen Job schon seit Ewigkeiten macht. Und wissen Sie, was er tut, wenn er seinen Erstentwurf fertig getippt hat?

Na?

Genau. Er überarbeitet ihn.

Akribisch.

Wie jeder Autor, dessen Füße noch ab und zu den Boden berühren, das nun mal tut.

Und dann ist da noch die Sache mit dem individuellen

Weg zum Ziel. Ich bin davon überzeugt, dass Stephen King *seinen* optimalen Weg zu schreiben schon vor langer Zeit gefunden hat. Es hat ihn nach eigenen Angaben etliche Jahrzehnte gekostet. Auch das glaube ich anstandslos.

Auch Sie werden *Ihren* Weg finden.

Etwas anderes wird nicht funktionieren, denn für das Schreiben gibt es nun mal kein Patentrezept, jeder ernstzunehmende Schriftsteller kocht da sein eigenes Süppchen.

Aber.

Aber es gibt durchaus Wege, die weniger umständlich sind als andere und es gibt einen ganzen Sack voll Anregungen, die ich Ihnen mit auf den Weg geben kann, wenn Sie möchten. Ich bin süchtig nach dem Schreiben, ich hänge täglich an der (sprichwörtlichen) Nadel. Es ist ein wunderbares Gefühl, und ich möchte, dass Sie es mit mir teilen.

Wenn Ihnen dieses Buch ein bisschen dabei hilft, Ihren Weg als Schriftstellerin oder Autor zu gehen, wäre ich sehr stolz auf Sie. Und vielleicht auch ein kleines bisschen auf mich. Lassen Sie mich gerne dran teilhaben, per Mail oder auf Facebook, okay?

Also, (Trommelwirbel!), treten Sie ein in mein Zirkuszelt, haben Sie eine gute Zeit, und achten Sie auf tieffliegende Clowns!

Herzlich willkommen in *Ihrem* Schreib-Abenteuer!

Ihr

L. C. Frey

DIE FRAGE NACH DEM WARUM - UND ZWEI ANTWORTEN

Also. Ein Plan muss her.

Doch bevor wir anfangen, sollten wir uns vielleicht einmal fragen, *warum* wir das eigentlich tun? Warum setzen wir uns nicht einfach hin und schauen mal, was unsere Finger so zustande bekommen, wenn man sie von der Kette lässt.

Aus zwei Gründen.

Erstens, weil wir irgendwo ankommen wollen. Unser Ziel in diesem Büchlein ist klar definiert: Wir wollen zum Schluss ein veröffentlichungstaugliches Manuskript in den Händen halten. Wenn Sie sich in ein Auto setzen und sich die Augen verbinden lassen, kommen Sie möglicherweise auch irgendwann irgendwo an. Und mit Sicherheit haben Sie eine interessante Story zu erzählen.

Aber.

Aber höchstwahrscheinlich wird diese Story sehr kurz sein und an irgendeinem Baum oder im Straßengraben enden und Ihr Auto dabei so gründlich demolieren, dass Sie nie wieder damit fahren wollen oder können. Autsch. Dann doch lieber ein Navi.

Zweitens: Geben Sie immer Ihr Bestes (Manuskript ab)! Ich finde, es wäre Betrug an Ihren Lesern, sie nicht mit dem Bestmöglichen zu konfrontieren, was Sie zu bieten haben. Dazu gehören neben einer wirklich guten Idee ein mitreißendes Konzept, komplexe Charaktere, die uns mitfühlen und mitzittern lassen, und schließlich auch die reine Höflichkeit, dass man dem zahlenden Leser keinen rohen Erstentwurf an den Kopf klatscht, sondern ein geschliffenes und poliertes Stück Text in einer ansprechenden Verpackung. Hm, das ist lecker!

Journalisten und verlagsgebundene Autoren haben in aller Regel strenge Deadlines und hoffentlich auch das Zeug dazu, diese einzuhalten. Als bislang unveröffentlichter Autor oder als Selfpublisher stehen Sie im Gegensatz zu diesen Kollegen der schreibenden Zunft nicht unter Zeitdruck. Nutzen Sie diesen Vorteil. Vor allem beim Überarbeiten und Polieren. Das dauert eben so lange, wie es dauert. Okay?

Im vorliegenden Buch werden wir gemeinsam planen, ausführen und uns schlussendlich über ein gelungenes Ergebnis freuen, das man so, wie es ist, in die Verkaufsregale stellen kann. Und mit etwas Glück wird Ihnen das vielleicht sogar passieren.

Aber Glück ist hierbei nicht der entscheidende Faktor.

Es ist ein bisschen wie in Stephen Kings Geschichte *Todesmarsch*. Nicht alle von Ihnen werden am Ziel ankommen. Dieses Buch ist nichts für Leute, die vielleicht mal irgendwann, wenn die Sterne richtig stehen, mit dem Gedanken spielen, sie könnten ja eigentlich auch mal irgendwie ein Buch schreiben oder so. So schwer kann das ja schließlich nicht sein, oder?

Doch, kann es. Ist es auch.

Das muss es sogar sein.

Dieses Buch ist für Leute, die jetzt und hier damit beginnen wollen, ein saustarkes Buch zu schreiben. Die *es* mit mir gemeinsam durchziehen wollen. Die nicht vor harter und zuweilen auch frustrierender Arbeit zurückschrecken. Es geht schließlich um *Ihr* Buch – von der Idee bis zum letzten Schliff. Nicht mehr und nicht weniger. (Okay, vielleicht doch noch ein bisschen mehr, und das finden Sie dann in den Bonuskapiteln. Aber keinesfalls weniger!)

Was ich Ihnen zeigen möchte, ist der kürzeste und effektivste Weg zu einem fertigen Buch, den ich kenne. Und zwar zu dem besten fertigen Buch, das Sie je geschrieben haben werden. Ich bin diesen Weg schon ein paar Mal gegangen, und ich lade Sie ein: Gehen Sie ihn diesmal mit mir!

DAS FINDEN SIE IN DIESEM BUCH

In den Kapiteln I bis III findet das Vorgeplänkel statt und ich lasse mich zu ein paar Themen aus, die mir besonders am Herzen liegen: Dem Schreiben allgemein, ein paar Grundbegriffen und den Werkzeugen, die Sie benötigen werden, um Ihr Buch in vier Wochen schreiben zu können. Danach sind Sie startbereit.

In den Kapiteln IV bis VI geht es dann ans Eingemachte, mit einem Schritt-für-Schritt-Plan oder Tag-für-Tag-Plan, wenn Sie über ausreichend Freizeit verfügen, um wirklich jeden Tag schreiben zu können. Falls nicht, ist das überhaupt kein Problem. Dann passen Sie meinen Zeitplan einfach auf die Zeit an, die Sie erübrigen können. Ich habe das Schreiben Ihres Buches in drei Phasen unterteilt, es liegt an Ihnen, wie schnell sie mit jeder Phase fertig werden und wie viel Schreibpause sie sich dazwischen gönnen. Hier erfahren Sie, wie Sie Ihren persönlichen Schreibplan erstellen.

Die Kapitel VII und VIII sind mein Bonus für Sie. Dort finden Sie einen übersichtlichen Plan über die einzelnen Schritte, gut zum An-die-Wand-Tackern-und-immer-mal-drauf-schauen, und dann noch ein paar Ideen zur Veröffentlichung Ihres neuen Buches. Aber erstmal müssen wir das schreiben, richtig?

In Kapitel IX finden Sie noch eine Literaturliste sowie einen Tipp, wie Sie mit all diesen Informationen möglichst effizient umgehen, ohne sich in einem Dickicht aus Schreibvorschriften zu verrennen, die eigentlich gar keine Vorschriften sein wollen.

Ganz zum Schluss finden Sie noch einen Link zu einer Website. Als Leser meines Büchleins lade ich sie ein, mit mir und anderen Lesern zu diskutieren, Dinge in Frage zu stellen und Ihre eigenen Schreiberfahrungen mit uns zu teilen. Auf diese Weise können wir alle dazulernen und Sie können auch Einfluss darauf nehmen, was in meinem nächsten Ratgeber stehen soll – falls es daran ausreichendes Interesse geben sollte.

WIESO SIE MIT DIESEM BUCH BEGINNEN SOLLTEN

Wenn Sie aus der Lektüre dieses Buches auch nur eine Erkenntnis mitnehmen sollten, dann die, dass Schreiben einen Heidenspaß macht!

Dieser Job (und ein Job ist es, wenn Sie davon leben wollen) ist meines Erachtens der großartigste auf der Welt, aus offensichtlichen Gründen. Sie brauchen nichts als einen alten Laptop oder ein Blatt Papier, um ganze Welten zu erschaffen. Das kann nicht mal Harry Potter.

Aber es ist auch ein Job, zu dem schon jede Menge Ratgeber geschrieben wurden. Besonders zu Anfang Ihrer Schriftstellerkarriere können Sie sich schnell in unzähligen gut gemeinten Tipps, Schreibratgebern und Blogbeiträgen verlieren. Ich versuche mit diesem Buch, Ihnen einen ersten Weg durch diesen Dschungel zu bahnen, ohne Ihren Kopf mit Details vollzustopfen, die Ihnen sowieso nichts nützen werden.

Ihr Job ist vor allen Dingen, Ihre Story aufzuschreiben, und nicht, das Schreiben als Kunstform neu zu definieren. Hören Sie mir bloß auf mit diesem Quatsch! Ich behaupte: Allein mit dem, was ich Ihnen in diesem Buch erkläre, schaffen Sie es locker, ein halbes Dutzend toller Bücher zu schreiben, oder zwanzig oder hundert.

Das heißt: Für den Moment ist dieses Buch das einzige Buch, das Sie benötigen werden. Mit allen anderen können Sie sich beschäftigen, nachdem Sie Ihren Erstentwurf geschrieben haben.

Schauen Sie sich erst nach neuem Wissen um, wenn Sie das Gefühl haben, das alte bringt sie nicht mehr weiter!

Welche weiterführende Lektüre ich Ihnen zum Verfeinern Ihrer Schreibkünste empfehle, erfahren Sie in der Literaturliste im Anhang. Die Bücher in dieser Liste sind allesamt ausgesprochen lehrreich und dürften Sie auf Jahre hinaus beschäftigen. In ihnen finden sich nämlich außer dem eigentlichen Inhalt wiederum zahllose Querverweise und Buchempfehlung, da können Sie lesen bis zum Sankt-Nimmerleins-Tag. Bücher sind schon etwas Tolles.

Aber all das Wissen nützt Ihnen gar nichts, wenn Sie es nicht anwenden, es sei denn, Sie wollen Literaturkritiker werden. Praxis sollte immer Vorrang haben. Vergessen Sie bei all der Bildung bitte nicht, *warum* Sie hier gelandet sind. Weil Sie schreiben wollen und nicht nur übers Schreiben lesen, stimmt's?

Also los.

DER WEG IST DAS ZIEL?

*D*en Spruch kennen Sie. Oftmals ist er ziemlich zutreffend. Hier nur bedingt. Unser Weg durch das *Abenteuer Schreiben* wird von einem klaren Ziel bestimmt: Ihrem Buch, und ich zeige Ihnen einen möglichen Weg dorthin.

Ich möchte unser Ziel gern noch ein bisschen konkreter machen, damit wir uns gemeinsam daran erinnern können, sollte es nötig werden. Es könnte nützlich sein, wenn Sie das folgende in großen Buchstaben auf einen Zettel schreiben und irgendwo in Sichtweite an die Wand tackern:

Mein Ziel:
250 Seiten veröffentlichungsreife Lesefreude!

Na ja, so mehr oder weniger. Damit meine ich die Seitenzahl, nicht die Lesefreude. Wenn es »nur« 200 Seiten geballte Spannung werden, spitze, dann schreiben Sie vermutlich effizienter als die meisten anderen Autoren, herzlichen Glückwunsch! Wenn aus Ihrem Buchprojekt letztlich ein 1.000-Seiten-Epos wird, dann ist das eben so – solange es nur *unterhaltsame* 1.000 Seiten sind. Allerdings werden Sie dann mit ziemlicher Sicherheit nicht mit den vier Wochen auskommen, einfach weil kein Mensch derart schnell tippen kann. Das macht aber nichts, denn den Plan, den wir gleich kennenlernen werden, können Sie problemlos auf Ihr Projekt zurechtschneidern, indem Sie ihn *skalieren*.

Neu hier? Gut! Wenn das Ihr erstes Buch ist, werden Sie mit ziemlicher Sicherheit ebenfalls ein bisschen mehr Zeit als die versprochenen vier Wochen benötigen. Dann sollten Sie nämlich zusätzlich noch mindestens eine Woche in die Vorbereitungen investieren, das Neuautoren-Bootcamp sozusagen. Aber auch das erkläre ich Ihnen Schritt für Schritt. Oh, und Sie sollten vielleicht nicht unbedingt mit einem 1.000-Seiten-Wälzer anfangen. Starten Sie klein, werden Sie groß! Dazu gleich mehr.

Denken Sie wie ein Marathonläufer. Sein Ziel ist es, die 41,195 km zu schaffen, und zwar bevor das Rennen offiziell beendet wird. Dafür trainiert er, und zwar regelmäßig. Je nach Konstitution und Vorkenntnissen wird der eine dieses Ziel schneller als ein anderer erreichen. Aber das spielt keine Rolle. Am Ende werden beide in der Lage sein, den Marathon zu laufen und das Ziel zu erreichen. Darum geht's uns hier auch: Das Ziel zu erreichen. Der Rest ist Nebensache.

Keine Schablone! Sie werden *Ihr eigenes* Buch fertigstellen und nicht eines, das ich oder jemand anderer für Sie vorbereitet hat. Das hier wird kein Malen nach Zahlen, sondern die Verwirklichung Ihres ganz persönlichen Traums. Es wird *Ihr* Abenteuer. Ich bin nur der Typ, der gelegentlich aus einem der Büsche am Wegesrand springen und Sie an Ihr Ziel erinnern wird. Und wenn Sie das möchten, gehe ich ein Stück des Weges mit Ihnen.

Keine Fließbandarbeit! Die Idee ist, dass Sie die beschriebene Methode mindestens ein Mal komplett durcharbeiten, um in den Genuss der unbeschreiblichen Freude zu kommen, ENDE unter ein tatsächlich fertiges Buch setzen zu können und zu sehen, dass das in einem überschaubaren Zeitrahmen möglich ist. Überschaubarer, als Sie vielleicht dachten. Außer, Sie heißen J.R.R. Tolkien.

Finden Sie Ihr eigenes Tempo! Eins, bei dem Sie maximalen Spaß am Schreiben haben: Denn das ist der wichtigste Antrieb überhaupt. Spaß an dem, was man tut. Lesen Sie mal irgendein Buch von Stephen King, zum Beispiel, oder Dean Koontz. Terry Pratchett. Hemingway. J.R.R Tolkien. Wenn Ihnen da der Spaß am Schreiben nicht aus den Seiten entgegenspringt, dann weiß ich auch nicht.

WAS?! KEINE MARKETING-GEHEIMTIPPS?!

Vielleicht versprechen Sie sich von diesem Buch vor allem Marketingtipps und Werbekniffe. Zaubermittel und geheime Tricks, mit denen man jedes Buch, egal, wie grottenschlecht es ist, an die Spitze der Amazon-Charts pushen kann. Vielleicht haben Sie davon gehört, dass der Verkaufsplattform Amazon ein komplexer Suchmaschinenalgorithmus zugrunde liegt, so ähnlich wie es bei der Suchmaschine Google der Fall ist und den kann man doch bestimmt irgendwie manipulieren?

Sie Schlingel!

Natürlich kann man. Das sollte man aber tunlichst bleiben lassen, wenn man auch morgen noch im Spiel sein will und irgendwann als Autor ernstgenommen werden möchte.

Vielleicht glauben Sie auch, beim Verkaufen von Büchern käme es vor allem auf ein gigantisches Werbebudget an, und da Sie das vermutlich nicht haben, können Sie es doch auch gleich bleibenlassen mit dem Schreiben. Wozu sonst sollten die großen Verlage Plakate drucken und Zeitungsannoncen kaufen, wenn sie den neuen Frank Schätzing oder Sebastian Fitzek in die Läden bringen?

Hm.

Dazu kann ich nur sagen: Vermutlich kommt es weniger auf diese Art von Werbung an, als Sie denken. Mein Thriller *Die Schuld der Engel* hat es an die Spitze der Kindle-Charts bei Amazon geschafft und die einzige(!) Werbeaktion, die ich dafür gemacht habe, bestand darin, dass das Buch eine Woche lang auf einer Werbeplattform namens xtme.de angepriesen wurde. Das war alles. Den Rest haben die Leser gemacht. Weil sie das Buch mochten und es deshalb weiterempfahlen. Und das tun sie heute immer noch.

Das Schöne daran: Alle nachfolgenden Bücher verkauften sich praktisch von allein, weil Leser nämlich dazu neigen, immer mal zu schauen, was ihre Lieblingsautoren so Neues am Start haben. Und dann geht der Spaß erst richtig los.

Nein, ich bin nicht Frank Schätzing und als L.C. Frey auch nicht bei einem großen Verlag. Ich halte mich auch nicht für den nächsten Sebastian Fitzek oder Stephen King. Dazu bin ich viel zu gern der nächste L. C. Frey, in aller Bescheidenheit. Ich schreibe, weil ich das Schreiben liebe. Wenn meinen Lesern gefällt, was ich da tue, ist das ein Bonus, für den ich sehr, sehr dankbar bin. Der Rest ist für mich Nebensache, und das ist eine Sichtweise, die ich auch Ihnen nahelegen möchte.

Wenn Sie nur schreiben, weil Sie Ihren Namen gern in Leuchtbuchstaben lesen möchten, vergessen Sie's einfach, okay?

Ich kann seit ein paar Jahren vom Schreiben und Verkaufen meiner Romane leben und das hat aus mir einen sehr zufriedenen Menschen gemacht. Wenn Ihnen das als Ansporn genügt, lesen Sie weiter. Wenn Sie harte Arbeit nicht scheuen, um Ihren Traum zu verwirklichen, lesen Sie weiter! Wenn Sie einfach nur zum Spaß ein wenig schreiben wollen, sollten Sie *auf jeden Fall* weiterlesen.

Wenn Sie jedoch über Nacht reich und berühmt werden wollen, ohne irgendwas dafür zu tun, lesen Sie um Himmelswillen was anderes.

MEIN VERSPRECHEN AN SIE

Ich gelobe hoch und heilig: In diesem Buch steht alles, das Sie aus meiner Sicht wissen müssen, um ein richtig gutes Buch zu schreiben, welches vielleicht sogar das Zeug zu einem Bestseller hat. In einfachen, nachvollziehbaren Schritten, und ohne Ihre Kreativität im Mindesten einzuschränken. Es ist eine vollständige Anleitung, wie Sie Ihr erstes Buch erfolgreich anfangen, beenden und wie Sie das danach immer wieder tun können.

Können, aber nicht müssen.

Machen Sie es wie Bruce Lee: Picken Sie sich aus dem Buch das heraus, was für Sie funktioniert. Werfen Sie den Rest weg, oder warten Sie, vielleicht kommt er ja zu einem späteren Zeitpunkt zurück und wird relevant für Sie.

Ein Wort der Warnung: Mit diesem Buch sollen Sie *nicht* lernen, alle vier Wochen ein Buch rauszukloppen, das dann automatisch zum Bestseller wird.

Wobei Sie das vermutlich anschließend könnten. Wenn Ihnen vorher nicht die Ideen ausgehen oder die Puste. Oder die Finger abfallen. In jedem Fall: Verklagen Sie mich bitte nicht, wenn Sie nicht auf Anhieb Dan Brown vom Thron schubsen! Schreiben Sie mir lieber einen Kommentar auf Facebook oder meiner Website (Links am Ende des Buches) oder eine Mail, und wir reden darüber.

Und dann wackeln wir gemeinsam ein bisschen an Mr Browns Thron, okay?

FÜR WEN IST DIESES BUCH?

Dieses Buch richtet sich an alle Autoren, unabhängig von Geschmack und Genre, Erfahrung, Vorkenntnissen, Alter und Geschlecht. Es spielt keine Rolle, wie alt, clever oder vermögend Sie sind, schließlich wollen Sie nicht Präsident der Vereinigten Staaten werden. Sie sollten allerdings einen Computer besitzen und ihn auch einigermaßen benutzen können. Dazu kommen ein paar Werkzeuge, die ich Ihnen gleich vorstellen werde, aber diese Investitionen sind alle entweder kostenlos oder befinden sich in einem äußerst überschaubaren finanziellen Rahmen. Ihren Traum zu verwirklichen, wird Sie insgesamt weniger kosten als das neue Handy, das eigentlich nichts kann außer noch ein bisschen flacher zu sein als sein Vorgänger.

SIE MÖCHTEN EIN SACHBUCH SCHREIBEN?

Auch für Sie dürfte der allergrößte Teil dieses Buches von Nutzen sein. Überspringen Sie einfach die Tipps, die wirklich nur für Romanautoren interessant sind, wie Figurenentwicklung oder wie man einen knackigen Plot gestaltet. Aber selbst das sollten Sie mal überfliegen. Denn: Alles gute Schreiben hat erzählenden Charakter, das gilt für Journalismus genau wie für Sachbücher. Wenn Sie nicht wollen, dass die Leute Ihnen beim Lesen einschlafen, erzählen Sie eine gute Story und verpacken Sie die Sachkenntnisse darin.

Ihre Leser werden es Ihnen danken.

Die Effizienz von der Idee bis zum Entwurf, die Disziplin während der Schreibphase sowie die Herangehensweise beim Überarbeiten dürften für Sie ebenfalls nützlich sein. Was das Fachgebiet Ihres Sachbuches betrifft, halte ich mich raus. Da wissen Sie ohnehin viel besser Bescheid als ich.

FÜR WEN IST DIESES BUCH NICHT?

Wenn Sie nach dem letzten Kapitel schon ganz heiß drauf sind, endlich loszulegen, können Sie das hier getrost überspringen. Wirklich. Es richtet sich nicht an Sie. Tun Sie sich das bloß nicht an!

An alle anderen: Es gibt meiner Erfahrung nach drei Arten von Menschen, für welche dieses Buch leider völlig nutzlos ist:

Erstens, der Unbelehrbare.

Über Nacht zum Millionär! Dank E-Books endlich ohne Mühe reich werden! Ganz viel Geld für ganz wenig Arbeit! Abnehmen durch mehr Essen und ohne Sport! Die ULTIMATIVE Wunderpille, jetzt nur 29,99!

Suchen Sie vielleicht so etwas?

Sorry, da haben Sie diesmal das falsche Buch erwischt.

Wenn Sie hier eine weitere »todsichere« Schritt-für-Schritt-Anleitung erwarten, wie Sie über Nacht zu Ruhm, Geld und Ehre kommen, vergessen Sie's. Sehen Sie einfach im Spam-Ordner Ihres E-Mail-Programms nach, da finden Sie jede Menge dieser »nützlichen Tipps«.

Zweitens, der Möchtegern-Autor.

Es gibt auch »Autoren«, die sich für besonders clever halten und bei anderen abschreiben, einzelne Ideen oder ganze Bücher klauen oder ihre Bücher aus den Versatzstücken anderer zusammenstümpern oder gar das Schreiben selbst bei Ghostwritern in Auftrag geben, von der Idee bis zum fertigen Buch. Und dann werden diese »Bücher« auch noch gelegentlich zu Bestsellern. Hat es alles schon gegeben, die Namen der Betreffenden sind in den einschlägigen Kreisen wohl bekannt. Ja, wir Autoren tratschen für unser Leben gern, und wenn Sie sich den Ruf versauen wollen: Klauen ist ein todsicherer Weg.

Aber hier kommt der nicht ganz so lustige Teil. Jedes einzelne dieser sogenannten Bücher beleidigt die Intelligenz seiner Leser und verunglimpft den Ruf derer, die es mit dem Schreiben ernst meinen, auf das Übelste. Wenn Sie also vorhaben, ein solches Machwerk zu veröffentlichen, bleiben Sie mir damit bloß vom Hals. Erfreuen Sie sich an Ihrem leeren »Erfolg«, solange er anhält. Als Nächstes freuen sich die Anwälte der Gegenseite, versprochen.

Und wo wir gerade bei Menschen sind, die zu dumm oder zu faul sind, ihr »eigenes« Buch selbst zu schreiben: Es gibt noch eine Sorte Menschen, für die dieses Buch leider vollkommen nutzlos ist.

Drittens, der notorisch Faule.

Wenn Sie nicht bereit sind, sich den sprichwörtlichen Hintern aufzureißen und wirklich alles in Ihrer Macht Stehende zu tun, damit Ihr Buch ein echter Hit werden kann, ist die Wahrscheinlichkeit sehr gering, dass Sie jemals etwas Vernünftiges produzieren werden.

Stellen Sie das Buch wieder ins Regal, verlangen Sie Ihr Geld zurück und ziehen Sie Ihrer Wege, Cowboy. Wir hier krempeln die Ärmel hoch und schwitzen bei der Arbeit, okay? Wir *lieben* den Geruch von ehrlichem Schweiß (und Kaffee), und wie!

Dies ist kein Motivationsratgeber.

Wenn Sie von mir wirklich Motivation brauchen, um mit Ihrem Buch anzufangen oder weiterzumachen, sollten Sie es vielleicht einfach bleiben lassen für den Moment. Es gibt schließlich Millionen anderer spannender Dinge, die Sie stattdessen tun könnten. Tun Sie eins davon. Nicht jeder ist dazu bestimmt, den Rest seines Lebens mit höllischen Rückenschmerzen vor einem Computerbildschirm zu verbringen.

Es wird hart in den kommenden Wochen, es wird brutal und es werden Schweiß und Tränen fließen, versprochen! Vielleicht auch Blut, mal sehen.

Sie werden mich hassen und verfluchen.

Aber.

Aber Sie werden es durchstehen, und am Ende werden wir uns angrinsen, Sie und ich (also der kleine Kerl im Gebüsch am Wegesrand), und Sie werden Ihr erstes oder nächstes Buch in den Händen halten.

Und dann werden Sie mir verzeihen.

Das hoffe ich zumindest.

WIE SIE MIT DIESEM BUCH »ARBEITEN«

Ich empfehle folgende Arbeitsweise in vier simplen Schritten.

Schritt 1. Lesen: Lesen Sie das Buch einmal komplett durch wie einen Roman und dabei so aufmerksam wie möglich. Schauen Sie nicht nebenher *The Walking Dead*, Sheriff Grimes wird sowieso bis zum Schluss überleben. Konzentrieren Sie sich lieber auf das Buch. Manchmal steckt der Teufel, oder auch die Erkenntnis, nämlich im Detail.

Schritt 2. Selbst-Check: Okay, jetzt wissen Sie, worum es geht, und was Ihnen da bevorsteht. Fragen Sie sich ein letztes Mal, bevor Sie ins kalte Wasser springen:

»Will ich das wirklich? Echt jetzt?«

Und dann springen Sie. Oder eben nicht.

Schritt 3. Spickzettel. Sie wissen jetzt, was Sie erwartet, und sind immer noch fest entschlossen? Sehr gut.

In *Kapitel VII – Bonus I* habe ich Ihnen eine Kurzübersicht erstellt, was Ihre Aufgaben sind und an welchen Tagen Sie sie erledigen sollten. Drucken Sie sich diese Übersicht aus (den Link zu einem PDF-Dokument finden Sie im besagten

Bonuskapitel) und legen Sie diesen »Spickzettel« in Reichweite oder pinnen Sie ihn vor sich an die Wand.

Schritt 4. Schreiben. Dann springen Sie direkt zu *Kapitel IV*, der *Phase 1* und beginnen zu schreiben. Tag für Tag machen Sie einfach das, was an diesem Tag eben zu machen ist. Sollten Sie Ihr Wissen auffrischen müssen, schlagen Sie die Stelle im eigentlichen Buch kurz nach. Dabei hilft Ihnen das Inhaltsverzeichnis. Wenn Sie ein Tagesziel erfüllt haben, streichen Sie es auf dem Spickzettel weg.

Und dann tun Sie am nächsten Tag das gleiche.

WARUM ICH?

Ich habe nicht Germanistik studiert (sondern Elektrotechnik), hatte bislang nichts mit Journalismus zu tun und bin auch sonst nicht unbedingt das, was man sich noch vor ein paar Jahren unter einem »richtigen« Autor vorgestellt hätte. Ich rauche nicht mal (mehr) und mein Alkoholkonsum hält sich in überschaubaren Grenzen. Eine Schreibmaschine habe ich noch nie besessen. Ich wüsste nicht mal, wie man mit einer umgeht.

Warum erlaube ich mir also, ein Buch über das Schreiben zu verfassen? Wer bin ich denn überhaupt?

Also.

Der Autor als Höhlenmensch.

Ich bin der Typ links im Bild. Und das, was Sie auf dem Bild außerdem noch sehen, ist ein weiteres wichtiges Schreibutensil, vielleicht sogar das wichtigste, zumindest für Phase 2. Eine geschlossene Bürotür. Mit einem Geschlossen-Schild daran, was den Wunsch nach Ruhe nachdrücklich zur Geltung bringt. Ich bin sehr dankbar dafür, mit einem Menschen zusammenzuleben, der die Bedeutung dieses Schildes versteht, und mich in Phase 2 meinen Job machen lässt, bevor ich Tage später, und einem frühgeschichtlichen Höhlenmenschen nicht unähnlich, wieder aus meiner Schreibhöhle auftauche. A-hugah!

Aber diesen Luxus hatte ich nicht immer.

Ich habe meine erste Geschichte 2013 im Selbstverlag veröffentlicht. Ein bescheidenes, kleines Büchlein, das ich mir während der Schreibpausen an meinem eigentlichen ersten Roman ausdachte. Eine weitere eingeschobene

Horrornovelle später war es dann so weit. Mein Horrorthriller mit dem unaussprechlichen Namen »Draakk« wurde veröffentlicht. Wieder von mir selbst. Nachdem ich genau einen Indieverlag anschrieb und mir die Standardabsage abholte.

An »Draakk« habe ich über zwei Jahre unter teilweise haarsträubenden Bedingungen gearbeitet (dazu später mehr), aber als es endlich fertig war, fühlte ich mich großartig. Das Buch fand eine Leserschaft und schaffte es immerhin auf Anhieb in die Top 1.000 der Amazon-Bestsellerliste.

Kein überragender Erfolg mögen Sie jetzt einwenden, und wahrscheinlich haben Sie recht, aber für mich hatte sich damit die Welt grundlegend verändert: Es gab da draußen Bücher von mir zu kaufen und tatsächlich Leute, die diese freiwillig lasen. Die dafür richtiges Geld bezahlten und teilweise sogar Rezensionen hinterließen, und die allermeisten davon waren positiv.

Unglaublich, nicht wahr?

Also schrieb ich weiter.

Ein paar meiner nachfolgenden Bücher mochten meine Leser sogar noch ein bisschen mehr. In den letzten drei Jahren waren es immerhin elf Veröffentlichungen als L. C. Frey. Dazu kommen noch knapp zwei Dutzend weitere unter anderen Pseudonymen. Meine Thriller *Die Schuld der Engel* und der Nachfolger *Totgespielt* schafften es bis in die Top 10 der Bestsellerlisten eines ziemlich angesagten Onlinebuchhändlers, was mir wiederum neue Leser erschloss und so langsam kam die Sache dann ernsthaft ins Rollen.

Das war so ungefähr der Zeitpunkt, an dem ich anfing, ein paar der Methoden des Schreibens zu begreifen und anzuwenden, die ich Ihnen in diesem Buch näherbringen möchte.

Zwischendurch versuchte ich mich auch mal an einem

Liebesroman, für den mir ein Verlag einen Vertrag anbot, den ich annahm. Ganz ohne Bewerbung meinerseits übrigens, man hatte mein E-Book auf der Plattform des besagten Onlinebuchhändlers entdeckt. Da rollte die Sache dann noch ein bisschen mehr.

Seit 2015 lebe ich nahezu ausschließlich vom Schreiben und Verkaufen meiner Bücher. Mein Autorenservice Ideekarree, den ich 2011 gegründet habe, übernimmt außerdem noch gelegentlich Aufträge für Projekte anderer Autoren, die mir ganz besonders spannend erscheinen. Da geht es dann hauptsächlich um Cover, Klappentexte und Buchmarketing, falls Sie sich für so etwas interessieren sollten.

Ansonsten schreibe ich, jeden Tag. Es gibt nämlich nur sehr wenig, das ich lieber täte, und das dann schon gar nicht allein.

WIE LANGE DAUERN VIER WOCHEN?

Im Internet stieß ich während meiner Recherchen zu einem bislang unveröffentlichten Science-Fiction-Roman einmal auf die Frage, wie *lange* denn nun eigentlich so ein Lichtjahr dauert.

Oh je.

Manchmal ist die Welt eben einfach noch nicht bereit.

Die Frage, wie lange vier Wochen dauern, klingt auf den ersten Blick genauso dämlich, zugegeben. Was ich jedoch damit meine, ist: Wie viele Arbeitsstunden haben die vier Wochen, von denen ich hier rede?

Ein Arbeitstag hat bei mir acht Stunden, Pausen zählen nicht mit. Ich schreibe jeden Tag. Und zwar deshalb, weil es mir einen Heidenspaß macht. Der Einfachheit halber wollen wir also einmal davon ausgehen, dass unsere Arbeitswoche sieben Tage zu je acht Stunden hat. Somit sind wir ungefähr beim Pensum des normalen deutschen Angestellten plus Wochenende.

Das erscheint Ihnen (zu) viel? Dann gestatten Sie mir folgende Rechnung:

Ihnen bleiben bei dieser Methode noch ganze 16 Stunden

pro Tag für andere Beschäftigungen wie Lesen, Schlafen, Sport, Essen, Katzenfüttern, Sex und eine gelegentliche Dusche. 16 Stunden, das ist verdammt viel Zeit. Wenn man sie nicht mit Fernsehen, Computerspielen, seinem Smartphone und ähnlichem Unsinn vergeudet.

Verstehen Sie mich nicht falsch, ich mag Computerspiele und lungere auch gern mal bei einem guten Film auf der Couch herum. Aber Schreiben mag ich eben sehr viel mehr als das und deshalb habe ich gelernt, mit meiner Zeit sehr geizig umzugehen. Mir ist nämlich bewusst, dass ich keine Sekunde davon zurückbekomme.

Das heißt, für die nächsten vier bis fünf Wochen wäre das Schreiben Ihr Full-Time-Job.

Wenn Sie diese Zeit tatsächlich erübrigen können, beispielsweise weil Sie Rentner sind oder momentan arbeitslos oder weil Sie Semester- oder Schulferien haben, prima! Legen Sie gleich los! Wenn Sie aber jetzt entsetzt aufschreien, dass Sie auch noch einen »richtigen« Job haben, eine Familie und zwei Katzen ernähren müssen und, und, und ...

Okay, okay! Ich höre Sie!

Kein Problem, dann machen wir das anders. Rechnen wir mal.

Die Summe ist entscheidend. Nach der obigen Aufstellung kämen wir auf eine gesamte Arbeitszeit von 224 Stunden, ausgehend von vier Wochen mit jeweils sieben 8-Stunden-Tagen.

7 Tage x 8 Stunden x 4 Wochen = 224 Stunden.

Das ist das Pensum, von dem ich glaube, dass es genügt, um ein wirklich gutes Buch zu schreiben, von der Idee bis zur Druckreife.

224 Stunden.

Dieses Pensum *kann* man in vier Wochen runterrocken, und ich würde es empfehlen, wenn man den Luxus von entsprechend viel Zeit hat. Wenn nicht, ändert das gar nichts am Prinzip, solange Sie nur regelmäßig schreiben und dabei auf übermäßig lange Pausen verzichten. Dann dauert es eben nur ein kleines bisschen länger.

Legen Sie sich die Zeit so, wie es Ihnen passt. Allerdings mit ein paar kleinen Einschränkungen. Ich werde noch darauf eingehen, dass Geschwindigkeit und Zeitdruck wichtige Hilfsmittel zur Fertigstellung Ihres Buches sein können, aber wenn Sie noch vor dem ersten Manuskript Ihrem Chef die Kündigung an den Kopf klatschen, könnte sich das später als ein fataler Fall von verfrühtem Optimismus herausstellen.

Und wer füttert dann die Katzen?

SCHREIBEN HEISST: ÜBEN FÜR DAS NÄCHSTE BUCH

Manchmal nimmt man in der lesenden und schreibenden Öffentlichkeit gewisse Vorbehalte gegen Schnell- bzw. Vielschreiber wahr. Was schnell entsteht, kann ja gar nicht gut sein, heißt es dann.

Wirklich?

Sorry, aber das klingt für mich nicht plausibel.

Gegenfrage: Wer ist wohl der bessere Musiker, Künstler oder Schriftsteller? Einer, der jeden Tag einige Stunden mit Hingabe spielt, malt oder schreibt, oder einer, der das nur ein paar Mal im Jahr tut und einfach darauf vertraut, dass den Rest schon sein von Gott gegebenes Talent und sein charmantes Lächeln erledigen wird?

Glauben Sie im Ernst, Buddy Rich hätte nie geübt? Oder Michael Jordan? Oder von mir aus David Garrett? Paganini? Hemingway? George R. R. Martin? Joanne Rowling? ...

Jeder gute Autor sollte danach trachten, noch besser zu werden, und besser wird man nur durch Übung. Betrachten Sie Ihr aktuelles Buch immer auch als Training für das nächste. Nur so können Sie sich weiterentwickeln.

Schauen Sie nach vorn, nicht zurück. (Außer Sie schreiben eine Serie, dann sollten Sie das hin und wieder tun.)

Schreiben heißt: Üben für das nächste Buch.

GLAUBE, LIEBE, HOFFNUNG

Die Tätowierung in Form eines Herzens, eines Kreuzes und eines Ankers ist bei Seeleuten sehr beliebt. Aber auch Sie sollten sich diese Einstellung zu eigen machen, wenn auch nicht zwangsläufig auf den Unterarm tätowieren.

Glauben Sie an sich, unbeirrbar. Lassen Sie sich nicht einreden, dass Sie einfach nicht das Zeug dazu haben, ein tolles Buch zu schreiben oder zehn oder hundert. Seien Sie in dieser Hinsicht ein Dickkopf und der Erfolg wird sich bald einstellen. Garantiert. Aber seien Sie sich der Tatsache bewusst, dass wir alle noch jede Menge lernen können und auch sollten, und zwar bis zum Ende unseres Lebens. Und dann lernen wir vermutlich ein paar ganz neue Tricks.

Lieben Sie das, was Sie tun, und zwar innig. Oder tun Sie etwas anderes. Nicht jeder, der gern liest, muss ein Schriftsteller werden. Wer sollte denn sonst die ganzen Bücher lesen?

Hoffen Sie auf das Beste und rechnen Sie mit dem Schlimmsten. Es gibt immer einen nächsten Versuch.

Stephen King brauchte zig Versuche, bis er Carrie an den Mann bzw. Verlag brachte. Stellen Sie sich nur mal vor, er hätte vorher aufgegeben …

FINDEN SIE IHRE ROUTINE!

*R*eservieren **Sie sich Zeit, gehen Sie an einen ruhigen Ort und arbeiten Sie.** Wenn Sie das auch nur eine Stunde täglich tun können, prima! Dann sind Sie nach exakt 224 Tagen fertig. Das ist deutlich weniger als ein Jahr, noch nicht mal zwei Drittel, und das mit nur einer Stunde »Arbeit« täglich! Ein Buch pro Jahr? Überhaupt kein Problem für Sie.

Anekdoten-Zeit! Der Megabestseller-Autor John Grisham war Anwalt und hatte eine eigene Kanzlei, bevor er hauptberuflich Autor wurde. Nein, stimmt nicht. Autor war er schon währenddessen. Er stand jeden Morgen um vier Uhr morgens auf, um ein paar Seiten zu tippen.

Um vier Uhr morgens.

Jeden verdammten Tag.

An dem Tag, als er seinen ersten Roman *Die Jury* beendet hatte, begann er damit, sein zweites Buch zu schreiben. Wiederum um vier Uhr morgens. Dieses erschien unter dem Titel *Die Firma* und wurde ein Riesen-Blockbuster und der erste von vielen Megabestsellern aus Grishams Feder, und irgendwann ließ er das mit dem popeligen Anwaltsjob einfach bleiben. Mannomann. Wenn es sich jemand »verdient« hat, Bestsellerautor zu sein, dann dieser Mann, meinen Sie nicht?

Und er ist nicht der Einzige, der den steinigen Weg ging und *es einfach durchzog*.

Stephen King musste sich als Lehrer durchschlagen, um zwei Kinder zu ernähren. Er schrieb währenddessen in jeder freien Minute. Eines Tages schrieb er *Carrie*, und der Rest sollte Ihnen bekannt sein. Bis zu diesem Durchbruch hat Mr King jahrelang fast nichts als Absagen kassiert. Dennoch blieb er am Ball und schrieb. Und schrieb.

Jeden verdammten Tag.

Ich glaube, wir alle wissen, wie es um Jo Rowling stand, als sie anfing, über einen Jungen mit Brille und schwarzen Strubbelhaaren nachzudenken. Auch sie *schrieb* in einer Situation, in der andere einfach komplett aufgegeben hätten. Ich könnte das endlos fortsetzen. Und googeln Sie bei Gelegenheit mal nach Anthony Trollope.

Worauf es mir ankommt, und was Ihnen klar sein muss, ist Folgendes: Wenn Sie Ihr Buch jemals fertig bekommen wollen, müssen Sie etwas dafür tun. Und das beginnt genau mit diesen beiden Sachen:

Reservieren Sie sich die Zeit, und dann gehen Sie an einen ruhigen Ort und arbeiten Sie.

Jeden verdammten Tag.

UNSER TÄGLICH BROT

*J*ch empfehle Ihnen, sich *mindestens eine Stunde* Zeit für Ihr tägliches Schreibvorhaben zu nehmen. Für mich ist eine Stunde die kleinste sinnvolle Arbeitseinheit, ob es nun ums Brainstorming von Ideen, das Schreiben oder das »Polieren« von Entwürfen geht. Ich habe festgestellt, dass ich etwa 30 Minuten brauche, um einigermaßen warm zu werden und in Fahrt zu kommen. Aber das mag bei Ihnen anders sein.

Wie viel Zeit auch immer Sie erübrigen können, schreiben Sie, so oft es geht und möglichst täglich. Drei Stunden am Stück sind besser als zwei mal anderthalb Stunden, aber zwei mal anderthalb Stunden zu einer festen Zeit sind wiederum besser als eine halbe Stunde hier und da und **alles ist besser, als gar nicht zu schreiben**. Mit etwas Glück haben Sie Ihr Buch dann trotzdem in einem Jahr oder weniger fertig. Ein Klacks. Der Schlüssel hierbei ist: *Regelmäßig*. Also: jeden verdammten Tag.

Finden Sie heraus, um welche Uhrzeit Sie am besten schreiben können. Mitten in der Nacht, wenn im Haus alles ruhig ist (mir wäre das zu gruselig!), oder nachmittags, während die Kinder um Ihre Beine herumtoben? Frühmorgens, bevor alle anderen aufstehen, John-Grisham-Style? Finden Sie heraus, was für Sie am besten funktioniert und dann bleiben Sie dabei. Solange Sie es nur jeden Tag tun.

Warten Sie keinesfalls, bis die Muse Sie küsst. Das wird auf diese Weise nämlich höchstwahrscheinlich nie passieren. Die ist derweil nämlich mit den Schriftstellern beschäftigt, die es ernst meinen. Also *richtigen* Schriftstellern, die *jeden Tag* an ihrem Buch sitzen, bis es fertig ist.

Da fühlt sie sich nämlich wohl.

PAUSEN

Machen Sie mal Pause! Erholung ist wichtig, damit Sie ausgeruht und fit in die nächste Schlacht ziehen können. Und vermutlich haben Sie auch noch ein ausgefülltes Leben *neben* dem Schreiben. Logo. Aber wählen Sie Ihre Pausen mit Bedacht, sonst könnte es passieren, dass sie Ihren Schreibfluss ausbremsen!

Hier ein kurzer Überblick, später werden wir im Schritt-für-Schritt-Tagesplan noch mal etwas ausführlicher dazu kommen.

Lange Pausen. Lange Pause empfehle ich jeweils am Ende jeder der drei Phasen des Schreibens. Die zwischen Phase 1 und 2 sollte allerdings nicht länger als eine Woche sein.

Die Pause zwischen der 2. Phase und 3. Phase sollte dagegen mindestens drei Wochen dauern, und wenn es drei Monate werden, ist auch niemand böse. Aber danach sollten Sie es vor Spannung auf Ihr eigenes Buch wirklich kaum noch aushalten können.

Natürlich kommen Sie damit aus dem 4-Wochen-Plan, aber das habe ich Ihnen ja schon erläutert: Die Schreibpausen zählen nicht mit. Besonders schreibwütige Autorinnen beginnen in dieser letzten Pause bereits mit der Arbeit am nächsten Roman, während Sie noch auf die Rückmeldungen von Testlesern und Lektorat warten – Sie ahnen es, das ist eine der Methoden, 20 Bücher oder mehr jährlich zu veröffentlichen. Sollte das Ihr Ziel sein, nur zu, Sie Wahnsinniger!

Vorsicht: Diese Methode des quasi-gleichzeitigen Arbeitens an mehreren Büchern ist wirklich nichts für Anfänger. Probieren Sie das frühestens nach Ihrem dritten Buch aus und nur, wenn es Ihnen dann immer noch Freude macht. Ziehen Sie die Reißleine, bevor das Schreiben für Sie in Stress ausartet.

Kurze Pausen. Während der kreativen Sturm- und Drangphase in der ersten Woche kann es vorkommen, dass Sie an einen toten Punkt geraten. Das ist normal und gehört eben dazu. Kein Grund, schlapp zu machen.

Machen Sie dann, aber nur dann, eine Pause von maximal 24 Stunden. Denken Sie nicht ans Schreiben und schon gar nicht an Ihr Buch. Gehen Sie an die frische Luft, lesen Sie was Schönes, schauen Sie nach, ob Ihr Partner noch da ist oder schon die Scheidung eingereicht hat. Von Fernsehen und Computerspielen rate ich in dieser Situation allerdings ab. Ihr Hirn braucht eine kurze Ruhepause, die Sie ihm auch gönnen sollten. Am nächsten Tag sieht die Welt und Ihr Entwurf schon wieder anders aus, versprochen!

Gleiches gilt für Phase 3 (Woche 4). Da können Sie an mehreren Stellen kurze Pausen machen, wenn Ihnen danach ist. Ich gehe an entsprechender Stelle in Kapitel VI darauf ein. Aus eigener Erfahrung rate ich aber davon ab, allzu viele Pausen zu machen. Einfach, damit der Schwung nicht verloren geht.

Ach ja, die ganz kurzen Pausen. Wie schon geschrieben, ist meine kleinste Zeiteinheit beim Arbeiten eine Stunde.

Nach Ablauf dieser Stunde mache ich normalerweise <u>fünf bis zehn Minuten</u> Pause, trinke einen Schluck Kaffee, gefolgt von einem Viertelliter Wasser, laufe im Büro herum, jongliere mit ein paar Hanteln oder mache einen Kopfstand und drei Liegestütze.

Danach geht's weiter.

DIE PHASEN DES SCHREIBENS

Vergessen wir die vier Wochen für einen Moment, denn je nach Arbeitstempo werden Sie sowieso schneller oder langsamer sein, das spielt eigentlich keine Rolle. Entscheidend ist, dass sich meine Anleitung für Sie in drei Phasen gliedert und diese wiederum in einzelne Schritte. Bei mir dauert dieser Prozess im Schnitt vier Wochen, wenn alles gut läuft. Daher habe ich das Ganze so gegliedert, dass jeder Schritt einem Tag entspricht, und zwar wie folgt:

Phase 1: Von der Idee zum Fahrplan für Ihre Geschichte. (= **Woche 1**)

Phase 2: Vom Fahrplan zum Erstentwurf, auch bekannt als »Der Ritt auf dem Bullet Train«. Hardcore-Schreiben gegen die Uhr. Das Autoren-Bootcamp und ich bin Ihr Drillsergeant. Marsch, Marsch, Rekrut! Ich freue mich schon auf Sie! (= **Wochen 2 und 3**)

Phase 3: Vom Erstentwurf zum fertigen Buch. Feinschliff und Polieren. Auftragen, rechte Hand. Polieren, linke Hand, wie Meister Miyagi sagt. *Wax on Wax off.* (= **Woche 4**)

DIE ZIELE DER EINZELNEN PHASEN

Und das sind die Ziele der jeweiligen Phasen:

Phase 1: Ein logisches Grundgerüst der Handlung Ihres Buches, das Sie selbst (und später hoffentlich auch Ihre Leser) als spannend, glaubwürdig und logisch empfinden, bestehend aus einzelnen Szenen. Umfang: Etwa 50 Beats (szenische Einheiten) und eine zweiseitige Übersicht über die Handlung in Kurzform, sprich: Plot.

Phase 2: Ein krudes, hässliches Ding voller Fehler, Logiklücken und Unsinn, an dessen Ende jedoch das alles entscheidende Wort *ENDE* steht. Umfang: ca. 250 Seiten, plus/minus. Wenn Sie das geschafft haben, ist es zum ersten Mal Zeit für den Schampus oder die Apfelschorle.

Phase 3: Eine getestete, geschliffene und in jeder Hinsicht optimale Version von etwas, das schon eine ziemlich große Ähnlichkeit mit einem fertigen Buch hat, kurz: Ihr lesbares Manuskript. Umfang: ca. 220 Seiten bester Unterhaltung, plus/minus.

TEIL II
WERKZEUGE: HARDWARE, SOFTWARE UND DER GANZE REST

TOOLS OF THE TRADE

Natürlich rennen wir nicht unvorbereitet ins Kampfgetümmel wie seinerzeit die besoffenen Söldnertruppen des Bischofs Franz von Waldeck gegen die Täufer, welche im Jahre 1534* Münster belagerten.

Das habe ich nur geschrieben, damit mein Geschichtslehrer sich freut. Aber es ist eine wirklich interessante und unglaublich brutale Story, was damals passierte mit dem Täuferreich zu Münster. Vielleicht schreibe ich ja mal ein Buch darüber ...

Zunächst werfen wir also einen Blick in unsere Werkzeugkiste und schauen nach, ob alles da ist, was wir brauchen werden. Immer schön eins nach dem anderen.

ÜBER DAS LESEN

Wenn Sie ein hervorragender Fußballer werden wollen, müssen Sie Fußball spielen, den ganzen Tag, *jeden* Tag. Wie ein Bekloppter. Ihre Freunde werden mit den Köpfen schütteln, aber das ist Ihnen bald schon egal. Weil Sie Wichtigeres zu tun haben: Sie schauen sich, wenn Sie nicht gerade selbst das Leder durch den Innenhof kicken, an, wie die Legenden vor Ihnen gespielt haben. Und was genau es ist, das sie anders machen als der Durchschnittsspieler. Sie werden analysieren, an der Großartigkeit Ihrer Idole verzweifeln, neuen Mut schöpfen und dann ... weiterspielen.

Und irgendwann werden Sie vielleicht ein paar Tricks draufhaben, die denen Ihrer Idole durchaus ebenbürtig sind, vielleicht sogar besser.

Spätestens dann werden Sie sich vielleicht fragen:

»Kann ich das nicht mindestens genauso gut?«

Merken Sie sich diesen Gedanken. Es ist ein wichtiger Antrieb für viele ambitionierte Menschen, und es hat in den seltensten Fällen etwas mit einem übersteigerten Ego zu tun. Zumindest nicht, wenn Sie diesen Gedanken für sich behalten, und das sollten Sie. Wer mit so etwas hausieren geht, wird bestenfalls belächelt werden. Weil die Leute immer an Idole glauben wollen, früher ohnehin alles besser war und niemals einer so Fußball spielen wird wie Pelé.

Bis es dann einer tut.

Wenn Sie es nur lang genug durchziehen, könnten Sie durchaus feststellen, dass Sie der- oder diejenige sind und irgendwann mindestens genauso gut spielen wie die Großen. Vielleicht sogar besser.

So viel zum Fußball.

Und wenn Sie ein einigermaßen passabler Schriftsteller werden wollen? Na raten Sie mal! Sie tun natürlich genau dasselbe.

Lesen Sie, ständig und alles, was Ihnen in die Finger kommt! Jeden verdammten Tag. Das Schöne hierbei ist, im Gegensatz zum Fußball oder dem Erlernen eines Instruments, Sie können das Lesen ganz nebenbei machen. Und auch noch Zeit dabei sparen. Dazu gibt es beispielsweise Hörbücher. (Ich höre sie bevorzugt mit 1,5-facher Geschwindigkeit, dann schaffe ich nämlich mehr.) Und das alles während Sie joggen, Auto fahren, abwaschen oder den Müll rausbringen. Versuchen Sie das mal als angehender Fußballstar!

Wenn Ihnen die Stöpsel in den Ohren auf die Nerven gehen, schleppen Sie dennoch immer mindestens ein Buch mit sich herum. Das ist Ihnen zu schwer? Dann nehmen Sie doch gleich ein paar Tausend mit, auf Ihrem E-Reader zum Beispiel oder auf Ihrem Smartphone, das haben Sie doch sowieso ständig dabei. Jetzt haben Sie endlich mal einen vernünftigen Grund dafür, da ständig draufzugucken. Löschen Sie die blaue Prokrastinations-App und lesen Sie stattdessen. Im Wartezimmer, an der Bushaltestelle, wo und wann auch immer. Aber tun Sie's!

Lesen ist das billigste Hobby der Welt. Gebrauchte

Bücher gibt es kiloweise bei eBay oder in 1-€-Läden. Die Hausflure vieler Häuser stehen voll davon, zumindest hier in Leipzigs Südvorstadt.

Es gibt kein Buch, das man nicht lesen sollte. Selbst von den richtig schlechten kann man eine Menge lernen. Sei es eine gute Idee, die einen zu einer besseren Idee inspiriert. Oder einfach nur, wie man es besser nicht machen sollte. Und dass man von den guten Büchern jede Menge lernen kann, liegt auf der Hand. Nur bitte nicht verzweifeln, okay? Sie packen das auch, auf Ihre Weise. Niemand *braucht* einen zweiten Stephen King. Einer ist völlig ausreichend.

Ein Gegenbeispiel? Im Rahmen meiner Autorenbetreuung bei *Ideekarree* habe ich einige meiner Kunden nach dem Geheimnis ihres Erfolgs gefragt. In diesem Zusammenhang äußerte eine Autorin, die inzwischen mehrere Millionen(!) selbst verlegter Liebesromane verkauft hat, sie lese überhaupt nicht, weil sie befürchte, dass das ihren Stil versauen würde.

Hm. Ihren *was*?

Für mich klingt das ein bisschen wie ein Musiker, der nie übt, weil er fürchtet, dass ihm dann sein »Ton« flöten geht. Flöten geht, haha, haben Sie's kapiert? Im Ernst: Wie soll man einen eigenen Stil entwickeln können, wenn man ihn nicht bei anderen zu schätzen weiß? Das begreife ich nicht.

Ich weiß nicht, wie's Ihnen geht, aber ich wüsste nicht, wie ich *echten* Kontakt zu meinen Lesern aufbauen sollte, wenn ich selbst nicht lesen würde. Wie sollte ich mich denn dann in Ihre Bedürfnisse hineinversetzen? Wie sollte ich die Freude am Lesen spüren und nachvollziehen können, wenn ich mir dieses Vergnügen nicht selbst gönne? Und vor allem: Wie sollte ich jemals *besser* werden, wenn nicht durch Lesen?

Kennen Sie einen Musiker, der etwas taugt und selbst keine Musik hört und jede Menge Vorbilder hat, deren Stil er in- und auswendig kennt und analysiert hat? Nein? Ich auch nicht.

Oh, und Lil Wayne ist keine gültige Antwort auf diese Frage. Weil: **https://www.youtube.com/watch?v=3Jf9-VyXEKE**

Und vor allem: Ich würde niemals freiwillig auf so ein grandioses Hobby wie Lesen verzichten. Ich bin doch nicht blöd!

IHRE SCHREIBWERKSTATT

*I*ch bin professioneller Schriftsteller. Das heißt, Schreiben ist meine *Arbeit*, der ich an meinem *Arbeitsplatz* nachgehe. Wie bei derlei Tätigkeiten üblich, benutze ich dafür ein Büro, in meinem Fall ein Home Office, weil ich mir den Arbeitsweg durch die halbe Stadt ersparen möchte, besonders im Winter.

In diesem Raum wird nicht geschlafen, keine Nahrung eingenommen (sieht man von Unmengen schwarzen Kaffees ab) und auch sonst nichts gemacht außer geschrieben. Es steht mein Computer da drin, an dem zwei hübsche Lautsprecher hängen, falls mir nach Musik sein sollte.

Das war's.

Sehr oft schalte ich während des Schreibens das Internet komplett ab, wenn ich es nicht für Recherchen brauche, und das ist etwas, das ich Ihnen ebenfalls empfehle. Facebook, Mail und Angry Birds sind nicht Ihre Freunde, während Sie ein Buch schreiben.

On the road again ... Ich schreibe nicht (mehr) unterwegs, schon gar nicht in irgendwelchen Cafés oder auf zugigen Bahnhöfen oder im Park. Ich brauche es nicht, dass mir jemand beim Schreiben zusieht, damit ich mich als Autor fühlen kann, offengestanden wäre mir das eher peinlich. Ich muss keine Schreibmaschine oder einen Stoffbeutel mit dem Aufdruck »Vorsicht, bissiger Autor! Sie könnten in meiner Geschichte landen!« mit mir herumschleppen, um irgendwem irgendwas zu beweisen.

Alles, was ich brauche, sind Ideen und irgendwas, womit ich sie aufschreiben kann, um später Bücher draus zu machen. Verdammt, ich würde mich noch Autor nennen, wenn ich aus lauter Verzweiflung auf Klopapier schreiben müsste.

Sollten mir unterwegs allerdings Ideen kommen, zücke ich mein Handy und tippe sie ein, fertig. Dann schau ich wieder den Zügen nach oder spaziere durch den Park. Ohne einen verdammten Stoffbeutel. Dazu gleich mehr im Abschnitt »Notizbuch«.

Das, was wir in den kommenden vier Wochen machen werden, nämlich schreiben, mache ich also nicht unterwegs. Daher brauche ich auch kein Tablet, keinen Laptop und schon gar nicht ein (in meinen Augen ziemlich nutzloses) Ungetüm wie eine Schreibmaschine.

Ausnahme für Sie. Wenn Sie zu Hause keine Ruhe finden können, ist die Sache mit dem Laptop vielleicht doch überlegenswert. Finden Sie ein ruhiges Plätzchen, an dem Sie es ein paar Stunden aushalten, und zwar täglich. Hauptsache, Sie kommen mit Ihrem Buch voran.

Merke: Nicht ablenken lassen, sondern auf das Wesentliche konzentrieren, nämlich das Schreiben an einem ruhigen Plätzchen.

ÜBERALL SCHREIBEN ... UND WAS ICH DARAUS GELERNT HABE

Meinen ersten Roman habe ich größtenteils unterwegs geschrieben, und es war eine Katastrophe. Ich tippte ihn in mein Handy, und zwar in Form unzähliger SMS-Entwürfe an mich selbst, denn ich hatte damals noch kein Smartphone. Später tippte ich diese SMS dann ab, und ludt die Entwürfe hoch in die Google-Cloud. An diesen Entwürfen arbeitete ich dann, wann immer ich etwas Zeit dazu fand, und sehr oft auch unterwegs. Wo immer ich einen Computer mit Internetanschluss finden konnte, bisweilen auch bei Freunden, wenn die mich an ihren Computer ließen. Cool und total kultig, keine Frage. Aber wirklich nicht empfehlenswert, wenn Sie es auch nur ein bisschen ernster mit dem Schreiben meinen als ich damals.

Wenn Sie acht oder mehr Stunden täglich schreiben wollen, müssen Sie auf Ihre Gesundheit achten, und zwar mit Argusaugen. Treiben Sie ein bisschen Sport (Ich gehe gern laufen, um mein Hirn »durchzuschütteln« und habe herausgefunden, dass das für mich eine ungeheure Inspirationsquelle sein kann.), essen Sie leicht und machen Sie ausreichend oft Pausen. Schaffen Sie sich ein Musikinstrument an, wenn Sie noch keins haben, und lernen Sie, ein bisschen darauf herumzuklimpern.

Ihr Arbeitsplatz sollte darauf ausgelegt sein, dass Sie Ihren neuen Job möglichst lange ohne Schmerzen machen können. Besorgen Sie sich ergonomische Sitzmöbel und achten Sie darauf, dass Ihr Schreibtisch die richtige Höhe hat. Finden Sie heraus, mit welcher Tastatur Sie am besten über einen langen Zeitraum arbeiten können, und damit meine ich auch wirklich *arbeiten*, also Tippen, die immer gleiche Bewegung Ihrer zehn Finger, stunden- und tagelang. Tipp: Eine mechanische Tastatur könnte sich als nützliche Investition herausstellen.

Ich benutzte bereits den Vergleich zu einem Marathonlauf. Dasselbe hier. Gehen Sie nur gut vorbereitet und mit der optimalen Ausrüstung an den Start. Spätestens bei Ihrem ersten Besuch beim Chiropraktiker, oder wenn Sie wegen einer Sehnenscheidenentzündung oder einem Bandscheibenvorfall wochenlang ausfallen, werden Sie an mich denken. Und zwar schmerzlich.

DAS RICHTIGE SCHREIBPROGRAMM

Auf Schreibmaschinen oder handschriftliche Notizen gehe ich im Jahr 2017 gar nicht erst ein, basta. Mit dem Stift kritzeln darf nur James Patterson, und der Kerl ist Millionär, mindestens. Und er hat eine Sekretärin, mindestens.

Zurück in unsere Welt. Viele Bücher werden auch heute immer noch in Word oder Open Office getippt, auch ich habe mit ihnen angefangen. Heute würde ich sie nicht mehr benutzen. Verstehen Sie mich nicht falsch, das sind beides großartige Programme. Wenn man zum Beispiel Serienbriefe schreiben will oder Kündigungsschreiben. Nur eben keine Bücher. Da gibt's nämlich Besseres.

Ich möchte Ihnen in aller Kürze zwei Alternativen vorstellen und wenn Sie eine Weile googlen, werden Sie feststellen, dass diese beiden mit Abstand das Feld der professionellen Schreibprogramme anführen, welche explizit zum Schreiben von Büchern gedacht sind.

Papyrus Autor. In meinen Augen derzeit das einzige ernst zu nehmende Schreibprogramm für Autoren, das von sich behaupten kann: Made in Germany. Als besondere Pluspunkte sind hier anzuführen: Stabilität, reibungslose Bearbeitung auch von mehreren Systemen möglich (Mac, PC), übersichtliche Kapiteldarstellung in einem Dokument, supereinfacher und zuverlässiger Export in alle möglichen Formate wie Manuskript (um es an Verlage zu senden), alle Arten von E-Books, Papierbücher. Exzellente Synonym-Vorschläge.

Neben vielen anderen Vorteilen dieser Software interessiert uns hier vor allem einer: Die Möglichkeit des Programms, mit sogenannten *Tabs* zu arbeiten.

Das kennen Sie von Ihrem Internetbrowser. *Tabs* helfen Ihnen dabei, mehrere Fenster gleichzeitig im Hintergrund offen zu haben und so leicht zwischen verschiedenen Websites hin- und herzuspringen. In einem Schreibprogramm für Autoren ist das genauso nützlich.

Sie wollen sich Notizen machen? Dialogfragmente notieren, die Ihnen einfallen? Ideen für später? Ein Titelentwurf oder ein Stück Klappentext für Ihr künftiges Buch? Dann machen Sie einfach jedesmal einen neuen Tab auf und schreiben Sie es in dieses Dokument.

Wenn es zu viel wird, schließen Sie einfach ein paar dieser *Tabs*. Der Text ist auf diese Weise nicht verloren und alles Dokumente (oder die, von denen Sie das wünschen) werden beim nächsten Start des Programms wieder geöffnet.

Praktisch.

Und abgestürzt ist mir Papyrus, seit ich es benutze, noch nicht ein einziges Mal. Auch nicht bei 1.200 Seiten langen Buchmonstern. Chapeau!

Die Schreibumgebung von Papyrus Autor

Das absolute Highlight aber ist die in Papyrus enthaltene Duden-Rechtschreibhilfe, die in dieser Qualität meines Erachtens nach in keinem anderen deutschsprachigen Programm zu finden ist, des Weiteren die Stilanalyse und Lesbarkeitseinschätzung, unverzichtbar für Phase 3 in Woche 4. Und das alles in Deutsch, der Sprache, in der ich (meistens) meine Bücher schreibe! Das allein spart mir inzwischen unglaublich viel Zeit und ist dabei präziser, als ich es in meinen wachsten Stunden je sein könnte.

Zum Zeitpunkt, da ich das hier schreibe, kostet Papyrus Autor stolze 179,- €. Und ist jeden Cent davon wert. Und nein, die Firma R.O.M. Logicware bezahlt mir keinen Pfennig dafür, dass ich das hier schreibe. Das haben die gar nicht nötig.

Laden Sie sich die **kostenlose Demo** herunter, probieren Sie damit herum und teilen Sie meine Begeisterung! Noch eine Bemerkung dazu: Papyrus Autor sieht auf den ersten Blick vielleicht ein bisschen kompliziert aus, und es ist tatsächlich ein sehr mächtiges Programm.

Aber lassen Sie sich davon keinesfalls abschrecken!

Wir brauchen für's Erste nur einen Bruchteil seiner vielfältigen Möglichkeit, im Wesentlichen sind das zwei bis drei

Dokumente, die man in der oberen Leiste anordnet wie Browserfenster in Ihrem Browser, den Navigator links, der uns das Inhaltsverzeichnis anzeigt und in Woche 4 die Stilanalyse, evtl. noch den Export als E-Book.

Und während Sie anschließend Schreibpause vor dem nächsten Buch machen, können Sie sich mal in aller Ruhe damit beschäftigen, was Papyrus noch so alles draufhat. Eine ganze Menge nämlich. Notizen, Brainstorming, von der Idee bis zum gesetzten Buch, und das alles griffbereit an einem Ort.

Mehr geht nicht für Autoren.

Link: **www.papyrus.de**

* * *

SCRIVENER. BEVOR ICH EIN »PAPYRUS-AUTOR« wurde, habe ich mit einem Programm namens Scrivener gearbeitet. Die Philosophie hier ist etwas anders als die von Papyrus, hauptsächlich, weil Scrivener Ihr Buch in einzelne Dokumente zerhackt, die Sie nach Belieben herumschieben können. Die Idee ist hier, aus virtuellen Karteikarten (die wir später noch als Beats kennenlernen werden) Ihr Buch zu schreiben. Nett, aber so arbeite ich inzwischen nicht mehr. Sondern so, wie ich es Ihnen gleich erklären werde.

Auch Scrivener ist sehr stabil und inzwischen auch für Mobilgeräte (Smartphone, Tablet) erhältlich. Aber auch das nutze ich nicht (mehr), wie bereits erwähnt. Geschrieben wird im Büro, unterwegs werden nur Ideen gesammelt. Das trenne ich strikt.

Scrivener ist deutlich günstiger als Papyrus Autor, aber es ist leider keine Software aus Deutschland. Was bedeutet, dass Ihnen die Rechtschreibkontrolle nicht besonders viel nützen wird. Sie ist zwar vorhanden, aber eher rudimentär. Stilanalyse und Lesbarkeit gibt es gar nicht, zumindest in der deutschen Sprache. Im Englischen gibt es dafür Tools und Workarounds, aber im Deutschen ist mir dafür nichts bekannt. Ich bin ohnehin kein großer Fan davon, Dokumente ständig zwischen verschiedenen Programmen hin und her zu kopieren. Da geht schon mal was verloren, wenigstens die Formatierung, bisweilen ganze Textblöcke.

Für Scrivener bezahlen Sie momentan um die 40 $ für die Desktop-Version (Mac oder PC) und 20 $ für die iOS-App.
Link: **www.literatureandlatte.com/scrivener.php**

* * *

Und dann noch ... Vielleicht haben Sie schon selbst ein bisschen gestöbert und es ist Ihnen aufgefallen, dass es jede Menge Schreibprogramme gibt, besonders für Mobilgeräte. Eine Menge davon bezeichnen sich als ablenkungsfrei, als ob das Wunder was wäre. Und das dann auf einem Smartphone. Hm.

Die Idee ist, die Features auf ein Minimum zu reduzieren, damit Sie nur schreiben, schreiben, schreiben. Löblich, aber nicht sehr praktisch, offen gestanden. Ein bisschen so, wie eine Schreibmaschine zu verwenden. Im Jahr 2017. Ja, Sie werden nicht abgelenkt. Aber Sie verzichten auch auf jede Menge Features, die Ihnen Zeit sparen, Arbeit abnehmen und dafür sorgen können, dass Ihr Buch ein Knüller wird und auch noch verdammt gut aussieht, wenn es fertig ist.

Ablenkungsfreiheit können Sie ganz einfach dadurch erreichen, dass Sie eine Story schreiben, die Sie selbst so derart fesselt, dass Sie gar nicht erst in Versuchung kommen, sich abzulenken. Und falls doch: Tackern Sie sich ein großes gelbes Memo an den Bildschirm, auf das Sie Ihr Ziel schreiben: Das fertige Buch.

Hier ist es noch mal:

Mein Ziel
250 Seiten veröffentlichungsreife Lesefreude!

Sie wollen schließlich als ein richtiger Autor in die Geschichte eingehen und nicht als der Mensch, der vier Tage ununterbrochen im Internet nach Bildchen von süßen Katzen oder leicht bekleideten Höhlentrollen gesucht hat. Oder was weiß ich, was Sie da so treiben.

Anders gesagt: Ja, Sie können vermutlich auch mit Ihrer bloßen Hand einen Nagel in die Wand schlagen, ganz und gar ablenkungsfrei. Aber ich bevorzuge einen Hammer für so was. Und üblicherweise schalte ich das WLAN dabei ab.

Hausaufgabe: Egal, für welches Schreibprogramm Sie sich entscheiden, Sie sollten mit dessen wichtigsten Grundfunktionen vertraut sein, bevor wir starten. Nehmen Sie sich einen Tag Zeit, um sich mit der Software anzufreunden, und schauen Sie sich bei der Gelegenheit auch gleich noch das Programm *Aeon Timeline* aus dem nächsten Kapitel an.

DIE ZEIT IM GRIFF: IHRE TIMELINE

*E*s gibt noch ein Programm, das ich gern benutze, insbesondere, wenn ich Thriller schreibe. Da gibt es Rückblenden zu Dingen, die meinen Figuren in ihrer Vergangenheit zugestoßen sind. Schrecklichen Dingen zumeist. Die eigentliche Handlung, die den Stand der Ermittlungen beschreibt, falsche Fährten, wichtige Erkenntnisse und vor allem: Jede Menge Leute, die das Zeitliche segnen! Da verliert man schnell mal die Übersicht.

Aus diesem Grund nutze ich eine Software namens **Aeon Timeline 2**, um damit die Lebens- und Sterbedaten meiner Figuren und alle wichtigen Ereignisse der Handlung stets griffbereit zu haben. Dieser Zeitstrahl entsteht so nebenher, während ich die Idee ausfeile (Phase 1). Die Software ist wirklich leicht zu bedienen, speziell für meine geringen Ansprüche. Was wir damit machen wollen, ist im Wesentlichen Folgendes:

Wir geben ein Ereignis ein und versehen es mit einem Datum. Beispiel:

Am 25.6.2013 wird Jenny Mustermann ermordet, und zwar von Hannes Jedermann.

An diesem Ereignis sind drei Personen beteiligt, nämlich: Opfer (Jenny), Täter (Hannes) und der Zeuge Herr Müller, ein Rentner aus der Nachbarschaft, der die beiden heimlich beobachtet hat. So ein Spanner, dieser Herr Müller! In *Aeon Timeline* legen wir die Rollen der entsprechenden Personen fest.

Beteiligte: Jenny Mustermann, Hannes Jedermann
Beobachter: Herr Müller

Da wir für jede dieser Personen ein Geburtsdatum festlegen und das ebenfalls in *Aeon Timeline* eintragen können, sehen wir genau, wie alt die jeweilige Person zum Zeitpunkt des Ereignisses ist. Sollten wir also beispielsweise feststellen, dass Herr Müller, den wir als Rentner beschreiben, zum Zeitpunkt des Ereignisses gerade mal jugendliche 48 ist, haben wir schon den ersten Logikfehler entdeckt, und zwar, bevor wir überhaupt losgeschrieben haben. Großartig!

So machen wir das dann mit jedem wichtigen Ereignis und jeder Person, während wir sie ins Leben rufen. Außerdem können Sie auch Zeitspannen eingeben (zum Beispiel, wenn Ihr Psychokiller schon mal geschnappt wurde und für fünf Jahre im Gefängnis saß und ergo während dieser Zeit keine neuen Morde begangen haben kann), Ereignisse miteinander verbinden und sie verschiedenen Handlungsbögen (z. B. »Rückblende Hannes' Kindheit«, »die unglückliche Liebe zwischen Hannes und Jenny« usw.) zuordnen und noch vieles mehr.

Die Software kostet derzeit 50 $, aber Sie können Sie für 20 Tage kostenlos ausprobieren und sie während dieser Zeit in vollem Umfang nutzen, bevor Sie sich zum Kauf entschließen. Mehr als genug Zeit also für unser erstes gemeinsames Projekt. Aber für das nächste Buch kaufen Sie die Software bitte, okay?

Link: **www.aeontimeline.com**

***

Hinweis: In *Papyrus Autor* ist übrigens auch ein solches Feature enthalten und nennt sich dort Zeitstrahl. Der Grund, warum ich mich damit noch nicht beschäftigt habe, ist die Tatsache, dass ich inzwischen so vertraut mit Aeon Timeline bin, dass ich mir die Zeit sparen möchte, auf ein anderes System umzusteigen. Wenn das bei Ihnen nicht der Fall ist, empfehle ich, dass Sie sich erst einmal mit dem beschäftigen, was in Papyrus Autor enthalten ist. Vielleicht brauchen Sie dann Aeon Timeline gar nicht mehr. Der Vorteil wäre: alles an einem Ort.

IHR VIRTUELLES GEDÄCHTNIS: DAS NOTIZBUCH

Falls Sie sich gerade einen kleinen Vorrat hübscher Moleskin-Notizbücher mit Ihrem Namen haben prägen lassen: Sorry, aber auch hier muss ich eine Lanze für den Computer brechen beziehungsweise das Smartphone. Sein Gedächtnis ist meinem weit überlegen. Und Ihrem auch, wollen wir wetten?

Ich empfehle Ihnen dringend, alle Notizen an *einer* Stelle zu speichern. Und zwar an einer, auf die sie von überall zugreifen können. Im Jahre 2017 kann das nur eines bedeuten, nämlich eine cloudbasierte Lösung. Falls Sie nicht wissen, was das ist: Ihre Daten werden auf einem Server im Internet abgelegt und Sie können von überall drauf zugreifen, die Daten von jedem Gerät aus verändern und dann wird alles miteinander synchronisiert. Hä?

Ein Beispiel: Sie tippen unterwegs eine Idee für eine tolle Story in Ihr Handy, während Sie auf dem Nachhauseweg auf die S-Bahn warten. Dann ergänzen Sie noch ein paar Details mit Ihrem Tablet, während Sie nach Hause fahren, und kaum haben Sie Ihr Schreibbüro erreicht, werfen Sie den PC an und machen aus der Idee ein Buch. Das Sie im Garten auf dem Laptop zu Ende schreiben.

Cool, oder?

Versuchen Sie das mal mit Ihrem Moleskin-Notizbuch!

Bei mir hätte ein Notizbuch mittlerweile weit über tausend Seiten, die ich ganz bestimmt nicht ständig mit mir herumschleppen will. Und von Ordnern voller Loseblattsammlungen fange ich gar nicht erst an. Wenn Sie da erstmal zu suchen beginnen, finden Sie bald gar nichts mehr. Und deshalb liebe ich papierlose Notizen: Ich habe sie immer dabei und sie wiegen rein gar nichts.

Das Programm, das ich dafür benutze, heißt *Evernote*.

Evernote ist es völlig wurscht, ob Sie über ein Handy, Tablet, PC oder Mac drauf zugreifen. Auf bis zu zwei Geräten dürfen Sie es kostenlos benutzen, wenn Sie mehr wollen, kostet sie der Spaß 30 € im Jahr.

Was ich übrigens gern bezahle, weil ich von meinen unzähligen Computern drauf zugreifen will und mich an die Struktur von *Evernote* gewöhnt habe. Ich kann Notizbücher anlegen, denen Notizen zuordnen und diese Notizbücher wiederum in Stapeln ordnen.

Außerdem können Sie *Evernote* auch ziemlich clever mit Ihrem oben beschriebenen Moleskin-Notizbuch (ja, das aus Papier!) verbinden und vieles mehr.

Inzwischen gibt es aber auch völlig kostenlose Alternativen, zum Beispiel *Google Notizen, Microsoft OneNote, Wunderlist* (aus Berlin!), *Apple Notes* und etliche mehr.

Link: **www.evernote.com**, den Rest finden Sie mit ein bisschen Googlesuche.

* * *

NOCH EIN WORT zu **Notizen im Allgemeinen.** Notizen gehören für mich in die Kategorie »Vorab« und haben noch nichts mit der aktiven Arbeit an einer Geschichte zu tun. Pures kreatives Chaos sozusagen. In diesem Stadium schreibe ich einfach alles Mögliche auf: Mögliche Namen von Figuren, interessante Twists, spannend klingende Titel. Was-wäre-wenns. Coverideen. Einfach so drauflos.

Und so halte ich Ordnung in diesem Kreativchaos: Die Notizen in Evernote werden automatisch mit einem Zeitstempel versehen, darum muss ich mich also nicht kümmern. Praktisch. Ich gebe der Notiz außerdem eine möglichst einprägsame Überschrift, zum Beispiel: »Hamburg-Thriller mit 108-jähriger Kommissarin«.

Dann tippe ich los.

Wenn es möglich ist, ordne ich die Idee einem **Notizbuchstapel** zu. Diese sind bei mir übrigens nach Genres benannt, zum Beispiel: Thriller, Kinderbuch, Romance, Jugendroman, Erotik, Horror und so weiter, weil das Genre das einzige ist, das ich schon in diesem frühen Stadium mit einiger Sicherheit kenne. Und falls nicht, kommt die Notiz einfach in den Stapel »Allgemein«.

In den Notizen findet sich bei mir, was die Handlung betrifft, nur reine Inspiration, bestenfalls ein krasses Ende oder ein verblüffender Twist. Die es übrigens oft nicht bis ins fertige Buch schaffen, aber die Grundlage für spätere Ideen bilden. Keine Struktur, keine Ausarbeitung von Figuren, kein Blabla. Dafür ist später noch genügend Zeit.

Immer dabei! Haben Sie Ihr Notizbuch stets griffbereit, packen Sie es nie weit weg. Schreiben Sie jede Idee rein, die Ihnen (be)merkenswert erscheint. Wir werden das Notizbuch spätestens im Kapitel »Die Idee brainstormen« wieder brauchen. Je voller es dann ist, umso besser.

ZUSATZ FÜR STRESSGEPLAGTE: SPRACHNOTIZEN

Wenn es mal schnell gehen muss oder ich gerade vom Joggen komme und meine Tastatur nicht vollschwitzen möchte, weil das eklig ist, benutze ich auch mal den Audiorecorder. Früher nannte man so was Diktiergerät, und jeder Schriftsteller, der was auf sich hielt, hatte solch ein Ding in der Brusttasche seines Tweed-Jacketts dabei.

Eine App dafür finden Sie heutzutage für jedes Smartphone, oder man schmeißt Ihnen digitale Recorder für ein paar Euro hinterher. Im Zweifelsfall rate ich allerdings zum Smartphone, weil Sie dort den Luxus haben, Ihre Sprachnotizen mit einem Namen versehen zu können, was sich als überaus praktisch herausstellen könnte, wenn Sie sie später wieder hervorkramen.

Wenn Sie kein Smartphone und auch kein Diktiergerät besitzen, rufen Sie Ihren eigenen Anrufbeantworter an und hinterlassen Sie die Notiz als Nachricht an sich selbst. Warnen Sie aber Ihren Partner oder Ihre Mama vor, damit Sie den Entwurf für Ihren neuen Thriller nicht für den Anruf eines Geisteskranken hält und die Polizei verständigt.

Später tippen Sie das Ganze ab, und zwar in Ihr digitales Notizbuch, und dann ab in die Cloud damit.

DER GUTE, ALTE SCHREIBBLOCK

Sie haben es vielleicht schon gemerkt, ich bin ein Fan von Digital und diesem ganzen neumodischen Kram. Hauptsächlich deshalb, weil ich ein Fan von Effizienz bin. Ich möchte meine Arbeitszeit optimal nutzen, weil mir das hilft, bessere Bücher zu schreiben und anschließend meine Freizeit intensiver zu genießen.

Und dann komme ich daher und erzähle Ihnen, dass wir einen Schreibblock brauchen? Aus Papier? Analog? Mit einem richtigen Stift?

Jep.

Zunächst hilft Ihnen das dabei, dass Ihre Handschrift nicht komplett zum Teufel geht. Haben Sie mal das unleserliche Geschmiere von jemandem gesehen, der nur noch tippt? Furchtbar. Und was machen Sie, wenn Sie Ihre Bücher mal signieren müssen? Sich blamieren, genau! Deshalb: Besorgen Sie sich einen Schreibblock, und nutzen Sie ihn. Auch noch für die folgenden Dinge.

Brainstorming. Wenn Sie kein tolles Whiteboard haben, auf das Sie Ihre spontanen Ideen kritzeln können, so wie ich, dann nutzen Sie stattdessen den Block. Ich habe und nutze beides. Mehr dazu im Abschnitt *Brainstorming von Ideen* (Phase 1).

Zwischendurch-Notizen. Während Sie schreiben, sollten Sie sich nicht ablenken lassen. Also nicht das Handy rauskramen und eine Evernote-Notiz verfassen oder auf dem Rechner ein anderes Fenster aufklicken. Schreiben Sie stattdessen auf Ihren Block, den Sie neben Ihre Schreibhand auf den Schreibtisch legen und dann konzentrieren Sie sich wieder auf den Bildschirm.

TDL-Notizen. Hier ist noch ein rattenscharfer Trick zum Thema Ablenkungsfreiheit. Wenn Ihnen während des Schreibens etwas Superwichtiges einfällt, wie zum Beispiel, dass Sie vergessen haben, Milch zu kaufen, obwohl das Wochenende naht, reißen Sie ein Extrablatt aus Ihrem Block und schreiben Sie es darauf. Dann vergessen Sie es und kümmern sich wieder ums Schreiben. Einkaufen und das Geschirr abwaschen können Sie, wenn Sie Ihr Schreibsoll für heute erfüllt haben. Ja, Aufschieberitis ist manchmal Teil des Jobs. Hier ist sie sogar ziemlich nützlich.

TDL soll heißen: *To Do Later*.

Kritzeleien. Manchmal hilft es, eine Skizze zu machen, von einer Szene oder Figur, dem Grundriss eines Gebäudes oder sonst was. Manchmal hilft es auch, einfach nur herumzukritzeln, besonders beim Brainstorming. (Stellen Sie den Timer fürs Kritzeln auf maximal fünf Minuten und dann malen Sie den Stift leer!) Das geht auf nichts so gut wie auf einem schönen Block. Wenn Ihre Ansammlung von Strichmännchen mit übergroßen Geschlechtsteilen fertig ist, hängen Sie das Bild an Ihre Wand als Inspiration. Jedem, der Ihren Raum betritt, wird sofort klar sein, dass er es hier mit einem echten Profi zu tun hat.

Der perfekte Block. Ihr Schreibblock sollte über einen Deckel und eine Spiralbindung verfügen. Das ist wichtig, um die Notizen schnell verbergen zu können. Denn: *Niemand* sieht Ihr Buch, bevor nicht ENDE unter dem Erstentwurf steht. Niemand! Das ist die erste Regel des Schreib-Klubs!

Die Spiralbindung brauchen Sie, damit der Block schön flach auf Ihrem Schreibtisch liegen kann, optimalerweise neben Ihrer Schreibhand. Ansonsten stellen sich die Seiten auf und das ist furchtbar hässlich anzuschauen. Und es kitzelt ständig an Ihrer Hand beim Schreiben. Wählen Sie Ihren Block in A4, liniert, kariert oder ganz ohne. Was Ihnen lieber ist.

ALLES EINE FRAGE DES TIMINGS

Deadlines. Viele Leute glauben, dass für die meisten Schriftsteller die sogenannten Deadlines oder Abgabetermine ein Horror sind. Wie soll man denn kreativ arbeiten können, wenn einem die Zeit ständig im Nacken sitzt? Man kann doch die arme Muse nicht zwingen, dass sie einen küsst. Und überhaupt muss man erstmal ausnüchtern von gestern, schließlich ist man ja Künstler.

Schon klar.

Und jetzt ich.

Zunächst zum Thema Muse: Ich bin der festen Überzeugung, dass die einen umso häufiger küsst, je mehr man tatsächlich kreativ arbeitet. Damit meine ich: Ihr eine Umgebung schafft, in der sie sich wohlfühlt. Und nicht zwangsläufig, indem man jeden zweiten Tag besoffen oder high ist. Das ist ein bisschen wie in jeder anderen Beziehung. Man muss sie hegen und pflegen und sollte viel einigermaßen nüchterne Zeit miteinander verbringen. Aber das ist nur meine Meinung und wie gesagt sehe ich mich ja auch nicht unbedingt als Künstler, sondern eher als schlichter Handwerker.

Und jetzt der Oberhammer.

Ich *mag* Deadlines. Sie turnen mich regelrecht an. Sie helfen mir beim Wichtigsten überhaupt, nämlich dem Fertigwerden. Daher halte ich sie meist sogar ein. Und zwar, weil ich einen *Timer* habe.

Oh, Mann, ich liebe dieses Gerät.

Ein Timer ist eine Art Eieruhr, die Sie auf eine beliebige Zeit einstellen können und dann sehen Sie zu, wie die Zeit rückwärts läuft. Ein bisschen wie bei einer tickenden Bombe, und genau das ist der Witz dabei.

Tick, tack.

Bloß dass der Timer piept oder klingelt, wenn die Zeit abgelaufen ist, anstatt zu explodieren. Gut für Sie.

Die 1-Stunden-Methode. Ich habe herausgefunden, dass eine Stunde für mich eine gute Zeiteinheit ist, gefolgt von etwa zehn Minuten Pause. Wenn ich zum Beispiel ein logisches Problem in meinem Plot beackere oder mir eine Handlung zusammenbrainstorme, dann ist das eine der Methoden, auf die ich sehr häufig zurückgreife:

Eine Stunde intensiv nachdenken, kritzeln und mit dem Kopf gegen die Wand rennen. Zehn Minuten Pause. Wenn ich in dieser Stunde und der nächsten nicht wirklich vorangekommen bin, wird es Zeit, Grundlegendes zum Buch zu überdenken. Ist es überhaupt wert, geschrieben zu werden? Bin ich schon bereit, solch ein Buch zu schreiben? Wenn nicht, probiere ich was Anderes. Da bin ich ziemlich rigoros.

Eine andere Variante ist die sogenannte Pomodoro-Methode. So ähnlich wie die gerade beschriebene, nur haben Sie pro Aufgabe 25 Minuten Zeit und dann fünf Minuten Pause. Für mich funktioniert sie leider nicht, weil ich festgestellt habe, dass es bei mir üblicherweise erst nach ca. einer halben Stunde »klick!« macht, wenn ich ein einigermaßen vertracktes Problem beackere, und ich erst dann so richtig warmgelaufen bin. Aber das mag bei Ihnen anders sein.

Finden Sie heraus, welche Methode für Sie am besten funktioniert und stellen Sie Ihren Timer darauf ein. Sie finden überall im Internet Anleitungen, wie Sie das machen können. Googeln Sie einfach mal nach:

- **Zeitmanagement**
- **Pomodoro-Technik**

Zeitmanagement ist sowieso ein Thema, von dem ich regelrecht besessen bin, aus gutem Grund. Wir alle haben nämlich viel zu wenig davon auf diesem Planeten. Nutzen wir sie also lieber einigermaßen sinnvoll.

Der Countdown läuft: Mein Timer.

Als Timer benutze ich übrigens eine digitale Eieruhr. Sie steht direkt unter dem Monitor, auf den ich starre, während ich versuche, ein Problem zu lösen. Da kann ich sie nicht wegklicken, während ich zusehen muss, wie die Zeit verrinnt. Sekunde für Sekunde. *Tick, tack.* Gnadenlos. Das macht mir den Druck, den ich brauche, um arbeiten zu können.

Das klingt für Sie merkwürdig?

Dann haben Sie vermutlich noch nicht von folgender, faszinierender Entdeckung gehört.

DAS PARKINSONSCHE GESETZ

*U*nd hier ist es:

Arbeit dehnt sich in genau dem Maß aus, wie Zeit für Ihre Erledigung zur Verfügung steht.

Es bedeutet, dass Menschen dazu neigen, die Zeit, die sie sich für die Erledigung einer bestimmten Aufgabe geben, immer voll auszunutzen. Egal, ob diese Zeit auch tatsächlich für die Aufgabe benötigt wird oder nicht.

Beispiel: Parkinson beschrieb das anhand einer älteren Dame, die einen halben Tag braucht, um ihrer Nichte eine Postkarte zu schicken. Sie sucht nach der richtigen Karte, formuliert den Text zigmal um, sucht die Adresse heraus, überlegt, ob sie zum Gang zur Post einen Schirm braucht oder nicht und so weiter. Ein vielbeschäftigter Geschäftsmann erledigt die Sache in fünf Minuten. Sie ahnen es, wir versuchen, der vielbeschäftigte Geschäftsmann in diesem Beispiel zu sein.

Tick, tack.

Dieses Gesetz ist absolut zutreffend für die allermeisten

Menschen, davon bin ich überzeugt. Für mich ganz besonders. Ich könnte wochenlang prokrastinieren, wenn ich müsste. Will ich aber nicht.

Was heißt das nun für unser Buch? Wenn Sie ohne Timer arbeiten, werden Sie möglicherweise tagelang an einem simplen, logischen Problem herumbasteln. Neue Ansätze finden, die dazu führen, das Problem selbst auf einer Metaebene zu hinterfragen, und dann werden Sie beginnen, eine noch viel bessere Lösung zu finden, oder gar versuchen, ein noch besseres Problem aus dem bestehenden zu machen. Und dann geht alles wieder von vorn los, und je öfter Sie diese Schleife durchlaufen, desto weniger Lust werden Sie haben, Ihr Buch tatsächlich zu schreiben.

Ich behaupte:

Es gibt in unserem Job nichts, das Sie nicht durch eine Stunde intensives, ablenkungsfreies Nachdenken lösen oder doch zumindest gewaltig voranbringen können. Und falls nicht, stimmt höchstwahrscheinlich irgendetwas mit Ihrer grundsätzlichen Idee nicht. Wir wollen hier lernen, wie man ein Buch in gerade mal vier Wochen schreiben kann. Das bedeutet, dass wir für jeden einzelnen Arbeitsschritt nur ein knapp bemessenes Zeitbudget zur Verfügung haben, und das müssen wir nutzen.

Das *wollen* wir nutzen, weil wir fertig werden *wollen*.

Wir wollen ein Buch schreiben und nicht ewig darüber nachdenken, wie das wohl prinzipiell am besten anzustellen sei. Wir tun es einfach und spucken dem Gegenwind ins Gesicht! Wir packen es an! Yeah!

Wenn Sie keine Digitaluhr haben, finden Sie dank der allgemeinen Fitnessbegeisterung unzählige Timer-Apps für Ihr Handy oder Tablet, suchen Sie einfach mal nach dem Begriff »Timer«. Ich persönlich finde es aber wichtig, die Sekunden und Minuten verstreichen zu sehen, und auf einem Handy schaltet sich irgendwann der Bildschirm ab und dann sehe ich die Zeit nicht mehr, die mir noch bleibt. Daher die Digitaluhr mit dem großen Display.

Und wenn die Ziffern darauf Sie aggressiv rot anstrahlen und Ihnen höhnische Fratzen schneiden, umso besser!

Wir benötigen den Timer hauptsächlich für die Phasen I und II. Mehr dazu in den jeweiligen Kapiteln.

NOCH EIN KLEINER »PARKINSON« VON MIR

Diese »Weisheit« stammt von mir selbst, zumindest meines Wissens. Aber ich bin bestimmt weder der Erste noch der Einzige, der dieser Meinung ist.

Hier ist sie:

Eine Aufgabe ist oftmals nur schwierig, weil man sie für schwierig hält. Bis man sie einfach löst.

Beispiel: In der siebten Klasse hielt ich Mathematik für ein sehr schwieriges Fach. Wir haben uns wochenlang mit Kurvendiskussionen und Ähnlichem aufgehalten, und der Mathelehrer hat ein Riesengetue um die ganze Angelegenheit gemacht. Die meisten von uns hielten das für kompliziert und daher die Zeit für angemessen, die wir darauf verwendet haben.

Ich auch.

Bis ich im Rahmen meines Elektrotechnikstudiums mit der Mathematik auf Uni-Niveau konfrontiert wurde.

Als ich das erstmal einigermaßen kapiert hatte (und jeder studierte Mathematiker würde sich über das kaputtlachen, was wir da gelernt haben), war es mir unbegreiflich, wieso wir in der siebten Klasse nicht nur eine Woche Mathe hatten. Das hätte locker genügt, um den Stoff zu kapieren. Bloß wussten wir das in der siebten Klasse eben noch nicht.

Oder: Im Deutschunterricht mussten Sie bestimmt auch Ihren Goethe zitieren und die Gedichte Gottfried Benns und sich von Kafka eine milde Depression verpassen lassen und von Günther Grass aufs Blech trommeln und ... und natürlich haben Sie gedacht, Bücher schreiben wäre Wunder was. Ist es auch, Werke von der Tragweite der eben genannten zu schreiben, ist so schwer, dass es schon beinahe unmöglich ist, aber ...

Aber Bücherschreiben ist auch etwas, das jedermann, der Lust drauf hat, machen kann, und zwar bisweilen sehr erfolgreich. Wen juckt's, wenn es Marcel Reich-Ranicki nicht gefallen hätte oder nie im Lehrplan einer Schule auftauchen wird? Und wenn doch, umso besser.

Es ist einfacher, als Sie vielleicht denken. Wenn ich es geschafft habe, ein paar Bestseller zu schreiben, dann schaffen Sie das bestimmt auch. Und dank dieses Büchleins können Sie dabei auf jede Menge schiefgegangener Versuche und Experimente verzichten, die ich machen musste, bis ich einigermaßen wusste, was zum Henker ich da eigentlich tue.

Fakt: Um mit dem Schreiben anzufangen, müssen Sie lediglich in der Lage sein, Worte auf Papier zu bannen oder sie in einen Rechner zu tippen.

Das heißt: **Wenn Sie das hier lesen können und in der Lage sind, irgendeine Art von Schreibwerkzeug zu bedienen, dann haben Sie schon alles, was man braucht, um Autor zu werden.**

Der Rest ergibt sich mit der Zeit.

Und lassen Sie sich von niemandem etwas anderes einreden, nicht von anderen Autoren, nicht von Ihren Freunden und ganz besonders nicht von Literaturkritikern. Sie sind weder zu alt noch zu jung noch zu schlau oder zu doof, um ein gutes Buch zu schreiben. Alles, was Sie tun müssen, ist, es anzufangen und es zu beenden, und beides lernen Sie hier. Tun Sie es einfach. Ich glaube fest an Sie!

ZEHN FINGER TIPPEN MEHR ALS ZWEI

Ich kann zehn Seiten in der Stunde tippen, also ungefähr 2500 Wörter. Wenn es sein muss. Als ich das zum ersten Mal für fünf Stunden am Stück gemacht habe, bin ich danach für eine Weile ausgefallen, weil mich eine garstige Sehnenscheidenentzündung plagte, und habe mich notgedrungen mit Spracherkennungssoftware beschäftigen müssen, während ich dazu verdonnert war, meine Hand zu schonen. Mehr dazu übrigens im nächsten Kapitel.

Ich kann immer noch nicht richtig blind schreiben und mache jede Menge Tippfehler, aber ich bin zuversichtlich. Und ziemlich schnell, wenn es sein muss, wie gesagt.

Schnelltippen ist harte Arbeit, aber kein Mensch verlangt zehn Seiten pro Stunde von Ihnen. Dennoch sollten Sie einigermaßen fit sein und über das Level »Zweifingersuchsystem« hinaus sein, und zwar, bevor Sie mit der Arbeit an Ihrem Buch beginnen. Es kann nämlich sehr frustrierend sein, vernünftige Sätze zu schreiben, wenn Sie den Großteil Ihrer Zeit mit der Suche nach dem richtigen Buchstaben verschwenden müssen.

Um das Zehnfingerschreiben zu erlernen, gibt es eine tolle Software und das Beste ist: Sie ist ebenfalls kostenlos.

Mit *Tipp 10* können Sie Zehnfingerblindschreiben lernen, und mir ist ehrlich gesagt kein besseres Programm dafür bekannt. Üben müssen Sie allerdings selbst, am besten jeden Tag. Idealerweise machen Sie das immer zur selben Tageszeit und mindestens zehn Minuten lang, besser noch eine halbe Stunde. Dann sind Sie ratzfatz noch viel schneller als ich. Aber respektieren Sie Ihre Grenzen und passen Sie vor allem auf, dass Sie sich keine Sehnenscheidenentzündung holen, okay?

Link: **www.tipp10.com/de**

ZUM DIKTAT, BITTE!

Wie erwähnt, habe ich mich mal eine Zeit lang mit einer Sehnenscheidenentzündung herumgeplagt. So etwas sollte man keinesfalls auf die leichte Schulter nehmen, sondern es vernünftig ausheilen lassen. Das heißt, absolute Ruhe für die betreffende Hand.

Und das war's dann mit der Deadline.

Oder?

Naja. Es gibt natürlich auch dafür eine Alternative oder vielmehr zwei.

Alternative 1: Spracherkennungssoftware. Das Ganze funktioniert so: Sie sprechen in ein Mikrofon und der Computer macht daraus einen Text. Wenn Sie »Anführungszeichen« sagen, setzt er die Dinger. Oder einen Punkt oder einen Zeilenumbruch, und den Text dazwischen sowieso. Das klingt toll, oder?

Ja, aber lesen Sie erstmal weiter.

»Schreiben« wie der Blitz. Der Vorteil ist, dass Sie damit unwahrscheinlich schnell Text generieren können, da die meisten Menschen viel schneller sprechen als schreiben können.

Aber es gibt auch ein paar Nachteile.

Fehler und Ablenkung. Der erste ist, dass ich bisher noch keine Software gefunden habe, die auf Anhieb mein Gebrummel in einen annähernd fehlerlosen Text umsetzen konnte. Und damit meine ich keine Tipp- oder Rechtschreibfehler, sondern dass der Computer manchmal einfach die völlig falschen Wörter versteht. Leider (für meinen Geschmack) noch ein bisschen zu oft. Wenn ich mir das nachher anschaue, ergibt es oft gar keinen Sinn mehr und ich verbringe in Phase 4 deutlich zu viel Zeit mit Nachdenken und Rätselraten.

Oder ich folge dem Text auf dem Bildschirm, während er erzeugt wird, damit diese Fehler gar nicht erst abgespeichert werden. Bloß funktioniert das noch viel weniger für mich. Ich sehe einen Fehler, bessere ihn aus und zack, schon ist mein Gehirn außer Tritt geraten. Eigentlich logisch, weil es sich ja einerseits schon mit dem nächsten Satz befassen soll, aber gleichzeitig noch den vorherigen auf Fehler prüft. So kann ich nicht arbeiten, sorry.

Erkenntnis: Das Ganze hat nur Sinn, wenn Sie es schaffen, zu sprechen und dabei nicht auf das zu achten, was der Computer daraus macht. Blöd nur, wenn die Software einfach mittendrin aufhört, mir zuzuhören, und gar nicht mehr mitschreibt. Hätte ich also den Bildschirm ausgeschaltet, um mich auf die Sätze in meinem Kopf zu konzentrieren, wäre ab diesem Punkt alles verloren gewesen. Alles!

Nicht so cool.

Lernphase. Die meisten ernst zu nehmenden Programme brauchen eine Weile, um sich auf Ihre Stimme und Betonung und Ihren Akzent oder Dialekt einzustellen. Dazu lesen Sie dann irgendwelche Texte vor und das Programm wertet diese aus. Angeblich soll diese Art von Programmen nach dieser Anlernphase sehr gut funktionieren und Sie bis zu über 99 % akkurat verstehen. Das einzige Programm, das meiner Erfahrung nach auch nur annähernd in diese Regionen vorstößt, heißt *Dragon Dictation.* Dazu gleich mehr.

Diktieren muss man erstmal lernen. Versuchen Sie mal, aus dem Kopf ein paar »romanartige Sätze« zu formulieren und diese laut auszusprechen. Gar nicht so einfach, wie? Diktieren kann man natürlich lernen, bis in die Achtziger hinein war das eine Grundfertigkeit eines jeden Chefs mit einer Sekretärin. *Frau Müller, bitte zum Diktat!* Aber auch das braucht seine Zeit. Die sollten Sie einplanen.

Im Zweifelsfalle lassen Sie es einfach mal auf einen Versuch ankommen. Mir bekannte Spracherkennungsprogramme sind:

- Spracherkennung des MacBooks. im aktuellen OS enthalten
- Spracherkennung von Microsoft. Im aktuellen Windows OS enthalten
- *Dragon Naturally Speaking.* Die derzeit aktuelle Version heißt Version 13 Premium. Die Software ist kostenpflichtig, und schlägt derzeit mit etwa 150 € zu Buche. Link: http://bit.ly/2s78bRy
- Eine Variante, die Sie derzeit für eine Woche kostenlos probieren können, ist die App fürs Handy namens *Dragon Anywhere*. Sie finden Sie in Ihrem Appstore.
- Spracheingabe in Google Docs. Kostenlos, aber nur in dem Browser Chrome verfügbar, und Sie müssen Ihren Text in ein Google-Dokument schreiben. Das ist die kostenlose Office-Lösung von Google in deren Cloud. Kein Problem, das müssen Sie dann nur nachher in Ihr »richtiges« Schreibprogramm kopieren. Noch ein kleiner Nachteil: Das Internet muss währenddessen ständig an sein. Vorsicht, Ablenkungsgefahr!

ALTERNATIVE MÖGLICHKEITEN

*E*s gibt noch eine Möglichkeit, und die bewahrt Sie vor einer Menge Probleme, die Ihnen im Umgang mit der Spracherkennungssoftware möglicherweise begegnen werden. Allerdings dürften Sie schwerlich jemanden finden, der das kostenlos für Sie erledigt. Deutlich sprechen müssen Sie trotzdem und vor allem: Vernünftige Sätze formulieren. Der Vorteil ist hier, dass Sie in den meisten Fällen gleich eine zumindest grobe Rechtschreibprüfung mit dazu bekommen. Die Sie in diesem Stadium zwar eigentlich noch nicht brauchen (grober Erstentwurf), aber es schadet bestimmt auch nichts.

Ich meine einen Diktatservice.

Dahinter verbergen sich Menschen, die sehr schnell und präzise tippen können, und zwar das, was Sie vorher auf irgendein Speichermedium gesprochen haben. Zum Beispiel ein Diktiergerät, aber ich persönlich würde mir ein USB-Mikrofon kaufen und das Ganze direkt in den PC diktieren. Software, mit der Sie das Gesprochene aufnehmen und ein bisschen bearbeiten können, finden Sie ebenfalls kostenlos im Internet. Dann wandeln Sie das Ganze in ein MP3 um und senden es per Mail oder Speicherstick an den Diktatservice. In der Regel haben Sie ein paar Tage später den fertigen Text.

Link: **http://www.audacityteam.org** (ein einfaches, kostenloses Audiobearbeitungsprogramm)

* * *

FAZIT: Wenn Sie Ihr erstes bis fünftes Buch schreiben, belassen Sie es vielleicht erstmal bei der klassischen Finger-auf-die-Taste-Methode. Bekommen Sie Ihr Buch fertig. Die Effizienz Ihres Schreibverfahrens können Sie auch später noch steigern.

EIN HINWEIS ZUR NORMSEITE

Wenn ich in diesem Buch von Seiten spreche, meine ich Normseiten, so mehr oder weniger. Eine Überschlagsrechnung, die für unsere Zwecke genügt, ist die folgende:

1 Seite = 250 Wörter = 1600 Zeichen inkl. Leerzeichen.

Das mag von den Vorgaben des Verbands der Freien Lektorinnen und Lektoren abweichen und auch von denen Ihres (zukünftigen) Verlages oder Agenten, für unsere Zwecke hier genügt es aber erstmal.

Unser Ziel für diese Übung, wie gesagt, ist:

250 Seiten = 62.500 Wörter = 400.000 Zeichen.

CHECKLISTE: WERKZEUGE

Haben Sie sich für eine vernünftige Schreibsoftware entschieden? Haben Sie sich mindestens einen Tag lang damit vertraut gemacht? Können Sie Texte aufschreiben, und wissen Sie, wo die Dateien nachher abgespeichert werden? Können Sie einen Zeitstrahl in *Aeon Timeline* anlegen? Sind Sie auf dem Weg, ein Tastaturjockey zu werden, oder tippen Sie immer noch nach dem Zweifingersuchsystem? Haben Sie Schreibblock und Timer parat? Einen ganzen Sack voll irrer Ideen in Ihrem Notizbuch? Wundervoll! Vorhang auf für Ihren Bestseller!

Die Checkliste im Überblick:

- **Ergonomischer Arbeitsplatz**
- **Schreibprogramm**
- **Zeitstrahl/Timeline Software**
- **Notizbuch-Software**
- **Schreibblock DIN A4, Spiralbindung**
- **Timer**
- **Zehnfinger-Fitness**

TEIL III
DAS KLEINE EINMALEINS FÜR AUTOREN

DAS KLEINE EINMALEINS

Okay, Sie haben sich Ihr Büro eingerichtet, eine hübsche Topfpflanze neben Ihrem Bildschirm stehen, haben die nötige Profi-Software installiert und Sie können damit umgehen. Der Timer ist gestellt, der Schreibblock liegt parat.

Sie wollen loslegen.

Das verstehe ich nur zu gut. Dennoch muss ich Ihre Geduld noch ein kleines bisschen beanspruchen. Bevor wir damit starten, erste Ideen für unser Buch auszuarbeiten, müssen wir uns noch über ein paar grundlegende Dinge verständigen. Einfach, damit wir nachher auch dieselbe Sprache sprechen und es zu möglichst wenigen Missverständnissen zwischen uns kommt.

Wenn Sie schon seit einer Weile schreiben, können Sie das Folgende getrost überfliegen, bis Sie etwas finden, das Sie vielleicht noch nicht kannten. Und danach fangen wir dann wirklich mit dem Schreiben an, versprochen!

Wir werden über Genre, Figuren und die Idee zu Ihrem Buch sprechen. Warum ich glaube, dass Backstory und Recherche drastisch überbewertet sind (und wann sie es nicht sind), und was es eigentlich mit Dramenstruktur, Konflikt und dem ganzen anderen Kram auf sich hat. Im Schnelldurchlauf, wirklich.

Warum »nur« im Schnelldurchlauf? Weil ich glaube, dass dies hier vielleicht nicht Ihr erster und hoffentlich auch nicht der letzte Schreibratgeber sein wird, den Sie lesen. Sie werden sich mit all diesen Dingen im Laufe Ihrer Schreibkarriere sowieso näher befassen, und das sollten Sie auch. Nicht, um nach Schablonen zu suchen oder dem schnellen Weg zum Bestseller, sondern weil es einfach ziemlich peinlich ist, wenn ein Schriftsteller nicht weiß, was ein Fünfakter oder eine Exposition ist.

Was aber viel wichtiger ist (denn über Peinlichkeiten sind Sie und ich doch längst hinaus, nicht wahr?): Sie werden im Laufe Ihres Schriftstellerinnenlebens feststellen, dass die Geschichten, die gut funktionieren, oft einer ganz bestimmten Struktur folgen. Sie werden sich vielleicht fragen, wieso das so ist, und auf der Suche nach Antworten auf Typen wie Joseph Campbell oder Blake Snyder stoßen. Es wird hin und wieder *klick* machen und Sie werden anfangen, zu begreifen, warum manches besser funktioniert als anderes. Dass es gewisse Regeln gibt, und dass es sich lohnen könnte, mit diesen vertraut zu sein, bevor man sie bricht. Andersherum könnte es sonst schnell peinlich werden.

Beispiel: Natürlich können Sie ein Buch mit zweiundzwanzig Protagonisten schreiben und in jedem Kapitel die Erzählperspektive zwischen Ihren Figuren wechseln, außerdem die Zeitform und die Erzählperspektive. Kein Problem.

Die spannende Frage dabei ist jedoch: Sind Sie gut genug, damit das Buch nachher auch noch funktioniert und für den Durchschnittsleser lesbar ist? Und wie wahrscheinlich ist es, dass solch ein Buch auch nur annähernd sowas wie ein Bestseller wird?

Natürlich könnten Sie jetzt einige Beispiele anführen, bei denen ungewöhnliche Erzählkonzepte vorliegen und die trotzdem richtig gute Bücher sind. Aber genau das ist der springende Punkt: Trotzdem, nicht deswegen. Eine Story, welche außer dem verrückten Einfall, sie aus der Perspektive eines Regenwurms zu erzählen, nichts weiter zu bieten hat, bleibt trotzdem eine miserable Story. Originalität sollte sich in Ihrer Geschichte ausdrücken, und nicht in der Verwendung sprachlicher Stilmittel und Spitzfindigkeiten.

In meinen Augen »funktioniert« ein Buch, das dem Leser Vergnügen bereitet. Und dazu muss er das Buch erstmal »kapieren« können. Es sollte in jeder Zeile unmissverständlich klar sein, wovon Sie gerade reden und wieso Sie unsere Zeit in Anspruch nehmen. Manche nennen das »Literarisches Thema«, »Struktur«, »übergreifendes Konzept« oder Metaebene«. Ich nenne es schlicht gesunden Menschenverstand.

Falls Sie es bis jetzt noch nicht gemerkt haben: Ich möchte durchaus nicht die Kunstform Literatur revolutionieren oder das Rad neu erfinden, weil ich der Meinung bin, dass es in eckig viel besser funktionieren würde als rund, wie es nun mal ist. Ich möchte auf der Welt wirklich nur eines: Meine Leser unterhalten. Und Ihnen möchte ich dabei helfen, dasselbe zu tun.

Nicht mehr und nicht weniger.

BASISWISSEN: IHR GENRE

Die nun folgenden Dinge, angefangen beim Genre Ihres Romans, sollten Sie idealerweise schon seit einer ganzen Weile beschäftigen. Alles, was in diesem Kapitel angesprochen wird, sollte in Ihrem Kopf (kein Papier, Smartphone oder PC notwendig!) schon eine gewisse Gestalt angenommen haben, bevor Sie überhaupt in die Woche 1 starten, deshalb erzähle ich es Ihnen auch vorher.

Okay, idealerweise.

In diesem Fall nämlich wird die Woche 1 für Sie ziemlich entspannt. Und dafür werden Sie sich selbst noch dankbar sein, denn die Wochen 2 und 3 werden garantiert kein Spaziergang auf dem Ponyhof. Dafür aber umso spaßiger. Versprochen.

Falls Sie noch nicht die geringste Ahnung haben, worüber Sie eigentlich schreiben wollen, auch gut. Hier sind ein paar Ideen:

Aller Anfang ist ... einfach. Sie starten mit null. Keine Idee. *Keine Ahnung, keine Meinung, kein Konzept*, wie es Marius Müller Westernhagen mal so treffend ausgedrückt hat.

Bloß stimmt das in Ihrem Fall nicht so ganz.

Sie haben nämlich Vorlieben, ganz bestimmt. Lieblingsbücher, Lieblingsautoren und vor allem ein Lieblingsgenre. Damit starten wir.

Zu welcher Art von Büchern fühlen Sie sich hingezogen? Sind Sie eher so der magische Typ? Fasziniert Sie das Weltall? Brauchen Sie literweise Blut zum Glücklichsein? Oder Romantik, bei der einem das Herz in der Brust zerspringen will? Stehen Sie auf Märchen?

»Einspruch!«, rufen Sie da. »In einem guten Buch kann es schließlich alles davon geben, oder zumindest mehrere Genres.«

Wissen Sie was? Sie haben recht. Ein guter Thriller schließt nicht aus, dass sich Charaktere leidenschaftlich näherkommen. (Schon mal deshalb, weil das ein prima Motiv für alle Arten von Untaten ergeben kann.) Und wer sagt, dass dieser Thriller nicht auch im All oder einem verborgenen Königreich spielen kann, das man durch die Türen eines ollen Kleiderschranks betritt?

Niemand.

Aber.

Es gibt immer *ein* Hauptgenre. Eines. Und nein, Roman ist (in diesem Sinne) kein Genre. Was also ist ein Genre? Das große, schwere Literaturlexikon sagt: Das Genre bezeichnet den thematisch-motivischen Inhalt eines Buches. Ah ja. Und was heißt das nun genau?

Ein paar Beispiele: Krimi & Thriller, Liebesroman, Science-Fiction, Fantasy, zeitgenössischer Roman, Komödie, Drama. Das sind so die hauptsächlichen, glaube ich. Oberbegriffe, wenn Sie so wollen. Und dazu gibt es jeweils unzählige Subgenres, wie zum Beispiel *humorvolle Werwolfromantik im Studentinnenmilieu* oder *Spionagethriller* oder *Regionalkrimi*, Unterabteilung *Wahre Verbrechen in und um Köln*. Es gibt *High* und *Low* Fantasy, *harte* und *weiche* Science-Fiction und noch jede Menge mehr.

Die erste Frage, die Sie jetzt klären müssen, ist: Zu welchem Genre fühlen Sie sich ganz besonders hingezogen? Bei mir sind das vor allem zwei: Psychothriller und Horror. Ja, ich bin einer von den bösen Jungs. Jedenfalls hauptsächlich. Dann kommt noch Romantik dazu und ebenso faszinieren mich Kinder- und Jugendbücher, sowie harter SF und manchmal sogar Fantasy. Aber unter dem Pseudonym L.C. Frey begreift man mich nun mal als Thrilleronkel, und das ist auch gut so.

Das Genre, für das Sie sich entscheiden, kommt dann nachher auch auf Ihr Cover und in die Buchbeschreibung, und beides sollte so gestaltet werden, dass es die Leser dieses Genres anspricht, und zwar *nur* die. Wenn jemand glaubt, einen Liebesroman zu kaufen, der sich dann als blutrünstiger Thriller herausstellt, darf sich der Autor auf jede Menge Gegenwind und miese Rezensionen gefasst machen. Sie kennen ja das Sprichwort von der Katze im Sack und wer die kauft. Niemand nämlich.

Das ist einfach Marketing-Einmaleins und bitte, bitte verschonen Sie mich mit Unfug wie »Ich lasse mein Werk nicht in Schubladen stecken!« und »Ich schreibe in multiplen Genres!«. Das entlarvt Sie nämlich sofort als blutigen Anfänger.

Profis wissen, was sie tun. Und zwar schon, bevor sie starten.

Vor allem kennen Profis ihr Genre wie ihre sprichwörtliche Westentasche, und zwar bis auf den letzten Tabakkrümel. Weil das nämlich absolut entscheidend für die Kaufentscheidung ihrer Leser ist. Und ohne Leser sind Sie kein Autor, sondern nur ein Typ, der sich selbst Liebesbriefe schreibt. Es sei denn, Sie sind Franz Kafka. Sind Sie aber nicht. So.

ANREGUNGEN, WIE SIE IHR GENRE FINDEN

- **In welchem Genre schrieb Ihr Lieblingsautor und Ihre Lieblingsautorin die Bücher, die Ihnen am besten gefallen?** Normalerweise steht das auf dem Cover oder lässt sich ziemlich deutlich aus dem Klappentext herauslesen. Falls Sie es doch nicht auf Anhieb herausbekommen, besuchen Sie mal die Website oder den Wikipedia-Artikel des betreffenden Romans. Oder suchen Sie bei Amazon danach. Oder Lovelybooks. Oder Goodreads. Oder ... Überall dort werden Bücher nämlich nach Genre aufgelistet. Merken Sie was?
- **Welche Genres gibt es überhaupt?** Jede Menge. Einen ersten Überblick erhalten Sie, wenn Sie auf einer der oben aufgezählten Websites danach suchen. Wenn Sie es etwas genauer brauchen, habe ich hier eine sehr brauchbare Übersicht für Sie gefunden: **http://www.die-schreibtrainerin.de/buecher-genre**. Da sollten Sie fündig werden, und außerdem geht dem Ganzen ein sehr lesenswerter Artikel zum Thema

Genre voran, den Sie bei der Gelegenheit auch gleich lesen sollten. Von mir bekommt er einen dicken »Daumen hoch«.
- **Was sind die erfolgreichsten Genres zum Zeitpunkt, da ich dieses Buch schreibe?** Die wahrscheinlichsten (aber nicht einzig möglichen!) belletristischen Genres, in denen Sie heutzutage einen Bestseller landen können, sind eigentlich nur zwei: **Romance/Liebesroman/Erotik** und **Krimi/Thriller**. Jeweils mit jeder Menge Subgenres, und momentan liegt der Liebesroman mit einigem Abstand klar vorn. »Was?«, rufen Sie, »das kann doch wohl nicht alles sein!« Doch, kann es, zumindest was die Spitze betrifft, sprich: die Top Ten des für uns relevanten deutschen Büchermarkts. Aber glauben Sie nicht mir, sehen Sie selbst in der Bestsellerliste der deutschen E-Book- und Buchhändler nach. Was nun aber nicht heißt, dass Sie keinen Bestseller in einem anderen Genre als Liebesschnulze oder hartem Krimi schreiben können: Denken Sie nur mal an Harry Potter oder George R. R. Martins Endlosserie von Eis und Feuer. Oder Marc-Uwe Klings »Känguru-Chroniken«. Alles großartige Bücher. Und gewaltige Bestseller. Wenn Sie sich zu diesem oder jedem nicht-superkommerziellen Genre hingezogen fühlen, dann schreiben Sie um Himmels willen das und versuchen Sie nicht, Ihr Genre nach dem aktuellen Massengeschmack auszuwählen, denn das machen schon zu viele, und heraus kommt dabei meistens ein ziemlich herzloser Mist. Schreiben Sie nur das, was Sie auch selbst gern lesen. Sie werden es nämlich noch ziemlich häufig lesen müssen.

- **Kennen Sie Ihr Genre in- und auswendig!** Wenn Sie auch nur die geringste Chance haben wollen, das jemand (im Sinne von möglichst viele Leute) Ihr Buch liest, müssen Sie sich in dem von Ihnen gewählten Genre bestens auskennen. Sie sollten die Erwartungen des Lesers kennen, ganz besonders als Debütautor. Und Sie sollten wissen, was schon tausendmal benutzt wurde und daher ausgelatscht ist wie ein alter Schuh. Damit Sie etwas Neues, Frisches schreiben können. Wie Sie das schaffen? Lesen, lesen, lesen ... und zwar am besten die Autoren, die in diesem Genre bereits erfolgreich sind.

Ein paar Beispiele. Liebesromane brauchen ein Happy End, ohne ist es zwar möglich (Jojo Moyes zeigt, wie das geht), aber es ist wesentlich schwerer, beim Großteil der Genreleser damit durchzukommen. Ein Thriller braucht einen extravaganten Mordfall und eine verzwickte Suche nach Täter und Motiv, während alle möglichen Leute sterben, in höchster Gefahr schweben und die Zeit drängt. Tick, tack – bumm!

Gute Fantasy hat viel mit World Building zu tun, und wenn das Ihr Genre ist, sollten Sie wissen, was damit gemeint ist. Science-Fiction stellt jede Menge Was-wäre-wenn-Fragen in einer für uns begreifbaren Zukunft. Und wie wird das Ganze (be)greifbar? Indem wir unsere Charaktere mit Problemen konfrontieren, die wir (die Leser) auch in unserer Zeit schon sehr gut nachvollziehen können. Menschliche Probleme, selbst wenn es in der Story nicht mal explizit um Menschen geht. Das gilt übrigens auch für Fantasy.

Beispiel: Der Titel von Philip K. Dicks Romanvorlage für den allseits beliebten Kult-Streifen *Blade Runner* ist praktisch ein Blueprint für das eben Beschriebene. Er heißt *Träumen Androiden von elektrischen Schafen?* Will sagen: Wenn Androiden aufgrund der fortschreitenden technischen Entwicklung menschliche Eigenschaften erlangen würden, wie weit würde das gehen? Würden sie träumen, ein Bewusstsein entwickeln und ein lebenswertes Leben führen wollen? Hätten Sie ein Recht dazu, wie Menschen behandelt zu werden? Sind sie am Ende gar die »besseren« Menschen? Jede Menge interessanter und äußerst bewegender Fragen. Und das allein im Titel. Chapeau, Mr Dick! Der Typ kannte sich in seinem Genre wirklich bestens aus. Kein Wunder, er hat es ja auch regelmäßig neu definiert.

EINE IDEE ENTSTEHT

Bevor ich ein neues Buch beginne, nehme ich mir immer eine Stunde Zeit (Timer stellen!) und blättere durch mein virtuelles Notizbuch in Evernote. Dann lese ich, was sich da so angesammelt hat, bis ich irgendwann an einer Idee hängen bleibe. Okay, okay, manchmal dauert das auch zwei Stunden, weil ich inzwischen eine ziemliche Menge an Ideenschnipseln zusammengetragen habe.

Manchmal vertiefe ich mich hinein und folge der Idee, manchmal notiere ich mir nur den Titel oder ein Fragment der Notiz und blättere weiter, bis ich etwas finde, das noch besser ist oder sich vielleicht mit der ersten Idee zu etwas Neuem, noch Spannenderem kombinieren lässt.

An dieser Stelle erwarte ich noch gar nichts von der Idee, außer dass sie tief in mir etwas auslöst, das sich am ehesten mit einem Oh-yeah-Gefühl beschreiben lässt. Sie muss etwas in mir zum Klingen bringen, mehr nicht. Es geht nicht um Struktur oder Charaktere, es geht lediglich um Inspiration. Eine erste Frage, welche eine zweite Frage provoziert, und in der Folge alle möglichen weiteren Fragen. Das genügt für den Moment.

Was ich in meinem Notizbuch finde, gibt als Story nämlich meist noch nicht allzu viel her, bestenfalls einen möglichen Titel und eine Exposition, das heißt die Darstellung der Ausgangssituation, zum Beispiel:

Tiefseetaucher treffen beim Bergen eines Schatzes auf eine außerirdische Intelligenz.

Okay. Klingt, als ob man daraus etwas machen könnte. (Die Wahrheit ist: Das hat man schon, deshalb würde ich mich vermutlich nicht für diese Idee entscheiden, es sei denn, mir fiele ein völlig neuer Ansatz ein, etwas aus der Idee zu machen. Zum Nacherzählen tauge ich nicht besonders.)

Dann steht da vielleicht noch:

Irgendwann bekommen sie raus, dass das Ding auf dem Meeresgrund überhaupt nicht außerirdischen Ursprungs ist, sondern eine sehr fortschrittliche Waffe der militärischen Gegenseite. Können sie die für sich nutzen?

Das zweite würde ich vermutlich verwerfen, so aus dem Bauch heraus. Es ist einfach zu spinnert und macht die Geschichte auch nicht spannender, eher im Gegenteil. Aliens sind definitiv spannender als diese angedeutete Spionagesache. Oder doch nicht? Das mögen Sie selbstverständlich ganz anders sehen. Vielleicht finden Sie auch das mit den Tauchern und der außerirdischen Intelligenz schon einen Riesenmist. Spielt keine Rolle, in dem Fall blättern Sie einfach weiter zur nächsten Idee. Und zwar in *Ihrem* Notizbuch.

Oder Sie kommen zu dem Schluss, dass das Ganze nicht auf dem Meeresboden, sondern in einer gigantischen Kohlegrube spielen sollte und verlegen es dann da hin. Was immer Sie anmacht. Merke: Alle Variablen können ausgetauscht werden. Vielleicht waren die Taucher auf dem Meeresgrund auch dazu da, Ihrem Hirn einen Schubs in Richtung Weltall zu geben, schließlich tragen die Leute da auch Anzüge und sind ziemlich am Arsch, falls da ein Loch reinkommt. Das ist im Grunde egal, nur irgendwann später sollten Sie sich für eines entscheiden.

Wichtig, aber schwer zu beschreiben: Folgen Sie Ihrem Bauchgefühl! Sie werden es merken, wenn Sie die entsprechende Notiz lesen. An einem Kribbeln in den Fingerspitzen, an einem schadenfrohen Grinsen, dass sich in Ihr Gesicht geschlichen hat und Sie aussehen lässt wie Vincent Price in der Rolle des verrückten Wissenschaftlers. Dann wissen Sie: Die Idee hat was.

Wenn Sie Ihre Idee schon gefunden haben oder zumindest eine grobe Vorstellung davon, können Sie den Rest dieses Abschnitts überspringen und machen direkt im nächsten Abschnitt weiter.

Ansonsten sind hier ein paar Ideen, wie Sie an Ideen kommen:

Wenn Sie nun aber noch überhaupt gar keine Idee haben? Wirklich nicht? Dann frage ich mich gerade ein bisschen, was genau Sie auf die Idee gebracht hat, ein Buch schreiben zu wollen. Aber hey, vielleicht haben Sie da einfach Lust drauf, ist ja Ihr gutes Recht. Ohne eine Idee sollten Sie allerdings keinesfalls weitermachen. Wie wollen Sie ein Buch schreiben, wenn Sie nicht mal im Ansatz wissen, worüber?

Dann machen Sie jetzt Folgendes:

- **Nehmen Sie sich ein Blatt Papier, möglichst ein großes. Und einen Stift.**
- **Stellen Sie Ihren Timer auf eine Stunde.**

Dann brainstormen Sie nach Ihrer Idee. Das habe ich auch schon oft so gemacht, obwohl ich ein Notizbuch voller Ideen habe. Einfach, weil es manchmal Spaß macht, etwas komplett Neues aus dem Boden zu stampfen. Sagt mir mein patentiertes Vincent-Price-Bauchgefühl.

Das folgende Verfahren ist noch wesentlich effektiver, wenn Sie es nicht nur ein Mal eine Stunde lang betreiben. Das machen wir hier nur, weil ich Ihnen zeigen möchte, dass es auch unter Zeitdruck prächtig funktioniert. Das Ergebnis wird nicht optimal sein, bestenfalls passabel. Eine wesentlich bessere Methode ist es, das folgende Gekritzel öfter mal und über einen längeren Zeitraum zu betreiben. Manche Schriftsteller machen das täglich, zum Beispiel kurz nach dem Aufstehen. Keine schlechte Idee – Es bringt unsere kreative Seite nämlich enorm in Schwung.

Und so brainstormen Sie:

SCHRITT 1: Aufschreiben (*Timer: 1 Stunde*). Ich werfe Ihnen im Folgenden ein paar Begriffe zu und Sie schreiben einfach auf, was Ihnen dazu einfällt, okay? Einfach auf Ihr Blatt. Ohne nachzudenken, denn das kommt später. Bereit? Dann los!

- **Was können Sie besonders gut?** Sind Sie handwerklich begabt? Verstehen Sie mehr von Autos oder von Fußball als der Ottonormalbürger (mit Sicherheit verstehen Sie von beiden Dingen mehr als ich!). Dann schreiben Sie das auf. *Handwerk, Autos, Fußball.*
- **Wovon haben Sie absolut keine Ahnung, möchten aber auf der Stelle mehr darüber erfahren?** Wirklich nur, wenn Sie sich kaum beherrschen können, den entsprechenden Begriff sofort zu googeln oder Ihr achtzehnbändiges Lexikon der Weltgeschichte aus dem Regal zu zerren und es nachzuschlagen. Tun Sie es nicht. Zumindest nicht jetzt, sondern im nächsten Schritt, nachdem Ihr Timer für diese Sitzung abgelaufen ist. Beispiele: *Tiefseetauchen, die Geburtsstunde der Telefongesellschaften, Edisons*

Stromkrieg gegen Nikola Tesla, die Erfindung der mechanischen Armbanduhr, Foltermethoden im Mittelalter. Solche Sachen.

- **Haben Sie Hobbys, spezielle Interessen?** Schreiben Sie sie auf.
- **Womit beschäftigen Sie sich den Großteil Ihres Tages?** Welches spezielle Wissen, welche Fertigkeiten und Kenntnisse bringt beispielsweise Ihr Job mit sich? Die Chancen stehen ziemlich gut, dass Sie dann mehr Ahnung von genau dieser Sache haben als der Großteil der restlichen Menschheit – bloß ist Ihnen dieses Wissen inzwischen so selbstverständlich, dass Sie glauben, jeder hätte es. Die Wahrscheinlichkeit ist groß, dass es nicht so ist. Beispiel: Was glauben Sie, wie viele Menschen eine Registrierkasse im Supermarkt bedienen könnten, wenn Sie das noch nie vorher gemacht haben? Sehen Sie, auch das ist Spezialwissen. Machen Sie ein paar Stichpunkte!
- **Welche Bücher, Filme und Computerspiele liebten Sie als Kind?** Als Jugendlicher? Heute? Aufschreiben!
- **Was hat Sie damals in der Schule beschäftigt?** Gab es da nicht diesen einen Typen, der immer auf Ihnen herumgehackt hat? Oder Sie auf ihm? (Falls ja: Schämen Sie sich was!) Lehrer, die Sie mochten? Warum? Lehrer, die absolute Unsympathen waren? Bestimmt. Aber warum? Und wie hießen die? Welche Fächer haben sie unterrichtet? In welchen Lehrkörper waren Sie mal ein bisschen verknallt?
- **Was war Ihr Lieblingsspielzeug?** Warum? Welchen Namen hatte es? Konnte es sich in einen Roboter *und* in ein Auto verwandeln? Cool ...

Erwarten Sie an dieser Stelle (noch) keine Geistesblitze. Beantworten Sie einfach nur meine Fragen, wie es so schön im Vorabendkrimi heißt, wenn der Kommissar den Verdächtigen zum Tanz bittet.

SCHRITT 2: Filtern (*Timer: 1 Stunde*). Nachdem Sie die Fragen beantwortet haben, lassen Sie das Ganze ein bisschen liegen, mindestens eine Stunde, besser noch einen Tag. Und dann betrachten Sie es noch mal durch den Filter des *»Was davon ist zu gebrauchen?«*

Und das geht so.

Der erste Teil diente nämlich nur dazu, Ihr kreatives Gehirn ein wenig in die Gänge zu kriegen. Für den zweiten Teil brauchen wir das bereits erwähnte Genre, für das Sie sich entschieden haben. Das heißt, Sie brauchen jetzt Ihre Kenntnisse von eben jenem Genre, in dem Sie schreiben wollen. Was sind die Erwartungen (auch und vor allem Ihre, an zweiter Stelle die der Mehrheit der Genreleser!) an einen Roman dieser Gattung? Was würde Sie so richtig »kicken«?

Nehmen wir zum Beispiel einen Spionagethriller. Dann könnten Ihnen jetzt solche (noch relativ zusammenhanglose) Ideen kommen wie:

- *Das Ganze soll in der Arktis spielen!*
- *Und in den stickigen Büros der Geheimdienste!*
- *Es gibt ein Forscherteam, und einer von denen ist ein Spion für die Gegenseite ...*

Hm, vielversprechend! Keine Story, keine Handlung, keine Charaktere. Aber die gängigen Konventionen für einen Spionagethriller scheinen erfüllt zu sein: Geheimdienste, geheime Forschungen an der Arktis (kein Muss, aber ein exotisches Setting ist ganz bestimmt auch keine schlechte Idee, man denke nur an James Bond!), Spione und eine geheimnisvolle Gegenseite. Prima.

Und es gibt jede Menge Fragen.

Fragen sind gut, sehr gut sogar. Schauen Sie hin und wieder auf Ihr vollgeschriebenes Blatt aus der ersten Ideen-Session. Dann kritzeln Sie weiter, bis der Timer piept. Ihr Gedankengang könnte in etwa so aussehen:

Wie war das noch? Hat Ihnen Ihr Physiklehrer damals nicht mal erklärt, warum das SDI-Programm von Ronald Reagan ein intellektueller Knieschuss war? Irgendwas von einem elektromagnetischen Puls in der Stratosphäre? Oder war es die Ionosphäre? Egal. Aber so ein Puls wäre cool. Könnte man damit die Elektrik auf der gesamten Erde lahmlegen? Wäre das eine taugliche Superwaffe? Oh doch, ganz bestimmt. Wer würde wohl so was haben wollen und was wäre diese Person bereit, dafür zu tun? Erzähle ich hier gerade die James Bond-Story mit Dr. No nach? ...

Sie schreiben also auf und denken weiter:

- *Elektromagnetischer Puls*
- *Stratosphäre?*
- *Legt alle Elektrik lahm!*
- *Superwaffe?*

Okay, das ist vermutlich brauchbar. Vermutlich sollte ich später ein bisschen recherchieren, damit das kein totaler Unfug wird.

Hat nicht dieser Tesla ebenfalls an solchen Waffen herumgeforscht?

Also schreiben Sie auf:

Tesla?

Und wäre es nicht cool, wenn sich einer der Forscher in die Spionin verliebt? Ja, das schmeckt nach Drama! Her damit! Und außerdem ist es dann nicht mehr ganz so sehr James Bond, oder?

Sie schreiben:

Liebe. Drama. Forscher verliebt sich in Spionin der Gegenseite.

Aber brauche ich dann überhaupt noch die Geheimdienstbüros oder werden die nur mal hin und wieder erwähnt? Oder gar nicht?

Können die Büros weg?

...

Und so weiter. Jetzt haben Sie einen Start, und damit sind Sie wieder auf einem Level mit dem Rest der Klasse. Auf geht's zum nächsten Abschnitt!

DIE FRAGE ALLER FRAGEN

Sie haben sich also mithilfe Ihres Bauchgefühls eine oder mehrere Ihrer Buchideen herausgepickt, super! Doch was genau sind eigentlich Ideen, und wann sind sie für uns nützlich?

Wenn Sie ein Romanautor sind, sollten Sie sich die folgende Frage irgendwo hintätowieren lassen, denn mit ihr beginnt in unserem Beruf in aller Regel jedes gute Buch. Die Frage ist (Trommelwirbel!):

»**Was wäre, wenn … ?**«

- Was wäre, wenn der Hund dort drüben plötzlich losrennt und sein Herrchen vor ein fahrendes Auto zerrt?
- Was wäre, wenn ein Mann in einem Krankenhaus erwacht und aus dem Fernseher über dem Krankenbett erfährt, dass er wegen Mordes an seiner Frau gesucht wird? (Meine Antwort auf diese Frage finden Sie übrigens in meinem Roman »Totgespielt«)

- Was wäre, wenn dieses Ehepaar dort von einem Kellner bedient wird, den die Frau als ihre verschollen geglaubte große Liebe wiedererkennt? Der Kellner hingegen scheint sie jedoch noch nie gesehen zu haben ...
- Was wäre, wenn dieser zwielichtige Typ mit dem zu knappen Sakko dort drüben im Internet einen Komplettservice für Mörder anbietet, inklusive falschem Alibi und dem gewünschten, nicht nachverfolgbaren Mordwerkzeug?
- Was wäre, wenn plötzlich auf dem überfüllten Marktplatz alle Handys zu klingeln anfangen würden – nur meines nicht?

Und so weiter. Mein Notizbuch ist voll von solchen Gedankenspielereien. Und, wie in Kapitel II erwähnt, ordne ich meine Ideen, soweit möglich, hier schon nach dem Genre, in das sie zu gehören scheinen. Sie sehen, diese Überlegung steht bei mir schon sehr früh an und definiert den weiteren Fortgang meiner Ideenfindung. Aus der dritten Idee könnte zum Beispiel ein Liebesroman entstehen, die anderen werden höchstwahrscheinlich eher in Richtung Horror oder Thriller gehen, wobei das durchaus auch auf die dritte Idee zutreffen könnte.

Der Vorteil dieser Methode ist der, dass ich später nicht vor einem fertigen Buch stehe und krampfhaft herauszufinden versuche, was eigentlich das Hauptgenre dieses Buches ist. Was wiederum unerlässlich ist, wenn ich das Buch meinen Lesern näherbringen möchte. Nochmal: Wenn Sie die Erwartungen des Genrepublikums enttäuschen, riskieren Sie, dass Ihr Buch einen Bauchklatscher hinlegt. Für das Anderssein um jeden Preis gibt es in dieser Hinsicht keine Punkte. Ein Thriller *muss* spannend sein, in einem

Krimi *muss* ein Verbrechen vorkommen, in einer Schnulze *muss* sich wer verlieben, basta. Alles andere machen Sie bitte auf eigene Gefahr.

Man kann es übrigens trainieren, ständig und überall solche Ideen zu haben und sich die in Wahrheit meist furchtbar langweilige Umgebung »zurechtzuspinnen«. Und das sollten Sie! Die **Was-wäre-wenns** sind überall, wie Sie an den obigen Beispielen sehen können.

Lernen Sie, hinzuschauen und dem Reiz des Spekulativen zu folgen. Und wenn Sie schon dabei sind: Hören Sie zu! Belauschen Sie Ihre Mitmenschen, werden Sie zum Spion! Sie werden entsetzt, amüsiert und manchmal auch tief gerührt sein. Allerbester Stoff für Ihre Bücher also.

Während ich mir Ideen aufschreibe, habe ich keine Ahnung, was sich später mal aus ihnen entwickeln wird, und ob sie überhaupt gut sind. Von den fünfen da oben habe ich mir vier gerade eben ausgedacht, die zweite ist die Grundlage für einen Roman von mir und wenn Sie mich spontan fragen würden, hielte ich die fünfte für die Vielversprechendste der restlichen vier.

Aber warum?

Weil sie mich sofort zwingt, über die nächsten Frage nachzudenken, aus der sich dann wiederum jede Menge weiterer Fragen ergeben:

Warum klingelt *nur* mein Handy nicht? Wie kann es sein, dass all die anderen Handys zur exakt gleichen Zeit klingeln? Was wird passieren, wenn die Leute beginnen, sich das zu fragen? Was, wenn sie mitbekommen, dass ich in dieser Situation ein »Außenseiter« bin? Sollte ich vorsichtshalber mein Handy zücken und so tun als ob? Was zur Hölle ist hier überhaupt los und wieso starren mich plötzlich alle so merkwürdig an? Was hat der Typ da mit dem Knüppel vor? Was … Aaaaargh!

Puh, da ist es mit mir durchgegangen. Das heißt, die Idee hat was. Vielleicht.

Aber das können Sie natürlich ganz anders sehen.

Höchstwahrscheinlich würden sehr unterschiedliche Bücher entstehen, selbst wenn wir uns alle dieselbe Idee von den obigen herauspicken würden, und das ist ja der ganze Witz bei der Sache mit dem Schreiben. Ideen sind nur wenig wert, sie sind wie Sand am Meer. Wichtig, aber im Übermaß vorhanden. Entscheidend ist, was Sie draus machen.

Das ist das Schöne an Ideen. Sie sind so vage, dass sie in diesem ersten Stadium noch nicht einmal gut oder schlecht sind, sondern einfach nur vorhanden. Pure Inspiration. Kreatives Chaos, kurz nach dem Urknall. Lassen Sie es mit sich durchgehen!

Und bis dahin sammeln Sie einfach. Jeden noch so blöden Einfall, man weiß ja nie. Und ordnen Sie ihn einem Genre zu. Wenn Sie ein paar davon zusammen haben, picken Sie sich die beste heraus.

Doch dazu müssen Sie erstmal die guten von den schlechten Ideen unterscheiden können. Sie kennen das ja: Die guten ins Töpfchen und die schlechten … am besten ruhen lassen und später noch mal drüberschauen. Vielleicht springt Sie die Idee ja dann mit aller Kraft an. Manchmal tun sie das. Je länger Sie Bücher schreiben, desto mehr entwickeln Sie ein Gefühl dafür. Und das sollten Sie trainieren.

Erwarten Sie nicht, jedes Mal richtig zu liegen. Mitunter startet man an einer Idee, die einen völlig fasziniert, um später dann doch einfach nicht über die Mitte des Buches hinauszukommen. Das passiert. Mir auch, öfter sogar. Und es nervt gewaltig, wenn Sie zum dritten Mal ansetzen und merken, dass Sie einfach nicht über 130 Seiten herauskommen. Meine Schublade ist voll von solchen Versuchen. Ich hebe sie mir alle auf, denn vielleicht sind sie später noch mal nützlich. Sie wissen ja: Schreiben ist Üben fürs nächste Buch.

Damit Ihnen so etwas möglichst selten passiert, möchte ich Ihnen in den folgenden Abschnitten noch ein bisschen bei der Auswahl helfen.

DIE GUTEN INS TÖPFCHEN

Wie unterscheiden wir also nützliche (»gute«) von den weniger nützlichen (»schlechten«) Ideen?

Das Entscheidende an einer *guten* Idee ist, dass Ihnen augenblicklich weitere Ideen kommen. Fragen, die weitere Fragen aufwerfen wie im Beispiel oben. Neue Aspekte und Blickwinkel, aus denen Sie die Geschichte aufrollen könnten. Geeignete Protagonisten entstehen vor meinem geistigen Auge, werden verworfen und durch noch besser geeignete ersetzt. Probleme (nicht für Sie, sondern für Ihre Figuren) tun sich auf, und aus denen entstehen wieder neue, kurzum: Ihre kreativen Säfte geraten in Wallung. Wenn das passiert, wissen Sie, dass Sie auf einer heißen Spur sind. Folgen Sie ihr!

Hier möchte ich Ihnen anhand eines Beispiels meine Gedanken skizzieren, während ich mit einer neuen Idee herumspiele. Ich beginne, wie gesagt, bei null und verspreche Ihnen hoch und heilig, dass diese Idee vorher nicht in meinem Notizbuch stand. Jetzt tut sie es allerdings schon.

Bleiben wir also beim Genre des Thrillers.

Beispiel einer Ideenfindung:

Also, wer ist der Held dieser gleich entstehenden Story? Ein naheliegender Protagonist für einen Krimi oder Thriller wäre natürlich ein Kommissar, der damit betraut wird, einen Mordfall aufzuklären. Was wiederum bedeuten würde, dass wir jede Menge Polizeiarbeit recherchieren müssten, um nachher nicht wie komplette Deppen auszusehen. Puh, das klingt nach Arbeit. Und außerdem gibt es das schon unzählige Male.

Okay, vielleicht ein andermal.

Aber was wäre denn mit einer ganz normalen Frau, die einen Mord aufklären muss? Hm, schon besser. Und zwar nicht, weil sie es von Berufs wegen tun muss, wie unser Kommissar, sondern weil ... Ja, das ist es! Eines Tages verschwindet ihr Freund, der nur mal eben Zigaretten holen wollte. Das sollte sie wohl ausreichend motivieren, nach ihm zu suchen.

Aber ist es auch originell? Keine Ahnung. Mal sehen.

Hm. Menschen, die plötzlich und scheinbar ohne jeden Grund verschwinden. Okay, das kennt man zur Genüge. Und wenn schon. Es wäre trotzdem verdammt verstörend, wenn einem so etwas selbst passiert. Also bleibe ich erstmal dabei, es gibt bestimmt schlechtere Ansätze.

Okay. Natürlich glaubt die Frau zunächst, dass ihr Freund oder Verlobter oder Ehemann oder was auch immer zurückkommen wird, aber dann ist er über 48 Stunden weg und verlassen kann er sie auch nicht haben, denn dann hätte er ja sein Handy mitgenommen und vermutlich auch ein wenig Unterwäsche zum Wechseln. Hat er aber nicht.

Moment. Sein Handy ...

Hm. Als sie das, nämlich sein Handy, auf dem Küchentisch liegen sieht, bemerkt sie eine SMS mit einer mysteriösen Botschaft: »Geh nicht zur Polizei!« Unterzeichnet mit dem Namen ihres seit zwei Tagen verschwundenen Freundes.

Oh.

Okay, das hat was.

Was wird sie nun tun? Wird sie doch die Polizei einschalten? Und was wird die dann unternehmen? Oder wird sie der mysteriösen SMS gehorchen und sich selbst auf die Spur ihres verschwundenen Freunds begeben? Stammt die SMS überhaupt von ihm? Warum wurde er gekidnappt? Sollte sie ihn suchen oder es einfach aussitzen in der Hoffnung, dass er von allein zurückkommt? Blöde Frage, natürlich nicht, denn dann wäre ja der Roman hier zu Ende. Sollte sie also immer noch faul herumsitzen, werden wir ihr eine zusätzliche Motivation verpassen müssen, notfalls ein abgeschnittenes Ohr oder ein Fingerglied.

Verstörend, mysteriös, wundervoll. Und eine wirklich rätselhafte (und ziemlich gruslige) Situation für unsere noch namenlose Heldin. Wir als Autoren sollten uns allerdings schon mal ein paar Gedanken über die Dinge machen, die unserer Protagonistin bislang noch verborgen sind.

Genau, was ist überhaupt mit dem Kerl, der die Kippen holen wollte? Ist er tot? Geht es um eine Erpressung? Einen Racheakt einer früheren Liebhaberin? Steckt er gar selbst hinter dieser Sache? Will er unsere Heldin vielleicht für verrückt erklären lassen, um sie später zu beerben? Ist sie demnach reich? Ist er reich? Hat er eine Affäre mit einer anderen Frau? Oder mit einem anderen Mann? Hat sie eine? Ist sie überhaupt überrascht von der SMS, oder steckt am Ende gar sie selbst dahinter, dass ihr Freund beseitigt wurde, nur ahnt das der Leser noch nicht?

...

Und so weiter.

Das war ein Beispiel dafür, was mir in der ersten halben Stunde, die ich an einem neuen Buch arbeite, so durch den Kopf geht. Sie mögen die Idee für ausgesprochenen Mist halten, und ich werde Ihnen nicht widersprechen. Einige der aufgeworfenen Fragen werden sich ganz bestimmt als ebensolcher herausstellen, aber darum geht es nicht.

Dieser Schritt diente einzig und allein dazu, zu testen, ob

die Idee für mich (und nicht für Sie oder sonst wen) funktioniert. Und das tut sie.

Und worin besteht nun dieser Test? Sie sehen die Menge Fragezeichen am Ende der meisten Absätze? Das ist das Signal. Jede Menge Fragen, und ich habe enorme Lust, sie zu beantworten. Auf der Stelle. Und zwar in Form einer verdammt spannenden Geschichte.

Nun machen Sie mit Ihrer Idee denselben Test. Wirft sie ebenfalls sofort weitere Fragen auf? Themen, die sich aus der Grundidee (in meinem Fall die mysteriöse SMS eines verschwundenen Lebenspartners) ergeben? Sind unter diesen Fragen solche, die Sie vom Hocker hauen würden, wenn Sie sie selbst in einem Roman lesen würden? Wenn nein, sollten Sie die Idee noch ein bisschen ruhen lassen, denn sonst werden Sie sich später nur unnötig damit herumquälen.

Schreiben Sie keinesfalls über etwas, das Sie selbst langweilt und halten Sie möglichst großen Abstand von Dingen, die sie bereits in anderen Büchern gelesen haben!

Falls Sie die Idee aber packt und in ihren Bann zieht und irgendwann der Timer piept, weil Sie vor lauter neuen Fragen völlig die Zeit vergessen haben – ja, dann sind Sie auf dem richtigen Weg. Die Entwicklung Ihrer eigenen Geschichte sollte Sie bereits in diesem frühen Stadium aus den Socken hauen vor Begeisterung, und genau das ist das Ziel der Übung. Machen Sie's nicht unter dem, niemals!

Und das Schöne: Diese Methode funktioniert mit jedem Genre, sogar mit Sachbüchern. Nur stöbern Sie dann nicht in der dunklen Vergangenheit und der noch düsteren Zukunft Ihrer Figuren herum, sondern es ergeben sich immer neue Themen aus dem Grundthema. Wenn Sie sich einmal das Inhaltsverzeichnis des Buchs in Ihren Händen anschauen, sehen Sie ziemlich deutlich, was ich damit meine.

Die Tag-für-Tag-Anleitung über die vier Wochen war anfangs der ursprüngliche Kern, sie waren die eigentliche Idee zum Buch, die mir übrigens während des Laufens im Wald gekommen ist. Die restlichen Kapitel kamen aus reiner Notwendigkeit dazu. Weil immer neue Fragen aus den schon vorhandenen entsprangen. Und jetzt haben Sie den Salat.

Zurück zu Ihrer Idee. Nun haben Sie den ersten Funken an die Zündschnur des Pulverfasses gelegt, das idealerweise zu einer großartigen Story explodieren wird. Denn genau das tun gute Storys, sie explodieren vor Ihren Augen, nur ein bisschen langsamer als die üblichen Sprengsätze, sozusagen in Zeitlupe.

Buuuuuuuuuuuuuuuuuuuuuumm!

Und wo wir schon von Pulverfässern reden …

EINE EXPLOSIVE EXPOSITION

Also, wir kennen schon mal die Situation, in die unsere Heldin, nennen wir sie Susan, am Anfang gestürzt wird. Fassen wir zusammen:

Susans Freund verschwindet eines Tages spurlos und sie empfängt 48 Stunden später eine seltsame SMS, die angeblich von ihm stammt, in der man sie bittet, die Polizei nicht einzuschalten.

Ziemlich cool. Diesen Satz schreiben wir uns gleich irgendwo auf, denn der findet später Eingang in den Klappentext. Dazu werden wir vermutlich noch ein bisschen daran herumfeilen müssen, aber würden Sie etwa nicht weiterlesen wollen nach einem solchen Einstieg (vorausgesetzt, Sie mögen Thriller)? Ich schon.

Was wir jetzt haben, ist unsere Exposition. Die Ausgangssituation (Susan hat eine glückliche (?) Beziehung mit ihrem Freund) und das Ereignis, das alles verändert (er verschwindet und sie erhält daraufhin eine merkwürdige SMS). Bäm! Und dann starten wir in die Story. Und zwar, indem wir uns Fragen stellen. Die sich direkt aus dieser Exposition ergeben.

Alle diese Fragen sollten auf ein Ziel hinauslaufen: Konflikt.

Das heißt, sie sollten für unsere Heldin Susan zu weiteren Problemen und Konflikten führen anstatt zu einfachen Lösungen. Und diese Konflikte sollten immer und immer schwerwiegender werden. Wie man das schafft? Indem man dafür sorgt, dass bei jedem neuen Schritt für den Protagonisten mehr auf dem Spiel steht. Und indem sich der Protagonist stets für die Lösung entscheidet, die ihn noch tiefer ins Schlamassel reitet. Das Ganze glaubwürdig zu gestalten, ist der ganze Trick eines guten Romans.

Beispiel: Der Freund könnte einfach zurückkommen, dann hätten wir Friede, Freude, Eierkuchen. Und den vermutlich langweiligsten Roman aller Zeiten mit dem einzigen Vorteil, dass er angenehm kurz wäre. Oder sie könnte die Polizei einschalten. Das wäre etwas besser, weil es sie für einen Moment mit dem moralischen Konflikt konfrontiert, dass Sie laut der SMS genau das ja nicht tun soll. Wenn die Polizei den Mann dann findet und unversehrt zurückbringt, ist es aber auch wieder Mist, weil langweilig.

Ergo muss sie leiden. Und das geht so.

Dafür, dass ihr Freund verschwindet, kann Susan vermutlich nichts. Aber wenn sie dann losgeht und trotz der SMS die Polizei informiert und ihr Freund deswegen stirbt, dann wäre das wohl irgendwie ihre Schuld und damit würde sie dann für den Rest ihres Lebens klarkommen müssen. Ouch. Weswegen sie die Polizei vermutlich nicht einschalten wird, und auf eigene Faust ermitteln wird. Was höchstwahrscheinlich ein enorm gefährliches Unterfangen sein wird und eine ziemliche Dummheit darstellt.

Aber welche Wahl hat sie denn schon, so zwischen Regen und Traufe, zwischen Skylla und Charybdis? Keine. Und sehr wahrscheinlich wird sie die augenscheinlich schlechtere Wahl treffen und *nicht* zur Polizei gehen. Aber nicht aus

Dummheit, sondern weil sie befürchten muss, dass man ihrem Freund sonst etwas antun könnte. Womit ihre »schlechte« Entscheidung sofort glaubwürdig wird, es sei denn, sie wäre ein emotionaler Eisklotz.

Und damit ist unsere arme Susan genau da, wo wir sie haben wollen.

Und dann?

Auf zur nächsten Entscheidung! Aus ihrer Entscheidung, selbst die Ermittlungen in die Hand zu nehmen, erwächst natürlich augenblicklich das nächste Dilemma, was wiederum nur in einer Entscheidung münden kann, und wiederum wird sie die wählen, die sich als die schlechtere herausstellen wird, ihr aber als die bessere (oder besser: Als die einzig mögliche) erscheint.

Stellen Sie sich eine Ratte in einem Labyrinth vor. Das ist unsere Protagonistin. Und Sie sind der verrückte Wissenschaftler, der auf Knöpfchen drückt, und damit das Labyrinth ständig umbaut, und zwar so, dass die Ratte sich immer tiefer in die Fäkalie reitet.

Sie merken es: Konflikt ist das A und O einer guten Story. Und zwar ein wichtiger, immerhin geht es hier um das Leben ihres Freundes und nicht um die Entscheidung, ob sie zum Frühstück Kaffee oder Tee trinken soll.

KONFLIKTE UND KOMPLIKATIONEN: LEIDEN SOLL ER!

Manche nennen den Protagonisten auch den Held der Geschichte. Mir widerstrebt dieser Ausdruck ein bisschen, weil es mir zu sehr nach einem Comic-Helden in Cape und Strumpfhosen klingt. Sprich: Einem, der praktisch unbesiegbar ist. Laaaangweilig! Ein guter Protagonist ist in der Regel aber das genaue Gegenteil von unbesiegbar, zumindest am Anfang und mindestens bis zur Mitte der Geschichte.

Stärke findet der sogenannte Held nämlich erst durch das, was ihm im Laufe der Story passiert und genau das ist der Grund, aus dem wir die Story überhaupt erzählen. Es kommt natürlich auch vor, dass der Protagonist in der Story verzweifelt und am Ende zusammenbricht, weil die Hindernisse stärker waren als er. Auch gut, solange er nur kämpft, und zwar aktiv.

Auf jeden Fall muss die Story unseren Protagonisten irgendwie beeinflussen, und das tut die Story durch Hindernisse und Böswilligkeiten. Stöckchen, die sie dem sogenannten Helden zwischen die Beine wirft, und mit denen er sich dann herumschlagen muss. Im Krimi ist das zumeist der vertrackte Kriminalfall und die Schwierigkeiten, die sich bei dessen Auflösung ergeben. Im Thriller hat der Ermittelnde in aller Regel zusätzlich noch mit eigenen Problemen sowie einem erhöhten Grad an gruseligen Sachverhalten zu kämpfen, weil der Mörder nicht nur völlig irre, sondern unserem Helden auch noch persönlich auf den Fersen ist. In der Schnulze darf der Heldin ihr Traummann nicht einfach so in die Arme fallen – vielmehr muss sie jede Menge Komplikationen überwinden, damit aus den beiden schließlich ein Paar wird.

Das finden Sie ausgeleiert, klischeehaft? Nun, schmettere ich Ihnen entgegen, das liegt möglicherweise daran, dass Sie an der falschen Stelle nach Originalität und dem Bruch mit Konventionen suchen. Das eben genannte sind sehr allgemeine Muster, die eng mit der bereits bejodelten Erwartungshaltung von Genrelesern zusammenhängen. Es liegt an Ihnen, diese Konventionen originell auszulegen und daraus etwas Neues und Spannendes zu kreieren (wenn Sie ein guter Autor sind). Oder eben auch nicht (wenn Sie kein so guter Autor sind).

Das ändert rein gar nichts an der Tatsache, dass eine Story ohne Konflikt immer eine miserable Story sein wird.

Unser Held soll leiden, und zwar sehr. Weil er eben nur ein Mensch ist und kein Supermann. Will sagen: Er oder sie darf und sollte Fehler machen, manchmal selbstsüchtig sein und dann ein andermal wieder großzügig. Er sollte Gefühle haben und sie manchmal zeigen, dann wieder nicht. Ängste, Zuneigung, Rationales und Irrationales in sich vereinen. Die ganze Palette menschlicher Empfindungen. Da, wo es passt, und nicht notwendigerweise alle in einem einzigen Buch. Aber er sollte den Eindruck erwecken, zu jeder menschlichen Regung fähig zu sein, die die Situation erfordert. Und zwar glaubwürdig.

Aber nur, sofern es für die Story relevant ist. Und nur dann.

Keinen interessiert, ob Ihr Held kurzsichtig ist, wenn ihm das nicht irgendwann im Laufe der Story zum Verhängnis wird. Er hat Höhenangst? Wen juckt's, wenn die gesamte Story in einem U-Boot spielt? Und mag Ihnen die Backstory für diese zusammenhanglose Höhenangst auch noch so spannend erscheinen – unterm Strich ist sie es vermutlich nicht, zumindest nicht für den Leser, und auf den kommt es letztlich an.

Okay, unser Held leidet also. Aber was genau ist damit gemeint und wieso müssen wir den armen Kerl (oder die Kerlin) so quälen?

Die simple Antwort: KONFLIKT!

Es hat einen guten Grund, warum ich das groß schreibe, es Ihnen quasi ins Ohr brülle. Aus demselben Grund sollten Sie das Wort in gewaltigen roten Lettern über Ihrem Schreibtisch an die Wand sprühen: KONFLIKT!

Die ausführliche Antwort: Zunächst ist klar, dass sich unser Held durch jede Menge Hindernisse und Widrigkeiten durchboxen muss, weil die Story nun mal aus eben diesen Hindernissen besteht. (*Psscht! Man nennt sie auch Konflikte ...*) Wenn der Held mit etwas konfrontiert wird, das sich nicht innerhalb kürzester Zeit als ernst zu nehmendes Problem für ihn herausstellt, haben *Sie* ein Problem. Das Problem des einschlafenden Lesers nämlich. Gähn!

Beispiel gefällig? Sie kennen bestimmt das Märchen vom Fischer und seiner Frau. Hier mal die Version ohne Hindernisse und den daraus resultierenden Konflikten, frei nach Frey, sozusagen:

Ein Fischer ging eines Tages zum Fischen und fing einen außergewöhnlich großen Fisch. Der sagte zu ihm: »Fischer, wenn du mich leben lässt, erfülle ich dir einen Wunsch!«

Da sagte der Fischer: »Ich wünsche mir, dass meine Fischer-

hütte eine richtig steile Bude wird, mit Penthouse und Swimmingpool und dem ganzen Schnickschnack.«

»So soll es geschehen«, sagte der außergewöhnlich große Fisch. Dann ließ der Fischer den außergewöhnlich großen Fisch vom Haken und dieser versank daraufhin in den Fluten und ließ außer ein paar Blubberblasen nichts zurück.

Als der Fischer nach Hause kam, war aus seiner Fischerhütte ein kleiner Palast geworden. Seine Frau sprang staunend ums Gemäuer und rief: »Cool! Du bist der Größte, lieber Mann! Lass mal nach oben gehen, du weißt schon ...«

Dann verschwanden beide in einem der unzähligen Schlafzimmer und hatten einen Heidenspaß, wie schon seit ihrer Hochzeitsnacht nicht mehr. Und wenn sie nicht gestorben sind, dann haben sie den noch heute.

Ende.

Das ist nicht sehr spannend, oder? Ich bin schon ungefähr da eingeschlafen, wo der Fisch dem Fischer seinen Wunsch erfüllt und wieder in der Tiefe versinkt. In der eigentlichen Variante kommt der Fischer nach Hause, und sein gar garstiges Weib will immer mehr und größer und schöner und schickt den armen Kerl wieder und wieder zum Fisch, bis auch der schließlich keinen Bock mehr auf diese Nummer hat und den Fischer mit sich in die Fluten zieht. Oder so ähnlich, ich weiß es nicht mehr genau. Was ich aber damit sagen will, ist Folgendes: Der arme Fischer muss leiden, die ganze Zeit. Dann hören wir zu.

Allerdings ...

Richtig. Ihr Protagonist braucht natürlich noch zwei weitere Dinge, damit aus Ihrer Idee eine richtige Story werden kann. Nämlich:

ZIEL UND MOTIVATION

Ohne Ziel ist alles nix. Das ist die Karotte am Ende des Stockes. Das, was der Held jedes Mal wieder im Blick hat, wenn er sich aus dem Staub aufrappelt, in den ihn gerade sein böser Widersacher getreten hat oder das Schicksal oder auch ein ganzes Bataillon deutscher Wehrmachtspanzer.

Dieses Ziel ist der Grund, warum er trotzdem weitermacht, und deshalb sollten Sie es ebenfalls im Blick haben, bevor Sie mit der Woche 2 beginnen. Was zur Hölle will Ihr Hauptcharakter eigentlich? Was erwartet ihn am Ende des Buches (oder auch nicht)? Was ist der Lohn für all sein Leiden? WAS?!?! Jetzt sagen Sie schon!!!!

Motivation. Das Ziel ist gut und schön, aber es muss auch einen triftigen Grund geben, warum Ihr Hauptcharakter das alles auf sich nimmt. Das Leid, die Folter, die Demütigung (und all das sollte ihm definitiv widerfahren!). Dieser Grund, diese Motivation für sein Ziel sollte verdammt glaubwürdig sein.

Niemand zieht los und rettet die Welt, bloß weil ihm langweilig ist.

Nicht mal Superman.

Beispiel. Bleiben wir noch einen Moment bei Märchen und nehmen einen anderen Klassiker her, den man auch heute noch sehr oft wiederfindet. Da wird er dann querbeet durch alle Genres von der Liebesschnulze bis zum Superhelden-Blockbuster verwurstet.

Und er funktioniert.

Warum?

Weil jeder, aber auch wirklich jeder, *diese* Art von Motivation versteht.

Die Rede ist von der entführten Frau. Oder Tochter. Oder Prinzessin. Oder dem Familiengoldfisch. Spielt keine Rolle, es ist im Grunde alles die selbe Geschichte.

Das Ziel ist hier sofort klar: Den geliebten Menschen (oder das Haustier) befreien und anschließend dem Entführer gehörig in den Hintern treten. Die Motivation? Das muss man nicht erklären. Stellen Sie sich einfach vor, das würde Ihnen passieren. Sie kommen nach Hause und sehen gerade noch, wie Ihr Lebenspartner in ein fremdes Auto gezerrt wird, das mit quietschenden Reifen davondüst. Würden Sie zum Kühlschrank schlurfen, sich ein Bier nehmen, die Füße auf den Couchtisch legen, den Fernseher einschalten und abwarten, was als Nächstes passiert?

Wohl kaum – Es sei denn, Sie sind der Drahtzieher hinter der Sache.

Der drohende Verlust eines geliebten Wesens ist eine überaus starke Motivation und eignet sich für beinahe jedes Genre, nicht nur für das offensichtliche, den Thriller. Ich denke da zum Beispiel an ein berührendes Drama über einen Familienvater, der in die Demenz abgleitet (die Krankheit dient hierbei als ein nicht menschlicher Antagonist, aber sie ist kein bisschen weniger furchteinflößend als ein vermummter Kerl mit einer Pistole!), oder eine wilde Verfolgungsjagd auf der Suche nach dem preisgekrönten Bernhar-

diner der chaotischen Familie (Genre: Familienkomödie) und
...

Und alles Mögliche dazwischen. Die Varianten sind endlos. Und sie beruhen alle auf der selben Idee, dem entführten geliebten Wesen.

Und Sie wissen (spätestens) jetzt, was es mit Ziel und Motivation auf sich hat. Genug für den Anfang zumindest. Beides, also Ziel und Motivation Ihres Helden, sollte für die Gesamtheit Ihres Zielpublikums ohne große Erklärungen nachvollziehbar sein, wie in dem Beispiel gerade. Selbst und gerade, wenn Sie einen Science-Fiction-Roman schreiben:

Wenn G'arf vom Planeten U"luu'gf das güldene G'ränium finden muss, damit er endlich die himmlische Gumpfta damit öffnen kann, interessiert das vermutlich keine Sau.

Es sei denn, diese Begriffe haben irgendeine Entsprechung in der Welt normaler Leute. Das sind Ihre Leser nämlich, zumindest die meisten. Ganz normale Leute. Und danken Sie Gott dafür und hoffen Sie, dass Ihnen die anderen Spinner vom Leib bleiben!

DÄMONISCH: »INNERE HINDERNISSE«

Natürlich steht sich ein guter Protagonist auch öfter mal selbst im Weg. Das kann komische Folgen haben oder tragische oder beides. Auf jeden Fall stellen seine Ängste, Beklemmungen, Vorurteile – mit einem Wort *menschliche* Schwächen – weitere Hindernisse dar, die er überwinden muss, um das begehrte Ziel zu erreichen. So etwas nennt man dann »über sich hinauswachsen«.

Zumindest dann, wenn er diese Hindernisse in sich selbst überwindet. Denn man kann auch ausgezeichnet daran scheitern, was ebenfalls den Stoff für einen ausgezeichneten Roman bilden kann.

Diese inneren Hindernisse werden gelegentlich auch als innere Dämonen bezeichnet. Eine Bezeichnung, die mir als Thriller- und Horrorautor natürlich viel besser gefällt.

Diese sogenannten Dämonen tragen vor allem dazu bei, dass unser Protagonist menschlicher wirkt und eben nicht wie der bereits erwähnte Supermann. (Und selbst Clark Kent schleppt so einige dieser inneren Dämonen mit sich herum.)

Das könnten Hindernisse sein: Das ist der Punkt, an dem die Höhenangst Ihrer jugendlichen Heldin relevant werden könnte, weil sie über ein Seil balancieren muss, das zwischen zwei Hausdächern gespannt ist, um zu ihrem geliebten Werwolf-Teenager zu gelangen, der sich auf der anderen Seite gerade mit dem bösen Obervampir prügelt.

Wobei diese Sache mit der Höhenangst natürlich inzwischen ein einigermaßen ausgelutschtes Klischee ist, weil das sowieso niemand jemals mehr so schön darstellen wird wie der unvergessliche James Stewart in *Vertigo*.

Genau wie der stets besoffene oder chronisch depressive Kommissar. Oder der medikamentenabhängige Doktor. Gähn! Da fällt Ihnen bestimmt etwas viel Besseres ein, ich bin sicher.

Was ist zum Beispiel, wenn Ihr Hauptcharakter, dessen Tochter gerade entführt wurde, früher selbst beinahe zum Opfer eines kindermordenden Ungetüms geworden wäre, das ihn für 21 Tage in einem Keller gefangen hielt?

Das nenne ich mal innere Dämonen. Brrrr ...

EIN ANGEBOT, DASS SIE NICHT ABLEHNEN KÖNNEN

Hier ist noch ein richtig gutes und dabei wirklich originelles Beispiel für die inneren Hindernisse einer Figur, die wir wohl alle kennen. Ich meine Michael Corleone, besser bekannt als der Pate aus Mario Puzos gleichnamigem Roman.

Hier hat der Autor nämlich die Konventionen auf den Kopf gestellt, ohne sie im Mindesten zu verletzen, Chapeau!

Anfangs ist Michael Corleone nämlich ein typischer Held, und zwar ein Kriegsheld, Patriot und all das. Mit den kriminellen Machenschaften, die sein Vater und der Rest der Familie so treibt, will er nichts zu tun haben. Er will seine Freundin heiraten und der ganzen Mafiasache den Rücken kehren. Doch die Story hat Anderes mit ihm vor: Als sein Vater erschossen wird, wird Michael gezwungen, in dessen Fußstapfen zu treten und wird schließlich selbst zu einem Monster in Menschengestalt (wobei der Autor den Trick hinbekommt, ihn uns dennoch sympathisch erscheinen zu lassen).

Michael Corleone ist ein Antiheld, das heißt: Seine Moral steht, zumindest am Ende des Buches, diametral der allgemein gängigen gegenüber. Was die inneren Hindernisse dieser besonderen Figur betrifft, so sind diese deshalb seine noch verbliebenen menschlichen Züge. Die muss er loswerden, um ein würdiger Pate werden zu können, und die Story tut alles, um genau das zu bewirken. Er weiß es noch nicht, aber sein Ziel ist es, ein brutaler und gnadenloser Verbrecher zu werden wie sein Vater. Er mag dieses Ziel vielleicht am Anfang nicht wahrhaben wollen, aber schlussendlich läuft es darauf hinaus.

In der Szene etwa in der Mitte des Buches erschießt Michael Corleone einen Verräter und einen korrupten Polizisten mitten am Tag in einem Restaurant. Wenn Sie den Film das nächste Mal anschauen, achten Sie mal auf Michael Corleones (Al Pacino) Augen, als er sich wieder an den Tisch setzt, kurz bevor er die beiden umlegt. Hier erleben wir den Top-Schauspieler in Hochform, denn das ist der Moment, an dem Michael sein wahres Ziel begreift und die Entscheidung trifft, die sein Leben für immer verändern wird.

Natürlich könnte er die Knarre einfach zurück hinter die Klospülung stecken und die ganze Sache abblasen, und höchstwahrscheinlich geht ihm dieser Gedanke mehr als einmal durch den Kopf. Aber das tut er nicht. Er wählt die schlechtere Entscheidung und die Handlung schreitet voran. Skylla und Charybdis, immer und immer wieder, bis er am Ende alle seine Bedenken und Skrupel überwunden hat und zum perfekten Antihelden geworden ist. Übrigens geschieht dies exakt in dem Moment, da ihn seine Frau fragt, ob er die Ermordung von Carlo und den anderen Feinden der Familie befohlen hat. Er lügt sie an, ohne mit der Wimper zu zucken. Er ist am Ziel angekommen.

EHER UNGEEIGNETE DÄMONEN

*H*ier sind ein paar Beispiele für nicht so gute innere »Hindernisse«: Ein großer Leberfleck auf der Stirn oder ein Krückstock sind bestenfalls Erkennungsmerkmale, keine wirkliche menschliche Schwäche und für die allermeisten Protagonisten daher völlig bedeutungslos.

Speziell eine körperliche Behinderung als inneren Dämon aufzubauen, ist eine brenzlige Sache. Wenn man das nicht mit sehr großem Geschick angeht, rutscht man schnell in eine Ecke, in der man Menschen mit Behinderung diffamiert und als grundsätzlich schwach und unzulänglich darstellt. Und in dieser Ecke will ich bestimmt nicht landen und Sie sicher auch nicht.

Wobei ich mich hier hoffentlich nicht zu weit aus dem Fenster lehne, immerhin sind solche Menschen in einigen meiner Romane zu finden. Ich hoffe sehr, dass es mir dabei gelungen ist, sie als das darzustellen, was sie im Grunde sind: ganz normale Menschen mit Stärken und Schwächen und eben manchmal ein paar zusätzlichen Herausforderungen, die das Leben an sie stellt.

Ein Fauxpas in dieser Hinsicht passiert aber auch schon mal den ganz Großen wie zum Beispiel der unfassbar gut schreibenden Autorin Jojo Moyes. Hier ist ein Artikel von Steven Spohn dazu, der mich zu einigem Nachdenken anregte. Allerdings leider nur in Englisch: http://bit.ly/2r8nzwZ

Jetzt wissen Sie also, was Ihren Helden oder Ihre Heldin ausmacht so als Menschen. Nämlich Menschlichkeit. Noch mal: Innere Dämonen bedeuten nicht zwangsläufig, dass Ihr Held als Kind und Jugendlicher von einer Hölle in die nächste gegangen sein muss. Schon gar nicht bis zu einem Punkt, an denen ihm das niemand mehr abnimmt.

Aber.

Er oder sie müssen einiges wegstecken können, bevor sie ihr Ziel schließlich erreichen. Wegen der Hindernisse. Wegen der Menschlichkeit. Wegen des Konflikts. Genau, das Wort, das Sie in roten Leuchtbuchstaben über Ihrem Schreibtisch an die Wand gesprüht haben.

Spannend wird es, wenn Sie, während Sie schreiben, froh sind, dass Sie nicht selbst in der Haut Ihres Helden stecken und dass alles am Ende nur Fiktion ist. Aber weiterschreiben (oder weiterlesen) *müssen*, weil Sie der Held und seine Geschichte Sie einfach nicht mehr loslässt. Das ist das ganz große Kino. Da wollen wir hin. Das ist der Stoff, aus dem Bestseller sind. Und zwar jeder einzelne.

Ich wiederhole mich: Es gibt nur einen wirklich gravierenden Fehler, den Sie als Autor machen können, und der ist, Ihre Leser zu langweilen.

Tun Sie das niemals, keine Sekunde lang!

Alles andere ist notfalls verhandelbar. Wie zum Beispiel ... die Backstory.

BACKSTORY? GÄÄÄHN!

Zurück zu unserem Beispiel von Susan und der geheimnisvollen SMS, oder WhatsApp, von mir aus. Wir haben also eine menschliche Protagonistin namens Susan, der ich als Leser gerne folgen will. Im Laufe des Buches erfahre ich mehr über sie: Was für ein Mensch ist sie? Was beschäftigt, quält, erheitert sie?

Wie gesagt, *im Laufe* des Buches. Bitte müllen Sie Ihre Leser nicht gleich am Anfang mit all diesen Informationen zu, sobald Ihre Heldin das erste Mal in Erscheinung tritt. Das ist ein bisschen wie bei einem Date: Es beginnt mit einem Lächeln und etwas Small Talk und jeder zeigt sich (erstmal) von seiner besten Seite. Von den Dämonen (und *jeder* von uns hat welche) erzählt man sich erst sehr viel später, wenn eine gewisse Vertrauensbasis hergestellt ist, wenn überhaupt jemals.

Und so richtig in Erscheinung treten diese inneren Konflikte meist erst dann, wenn sie auf die Probe gestellt werden. Das ist vermutlich einer der Gründe, warum Ehen gelegentlich geschieden werden.

Psychologische und soziale Kompetenz. Schauen Sie

sich Ihre »Stammtischpsychologie« am besten einfach aus dem richtigen Leben ab. Weil das nämlich das Leben ist, das wir alle (inklusive Ihrer Leser) am besten kennen. Lernen Sie, die gängigen sozialen Mechanismen zu verstehen und bauen Sie sie in Ihre Geschichten ein. Wenn Sie als Autor nicht wenigstens ein bisschen Hobbypsychologe sind, werden Ihre Figuren vermutlich nie richtig glaubwürdig funktionieren.

Und damit meine ich hier wirklich *Hobby*psychologie.

Sie müssen nicht wissen, wie genau man eine narzisstische Störung diagnostiziert (das weiß eh keiner so genau und *ich* habe ganz bestimmt keine, pah!), aber Sie sollten in der Lage sein, Ihrer Figur eine solche Störung glaubwürdig anzudichten. Sie sollten wissen, welche Rolle die Körpersprache bei einem Gespräch spielt. Beobachten Sie die Pärchen an den Nebentischen, wenn Sie das nächste Mal essen gehen. Wer kennt sich schon länger? Haben die beiden dort eine Affäre, Beziehung oder verbindet sie eine jahrelange Freundschaft? Haben sie sich gerade erst kennengelernt? Woraus schließen Sie das?

Wenn es Ihnen gelingt, soziale und psychologische Mechanismen glaubwürdig darzustellen, sprechen Sie sofort zu einem großen Publikum. Dann schreiben Sie *realistisch* und nicht, wenn Sie alle eintausendvierhundertfünfundfünfzig Bauteile eines russischen Atom-U-Bootes auswendig aufzählen können. Wenn es darin ausschließlich um militärische Details ginge, würde das noch nicht mal bei Tom Clancys Romanen funktionieren. Und da sind wirklich jede Menge dieser Details drin. Weshalb ich sie ziemlich langweilig finde, und glaube, sie sollten erheblich gekürzt werden, aber das ist natürlich nur meine Meinung.

Zurück zur Backstory. Okay, unsere Protagonistin ist also auf dem besten Wege, von einer leeren Hülle mit einem Namen zu einer richtigen Person zu werden, vielleicht sogar einer Persönlichkeit. Hervorragend.

Aber ist es Ihnen aufgefallen? Ich habe bis jetzt noch kein Wort verloren über ihre Haar- oder Hautfarbe, Schuh- und Körbchengröße und welche Art von Kleidung sie trägt, und ob sie Zopfgummies benutzt oder eine Haarspange aus gebeiztem Walnussholz.

Und wissen Sie, warum?

Weil es mich nicht die Bohne interessiert. Und den Leser ebenso wenig. Mit all diesem Kram beschäftigen wir uns, wenn es nötig wird. Falls es nötig wird und auch *nur* dann. Ansonsten bleibt es unser süßes Geheimnis.

Selbstverständlich *können* körperliche Merkmale dazu dienen, eine Person zu charakterisieren. Sie können eine komische Note unterstützen oder auch ganz einfach für die Handlung wichtig sein. Kleine Menschen können gewisse Dinge zum Beispiel nicht ohne ein Hilfsmittel erreichen. Große Menschen passen nicht überall durch. Außergewöhnlich attraktive Menschen haben mit Vorurteilen zu kämpfen, und nicht sehr attraktive Menschen ebenfalls. Da könnte man ja beinahe auf die Idee kommen, ein bisschen mit den Erwartungen des Lesers zu spielen, oder? Aber das war's dann auch schon fast.

In den seltensten Fällen sind die Haar- und Augenfarbe, die Vorliebe für blaue Wollschals oder Spitzenhöschen für die Handlung relevant. Über so etwas lassen sich nur Amateure lang und breit aus. Und natürlich die Millionen Nachahmer von *Fifty Shades of Grey*. Aber das ist eine andere Geschichte.

Merke: Wenn ein Detail weder die Handlung noch die Entwicklung der Persönlichkeit Ihrer Figur voranbringt: Lassen Sie dieses Detail einfach weg.

Ein Wort zu den vielgepriesenen Charakterbögen. Wenn Sie mich fragen, ist das noch so ein angeblicher »Geheimtipp«, mit dem Sie vor allem eines erreichen, nämlich jede Menge Zeit sinnlos zu verschwenden. Manch einer verbringt angeblich Wochen damit und füllt ganze Ordner mit Blättern voller Nebensächlichkeiten. Jedes noch so unwichtige Detail über den Protagonisten und sämtliche Haupt- und Nebencharaktere wird dann da eingetragen. Schuhgröße, Haarfarbe, bevorzugte Zigarettenmarke, Kragenweite und so weiter.

Und wozu?

Nonsens, wenn Sie mich fragen.

Aber natürlich habe ich mir auch diese Erkenntnis hart erarbeiten müssen. Anfangs bin ich da keine Ausnahme gewesen: Zu meinem bislang unveröffentlichten Ungetüm namens *BOY* gibt es mehrere oberarmdicke Aktenordner mit nichts als Personenbeschreibungen, Beschreibungen der Welt, verschiedener Geräte und dergleichen. Zu allem Überfluss habe ich auch noch versucht, einige dieser Personen zu skizzieren. Es wird Sie nicht überraschen zu hören, dass das Buch bislang noch nicht veröffentlicht wurde. Aber ich gebe die Hoffnung nicht auf.

Machen Sie sich bitte eines klar: Ein Charakter in einem Buch ist kein richtiger Mensch, sondern eine Romanfigur. Er hat nur dann eine Vergangenheit, falls er eine braucht. Und keine, falls nicht.

Oder wissen Sie etwa, welche Schuhgröße Robert Langdon hat und was er zu seinem zwölften Geburtstag geschenkt bekam? (Hinweis: Die Mickey-Maus-Uhr war's nicht!) Wissen Sie, wie seine Sandkastenliebe hieß? Oder sein erstes Pony? Nein? Ich auch nicht. Weil es keinen interessiert. Vermutlich nicht mal Dan Brown.

Und zwar aus gutem Grund.

Sie lernen Ihren Charakter kennen, *während* Sie ihn kreieren, und das ist ein wundervoller Prozess. Aber nicht, wenn Sie ihn auf Äußerlichkeiten beschränken. Das ist einfach furchtbar oberflächlich und trägt nur dazu bei, dass Ihre Figur als genau das wahrgenommen wird, was sie dann ist: oberflächlich, hölzern, ein wandelndes Klischee, ein halbgares Abziehbild. Je mehr wir nämlich über die Äußerlichkeiten einer Figur nachdenken, desto mehr neigen wir dazu, diese auch irgendwo unterzubringen, denn warum hätten wir uns sonst all die Arbeit machen sollen?

Schlimmstenfalls kommt dabei dann ein solcher Blödsinn heraus wie das hier:

Charly zog sein rot gepunktetes Taschentuch von Cartier aus seinem anthrazitfarbenen 8.000-Dollar-Anzug aus gebürsteter Kaschmirwolle, strich nachdenklich über seine grün-blau gestreifte Krawatte, die ihm seine Frau anlässlich ihrer Hochzeitsreise auf die Französischen Antillen gekauft hatte, und sprach: »...

Was Charly sprach, werde ich leider nie erfahren, denn spätestens an diesem Punkt hätte ich das Buch im nächsten Mülleimer versenkt. So viele Details, wie da in einen Halbsatz gequetscht wurden, können unmöglich von irgendeiner Bedeutung sein und zwei Sätze später hätte ich sie sowieso wieder vergessen.

Außerdem hilft mir das überhaupt nicht dabei, mir die Szene vorzustellen, weil ich vor lauter Details gar nicht mehr auf die Figur achten konnte.

Wenn Sie so etwas wie oben in dem Buch eines Profis lesen (und das kommt durchaus mal vor), hat dieser Profi sich ein bisschen zu sehr in die Nebensächlichkeiten seiner Figur hineingesteigert oder meint, Ihnen beweisen zu müssen, dass er sich bestens mit der Mode der Superreichen auskennt. *Ähem, Fifty Shades of Grey, irgendjemand?*

Und der Lektor hat da wohl auch ein bisschen geschlafen.

Daher: Lassen Sie so etwas bleiben, es schadet Ihrem Buch nur, zumindest, wenn Sie es im Übermaß betreiben. Es ist wie mit Salz in der Suppe. Eine Prise ist okay, zwei Esslöffel machen die Sache ungenießbar.

Sorgen Sie dafür, dass die *Story* Ihren Protagonisten definiert und nicht irgendwelches belangloses Vorgeplänkel.

Nichts desto trotz sollten Sie Ihre Fakten beisammenhaben.

Keiner Ihrer Charaktere sollte ohne einen Grund im Laufe Ihres Buches Haut-, Augen- oder Haarfarbe wechseln oder ständig wachsen und schrumpfen. Blöd, wenn jemand an den Haaren gezogen wird, den sie fünfzig Seiten vorher noch so treffend als den »Mann mit der Spiegelglatze« beschrieben haben.

Aber.

Über all diese Äußerlichkeiten können Sie Buch führen, *während* Sie schreiben und nicht vorher. Das sollten Sie sogar, damit eben diese Peinlichkeiten nicht passieren. Beispielsweise legen Sie, während Sie an dem Kapitel mit dem Glatzkopf arbeiten, einen Figurenbogen an. Und dort notieren Sie das mit der Glatze und den Namen der Figur. Und zunächst nichts weiter. Wenn der Kerl (noch) keinen Namen hat, heißt er eben erstmal »der Glatzkopf«. Fertig. Zurück zur Geschichte.

Für das soeben Beschriebene nutze ich übrigens die ausgezeichnete Figurendatenbank von Papyrus Autor. Und bekomme immer noch keinen Pfennig von denen für all die Schleichwerbung. Eine Schande ist das!

MENSCHELN MUSS ES: DER BAMBI-EFFEKT

Ihre Heldin oder Ihr Held sollte, egal in welchem Genre Sie schreiben, auf jeden Fall ein Mensch sein oder zumindest menschenähnliche Züge tragen. Und zwar, damit sich der Leser mit ihm identifizieren kann, so als Menschen, die wir doch alle sind.

Wenn Landschaftsbeschreibungen oder Special Effects der »Motor« Ihrer Geschichte sind, haben Sie ein ernsthaftes Problem. Dann haben Sie nämlich keine Story. Eine Story über eine Süßwasseralge, sofern sie keine menschenähnlichen Züge trägt, wird mit großer Wahrscheinlichkeit genauso übel in die Hose gehen. Das sehen Sie an Tierfilmen, sofern sie keine Dokumentationen sind (und selbst da macht man das sehr oft): Bambi ist in Wahrheit eben kein Weißwedelhirsch, der den ganzen Tag nur an Fressen, Flucht und Fortpflanzung denkt, wie das richtige Weißwedelhirsche eben so tun. Bambi ist vielmehr ein Junge in einem Tierkostüm. Ein bisschen wie der gruselige Hase in Donnie Darko. Der mir persönlich viel besser gefällt als dieses alberne Disney-Rehkitz.

Was haben Sie auch von mir erwartet?

DER »BÖSE«

Zurück zu unserem armen Helden. Wer ist denn nun eigentlich schuld an seiner Misere und all dem Leid?

Berechtigte Frage.

Woher stammen alle diese Hindernisse eigentlich?

Antwort: Die, die er sich nicht selbst in den Weg stellt, werden direkt oder indirekt verursacht von einem »bösen Gegenspieler«, auch Antagonist genannt. Er kann unserem Hauptcharakter ganz gezielt an den Kragen wollen oder einfach jedem, der Gefahr läuft, seinen finsteren Machenschaften auf die Spur zu kommen. Man denke hierbei an so Typen wie Sauron oder die olle Plattnase Voldemort.

Und böse sind diese Gegenspieler ebenfalls aus guten Gründen. Weil – Sie ahnen es bestimmt schon – auch unser Antagonist ein richtiger Mensch sein sollte, mit Gefühlen, inneren Dämonen und allem, was dazugehört. Denn:

Niemand zieht los und will die Welt zerstören, bloß weil ihm langweilig ist.

Nicht mal Dr. No.

Nochmal: Niemand tut Böses (oder Gutes) ohne guten

Grund. Nicht einmal die seit Hannibal Lector so beliebten Psychokiller in den seit Hannibal Lector so beliebten Psychothrillern. Deren Gründe mögen zwar für die meisten Menschen (glücklicherweise) nicht nachvollziehbar sein, aber es sind dennoch *Gründe*. Oftmals gehen diese verqueren Ansichten wiederum auf andere Ereignisse zurück, die den Killer erst zu dem gemacht haben, was er ist.

Wie im Fall von Hannibal, dem Kannibalen. Wieder andere sind einfach nur so irre. Aber auch die tun nichts ohne eine entsprechende Motivation. Und sei es der reine Spaß am Töten oder die brennende Frage, ob Menschenfleisch wirklich nach Hühnchen schmeckt.

Interessant: Die meisten Verbrecher sind selbst im Gefängnis noch der Meinung, dass (wenigstens) das moralische Recht auf ihrer Seite sei. Könnte einem durchaus zu denken geben. Lesen Sie mal »Die Verurteilten« von Stephen King, zum Beispiel. Starkes Buch und ein toller Film.

Das ist nämlich das Elegante an der Sache mit dem »Menscheln«: Der Konflikt blüht dabei richtiggehend auf. Wenn sich ebenbürtige Gegner gegenüberstehen und wir für beide ein gewisses Maß an Verständnis (Empathie) oder gar Sympathie aufbringen können, dann folgen wir dem Kampf gespannt.

Dann bleiben wir dran. Dann schlafen wir nicht ein.

Das funktioniert oft besonders gut, wenn der Held zumindest am Anfang seinem Widersacher klar unterlegen ist. Dann ist er nämlich gezwungen, aus seinen inneren Reserven zu schöpfen, neue (schmerzliche) Erfahrungen zu sammeln und dabei bis an seine Grenzen zu gehen.

Das klingt spannend? Nach Konflikt?
Oh ja!

NICHTMENSCHLICHE ÜBELTÄTER

*D*as Böse soll also »menscheln«, fein. Das heißt, falls Ihr Antagonist denn überhaupt ein Mensch ist. Das muss er nämlich nicht sein. Er kann zum Beispiel auch eine Krankheit wie die vorhin erwähnte Demenz sein, die das Zusammenleben einer Familie bedroht.

Der »Böse« kann genauso gut eine einsame Insel sein, auf der unser Protagonist strandet. Dann wird das Ganze später vielleicht sogar mit Tom Hanks und einem werbeträchtigen Volleyball in den Hauptrollen verfilmt.

Im Falle der Insel ist der Antagonist noch nicht einmal böse.

Er ist halt eben nur eine einsame Insel mitten im Ozean und das genügt schon, um ein fragiles Gebilde wie einen menschlichen Organismus extrem zu gefährden, in psychischer und körperlicher Hinsicht. Der Antagonist Insel ist allerdings kein besonders spannender für sich genommen. Er funktioniert nur, wenn es auch einen Protagonisten gibt. Jemanden also, der gern überleben möchte. Weil ... weil auch er eine verdammt gute Motivation dafür hat.

Dass der Gegenspieler erst durch den Helden so richtig in

Schwung kommt, ist übrigens auch für die Saurons und Voldemorts in Ihrer Geschichte eine prima Idee.

Je mehr der Held kämpft, um sein Ziel zu erreichen, desto mehr Hindernisse sollte ihm der Gegenspieler in den Weg stellen. Weil das nämlich im Leben auch oft so ist. Je mehr wir etwas verändern wollen, desto mehr Gegenwehr rufen wir mit unserem Ruf nach Veränderung auf den Plan. Wenn Sie mir nicht glauben, posten Sie mal auf Facebook, dass Sie finden, wir sollten doch endlich alle Waffen einschmelzen und aufhören, uns gegenseitig die Köpfe wegen gar nichts einzuschlagen. Oder Flüchtlingen ein menschenwürdiges Dasein ermöglichen. Oder kein Fleisch mehr essen. Oder über die Sinnhaftigkeit einer Sechsfachimpfung für Neugeborene nachdenken. Und dann lehnen Sie sich zurück und schauen Sie, was passiert.

In einer guten Geschichte ist es ganz genauso: Veränderung erzeugt Gegenwehr. Damit es spannend bleibt. Oder weil Gott das lustig findet. Wer weiß das schon?

EIN WORT ZUR HELDENREISE

*E*tliche Bücher und unzählige Blogbeiträge beschäftigen sich mit der sogenannten »Heldenreise«. Manche glauben sogar, das sei alles, worauf es bei einem guten Buch ankäme. Die Verfechter dieser Theorie glauben, dass wir Bücher ausschließlich lesen, um an der Charakterentwicklung des Helden teilzunehmen. Im Gegensatz zu einigen meiner Kollegen bin ich da etwas anderer Meinung.

Ich glaube vielmehr: Heldenreise *kann* man machen, *muss* man *aber nicht*.

Beispiel: Die meisten Serien-Krimikommissare sind am Ende des Buches oder der Tatort-Folge menschlich haargenau dieselben Typen wie am Anfang. Denken Sie auch an Serienhelden wie MacGyver oder das A-Team. Da fand keine spürbare innere Entwicklung der Persönlichkeit des Helden statt, außer dass er am Ende einen weiteren Fall abhaken kann, und zu Beginn der nächsten Folge wird der große Reset-Knopf gedrückt und alles steht wieder auf Anfang. Das kann genauso gut funktionieren, wenn die Story genügend Drive hat.

Kann, muss aber nicht.

Es soll nicht unerwähnt bleiben, dass Dan Brown für eben diesen Umstand der eher mauen (bis schlichtweg nicht vorhandenen) inneren Entwicklung seines Protagonisten Robert Langdon einige Kritik einstecken musste. Was ihn natürlich keineswegs davon abhält, Millionen seiner Bücher zu verkaufen. Ich bin sicher, er weinte den ganzen Weg zur Bank über die Kritik.

Wie auch immer, entscheidend ist, dass wir dem Helden auf seiner Reise folgen *wollen*, sei sie nun äußerer oder innerer Natur oder beides. Zum Beispiel aus den folgenden Gründen:

- Weil er ein interessanter (nicht notwendigerweise sympathischer) Zeitgenosse ist. Darin ist zum Beispiel Stephen King ein wahrer Meister. Bei ihm menschelt es, dass die Schwarte kracht. Das kann er sogar noch besser als uns zu gruseln.
- Weil der Protagonist spannende Aufgaben oder Fälle meistern muss. Das heißt, Aufgaben, die schwierig sind und immer schwieriger werden. Aufgaben, die ihn oder sie an die Belastungsgrenze führen, und darüber hinaus. Das nennt man dann Spannungsbogen. Im Resultat krallen sich die Hände unserer Leser in ihre Polsterlehne, idealerweise. Dann hat es *Action,* und das ist gut! Siehe Dan Brown.
- Wenn der Gegenspieler menschlich ist, interessieren uns in aller Regel auch dessen Motive und Beweggründe. Er sollte ein cleverer Bursche sein, denn nur dann fordert er unseren Helden wirklich bis zum Extrem. Alfred Hitchcock ist für seinen Ausspruch berühmt, dass eine Story immer nur so gut ist wie ihr Bösewicht. Und dieser Bösewicht sollte aus absolut nachvollziehbaren

Gründen handeln. Voldemort. Check. Sauron? Naja, nicht so sehr. Oller Blechschädel.
- Sicher gibt es noch andere Gründe, dem zu folgen, was der Held so tut. Solange wir nur die oberste Regel nicht verletzen: *Niemals, niemals den Leser langweilen!* Genau.

DIE ULTIMATIVE WUNDERFORMEL!

In manchen Büchern übers Schreiben wird Ihnen die folgende Definition gern mal als die »Hollywood-Wunderformel« verkauft oder die »geheime Bestseller-Zutat« oder ähnlicher Unfug.

Blödsinn.

Ich sage, das ist einfach die allgemeinste Definition einer funktionierenden Story, die mir im Moment einfällt, und sie funktioniert, weil es einfach die Grundlage des Gebildes ist, das wir Menschen nun mal als Story begreifen.

Bereit?

Okay, hier ist sie:

Irgendwer (Held, Protagonist) wird aus einem guten Grund in einen Kampf verwickelt gegen irgendetwas oder irgendjemanden (Gegner, Antagonist), der unserem Helden exakt das nicht gönnen will, was er so dringend braucht zum (wieder) Glücklichsein, und von dem er anfangs vielleicht selbst noch nicht weiß, dass er es dringend braucht.

Deshalb schmeißt der Gegner unserem Helden jede Menge Hindernisse in den Weg, die letztlich dazu führen werden, dass der Held entweder aufgibt und fortan ein kaputtes Spielzeug ist oder zu dem Kerl wird, der er werden muss, um den Antagonisten endgültig zu besiegen und sein Ziel trotz aller Hindernisse zu erreichen.

Was übrigens nicht ausschließt, dass Protagonist und Antagonist ein und dieselbe Person sind.

Alles klar? Wirklich? Glückwunsch. Falls nicht, hier nochmal etwas übersichtlicher.

Protagonist + Hindernisse + Antagonist = Konflikt um das Ziel.

und

Drama = Konflikt = gutes Buch.

Dabei ist Drama hier nicht im Sinne einer Gattung zu verstehen, sondern eher als grundlegender Aufbau einer jeden Handlung. Dazu ein paar mehr Basics. Auf das Minimum reduziert, ich verspreche es. Das haben Sie schließlich alles anderswo schon viel besser aufbereitet gelesen. Aufbereitet, weil es im Grunde immer dasselbe Prinzip ist, nur bekommt es gelegentlich einen neuen, vielversprechenden Namen. Wie diese Diäten in den Modezeitschriften. Dann eben die *geheime und garantiert wirksame Hollywood-Bestseller-Diät*, von mir aus.

Die Rede ist von der Struktur des Dramas.

Das hatten Sie und ich übrigens auch mal im Deutschunterricht. Glaube ich zumindest. Daran erinnern kann ich mich jedenfalls nicht mehr, daher im Folgenden eine kleine Auffrischung für uns alle.

DAS KÜRZESTE KAPITEL, DAS SIE JE ÜBER STRUKTUR LESEN WERDEN

Ich sehe das so: Jede, aber auch jede Geschichte hat einen *Anfang*, eine *Mitte* und ein *Ende*. Etwa so:

(1) Anfang
(2) Mitte
(3) Ende

Das ist, sehr vereinfacht ausgedrückt, die Grundform der drei-aktigen Dramenstruktur. Das ist so derart allgemein, dass es beinahe gar nicht falsch sein kann. Darüber diskutiere ich nicht mit Ihnen. Jedes zeitlich irgendwie verankerte Ereignis besitzt diese Struktur. Außer natürlich der Wurst, die bekanntlich zwei Enden hat.

Über den Sinn und Unsinn weiterführender Studien zur Dramenstruktur diskutiere ich ebenfalls nicht, weil ich der Meinung bin, dass Sie das am besten für sich selbst herausfinden sollten. Was immer für Sie und Ihre Bücher funktioniert, das verwenden Sie und werden Sie bitte recht glücklich damit. Den Rest können Sie getrost ignorieren, solange es Ihnen weiterhin gelingt, spannende Bücher zu schreiben.

Und wenn Sie Lust dazu verspüren, Ihr theoretisches Wissen über das, was Sie da tun, aufzupolieren: Beginnen Sie am besten mit den Büchern, die ich Ihnen im Literaturverzeichnis am Buchende vorstelle, und dann lesen Sie die Bücher und googeln Sie fröhlich drauflos. Es gibt unzählige Bücher und Blogbeiträge zum Thema Dramenstruktur.

Nur messen Sie all dem bitte nicht mehr Bedeutung bei als Ihrem Bauchgefühl, okay? Merken Sie, wenn Sie beginnen, Ihre Zeit mit grauer Theorie zu verschwenden, und kehren Sie eventuell später zurück, nachdem Sie ein paar Bücher mehr geschrieben und ihr Bauchgefühl weiterentwickelt haben. Wenn Sie bereit für mehr Theorie sind und dieses geballte Wissen auch verkraften können.

Falls nicht, könnte es nämlich sonst zur Folge haben, dass Sie vor lauter Fachbegriffen gleich die Flinte ins Korn werfen, weil sie diesen ganzen Bockmist sowieso nie kapieren werden. Gute Nachrichten: Es gibt vermutlich jede Menge herausragender Schriftsteller, die im Leben nicht ein Wort über das Schreiben gelesen haben. Aber dafür jede Menge Romane. Auch dabei lernt man, wie Dramenstruktur funktioniert, nur eben auf einer eher instinktiven Ebene. Tun Sie, was immer für Sie funktioniert!

Schließlich wollen Sie ein Schriftsteller sein und kein Literaturprofessor oder Kritiker. Was immer Sie auch über Literatur zu wissen glauben, es ist nichts im Vergleich zu dem Wissen (und dem guten Gefühl), tatsächlich ein paar passable Seiten geschrieben zu haben. Geben Sie nie dem Lernen den Vorzug vor dem Tun!

Machen Sie es wie die Kampfkunstlegende Bruce Lee: Nehmen Sie sich raus, was Sie gebrauchen können, und vergessen Sie den Rest, zumindest vorläufig. Wichtiges meldet sich später immer von allein wieder bei Ihnen.

Und hier der wichtigste Tipp:
Keines der Bücher übers Schreiben (auch dieses nicht)

beinhaltet Patentrezepte, auch wenn sie gelegentlich als solche verkauft werden. Sammeln Sie Ihre eigenen Erfahrungen. Und zwar, indem Sie schreiben und nicht bloß drüber lesen, wie man das am besten tut.

Praxis schlägt Theorie. Immer.

JEDE MENGE ÄRGER

*I*st es Ihnen aufgefallen? Während wir Susan (das Mädchen mit dem verschwundenen Freund und der mysteriösen SMS) an unserem Whiteboard oder Schreibblock oder vielleicht auch in unserem Kopf erschufen, haben wir bereits ziemlich viel über die Story nachgedacht. Weniger über Susan.

Susan war sozusagen nur »zufällig« diejenige, der sie passierte, und aufgrund der Tatsache, dass sie eine »einfache Frau« ist, finde ich sie als Person interessanter als zum Beispiel den ausgelatschten Kommissar X mit dem Dreitagebart und der kleinen Schwäche für Hochprozentiges. Was ich damit sagen will: Susan ist in diesem Fall aus der Story heraus entstanden und nicht zum reinen Selbstzweck von uns ins Leben gerufen worden. Sie hat eine Funktion, und in ihrem Fall ist das eine ziemlich wichtige.

Sie ist nicht einfach nur vorhanden. Sie ist unser Hauptcharakter. Und sie ist vor allem ein Vehikel für unsere Story. Sorry, Susan!

Ich persönlich finde es so herum viel besser, als wenn Sie einen wundertollen Protagonisten haben, und keine Ahnung, was Sie nun eigentlich mit ihm anstellen wollen. Egal, wie interessant Ihr Charakter ist, irgendetwas muss ihm verdammt noch mal zustoßen, sonst wird es ein ausgesprochen kurzes oder sehr, sehr langweiliges Buch.

Konflikte sind der Treibstoff Ihrer Story. Wenn Ihnen das Benzin ausgeht, bleibt der Wagen stehen, ob es nun ein Porsche oder ein klappriger Ford Taunus ist.

In unserer Welt heißt das, dass Ihr Leser die Lektüre Ihres Buches in einem solchen Moment unterbrechen und beginnen wird, sich mit etwas anderem zu beschäftigen, und da gibt es jede Menge Möglichkeiten: Die Wohnung putzen, einkaufen gehen, den längst überfälligen Anruf bei Tante Martha erledigen, Facebook oder ... schlimmstenfalls ein Buch der Konkurrenz in die Hand nehmen.

Der Super-GAU!

Wenn das passiert, sind Sie erschossen. Wenn Sie aus diesem Kapitel nur eine einzige Lektion mitnehmen, dann diese, und mittlerweile habe ich sie wirklich oft genug wiederholt:

Langweilen Sie unter keinen Umständen Ihren Leser!

Die Verlockung dazu ist nämlich größer, als Sie vielleicht glauben.

NOCH MEHR KONFLIKTE!

Weiter in unserer Story. Susan begibt sich also auf die Suche nach ihrem Freund, nennen wir ihn Patrick und schreiben seinen Namen irgendwo auf.

Aber wo soll Susan anfangen mit ihren »Ermittlungen«?

Am besten durchsucht sie erstmal die gemeinsame Wohnung nach Hinweisen, vielleicht macht sie danach mit Patricks Computer weiter. Was findet sie heraus? War er in irgendwelche krummen Dinge verwickelt, von denen er ihr nichts erzählt hat? Soll sie versuchen, sein Handy zu knacken, oder die Nummer ermitteln, von der die SMS kam? Reichen ihre Fähigkeiten dazu überhaupt aus oder braucht sie fremde Hilfe? Zum Beispiel von dem leicht übergewichtigen (Vorsicht: Klischee!) Hacker, der seit Schulzeiten heimlich in sie verknallt ist? Wie wird der reagieren, wenn sie ihn jetzt plötzlich bittet, ihr zu helfen? Wird er versuchen, die Situation auszunutzen? Wie weit wird Susan dieses Spiel mitspielen, und ihren weiblichen Charme einsetzen? Werden sich die Beiden am Ende gar verlieben?

Sie sehen: Neue Fragen, die zu immer neuen Fragen führen: Wundervoll, genauso soll es sein. Warum? Das ist die

Natur des Konflikts, Baby! Und genau das wollen wir: Konflikt!

Profi-Tipp: Konflikt-Instinkt. Wenn ich über diese Art von Fragen nachdenke, bemerke ich mittlerweile ziemlich treffsicher, wann eine Frage dazu beiträgt, den Konflikt der Story zu schüren (gut), oder wann sie ins Kraut schießt und immer neue Fragen aufwirft, die allerdings nichts mehr mit der Story zu tun haben, die ich erzählen will (schlecht).

Dafür habe ich eine Art Instinkt entwickelt, und manchmal lockt er mich sogar auf die richtige Fährte. Achten Sie darauf, dass Ihre spekulativen Fragen Sie nicht zu weit vom Kern der Story entfernen!

In unserem Beispiel mit dem Hacker sehe ich diese Gefahr noch nicht. Er und Susan kennen sich bereits von früher, es gibt zwischen ihnen eine kleine, aber eben keine hochkomplexe, emotionale Beziehung: Er steht ein bisschen auf sie und sie ist auf seine Hilfe angewiesen. Das wird er versuchen, auszunutzen, wenn er ein Arsch ist, oder auch nicht. Er wird ihr helfen, oder auch nicht. Vielleicht wird er sie auch ein Stück bei ihren Ermittlungen begleiten. Auch nicht schlimm, denn jede dieser Möglichkeiten befindet sich nah genug am Kern der Story, der da ist: *Susans Suche nach ihrem Freund*. Daher: Alles in Butter mit dem Hacker.

Wenn dieser Hacker aber nun darin verwickelt wird, dass ihm jemand einen Angriff auf die Zentralrechner der CIA in die Schuhe schieben will, dann würden meine Augenbrauen in die Höhe schießen, weil das vermutlich überhaupt nichts mit Patricks Verschwinden zu tun hat. Davon würde ich dann lieber die Finger lassen.

Diesen Instinkt zu entwickeln, ist nicht ganz einfach und hängt natürlich vom geplanten Umfang Ihrer Geschichte ab. Wenn es ein richtiger Wälzer werden soll, können Sie sich unter Umständen ein bisschen weiter von der Hauptstory entfernen oder eine zweite oder dritte Hauptstory und entsprechend viele Nebenstorys aufmachen, die Sie dann mit den anderen verknüpfen. Je nachdem, was Ihre Idee hergibt. Solange sie irgendwann vor dem Ende die Kurve kriegen und diese losen Fäden in einer Haupthandlung zusammenfließen. Das sollten sie, das ist ein ungeschriebenes Gesetz, wenn Sie die Gunst des Lesers behalten wollen.

Wenn Sie große Handlungsbögen nicht vernünftig beenden, wird sich der Leser veräppelt vorkommen, und das werden Sie spätestens in Rezensionen zu Ihrem Buch zu spüren bekommen. Autsch.

DAS GEWISSE ETWAS, TEIL I: KONZEPT

Achtung, das folgende ist ein Bestseller-Kriterium! Ignorieren Sie es auf eigene Gefahr, wenn Sie vorhaben, Millionen mit Ihren Büchern zu verdienen. Falls nicht, können Sie es ja trotzdem mal lesen.

Das Konzept. Machen wir uns nichts vor, wenn wir Genre- oder Publikumsliteratur (a.k.a. Trivialliteratur) schreiben, gibt es ein paar Publikumserwartungen, die man fast schon als Regeln bezeichnen könnte. Wenn Sie von diesem überragenden internationalen Thriller sprechen, den Sie unlängst in gerade mal zwei Tagen verschlungen haben, wird es niemanden sonderlich überraschen, wenn Sie sagen, dass er spannend geschrieben war und ein Pageturner und dass der Held bei seiner gefährlichen Hetzjagd rund um den Globus ständig irgendwelchen Gefahren ausgesetzt war. Das alles gehört bei dieser Art von Buch einfach zum guten Ton, zur Basisausstattung sozusagen.

Aber was macht ihn dennoch zu etwas Besonderem?

Was unterscheidet ausgerechnet dieses Buch von anderen internationalen Thrillern? Antwort: Höchstwahrscheinlich sein einzigartiges Konzept. Nehmen wir den unbestrittenen

Meister des todsicheren Bestsellers in diesem Genre: Dan Brown.

Es gibt unzählige Helden, die ganz ähnlich Robert Langdon in Rekordzeit um den Globus fliegen, um historische Rätsel zu lösen. Indiana Jones fällt mir da ein und bestimmt noch Tausende andere, wenn ich ein bisschen länger darüber nachdenke.

Was Dan Browns Roman *Sakrileg* jedoch zu etwas Einzigartigem macht, sind zwei Dinge, und eins davon ist das Konzept. Langdon ist ein Symbologe, das heißt ein Spezialist für das Knacken von historischen Rätseln. Und wo Indy gern mal einen rechten Haken ansetzt oder die Peitsche zum Einsatz kommt, bemüßigt Langdon bevorzugt seinen Kopf. Zu einem nicht geringen Teil benutzt er ihn dazu, uns in die faszinierende Welt historischer Gemälde und Gebäude und deren verborgene Bedeutung einzuführen. Das war in diesem Umfang bis dato neu, es war spannend, es war außergewöhnlich.

Es war ein *faszinierendes Konzept.*

Versuchen Sie etwas in dieser Größenordnung, wenn Sie ganz nach oben an die Spitze wollen. Entführen Sie uns in eine bis dato unbekannte, faszinierende Welt. Eine spektakuläre Welt – und tun Sie es auf möglichst spektakuläre Weise.

Will sagen: Hätte Dan Brown einfach nur die Fakten aneinandergereiht, wären die meisten von uns nach ein paar Seiten eingeschlafen. Er aber hat eben diese Fakten (und ein paar geschickt verpackte Produkte seiner Fantasie) mit einer rasend schnellen, atemberaubenden Hetzjagd (Thriller!) verbunden und – bäm! Ein Bestseller ward geboren.

Noch ein Beispiel. Passen Sie auf, das wird Sie umhauen, darüber etwas in einem meiner Bücher zu finden. Die Rede ist von dem international erfolgreichsten Roman der letzten Jahre oder sogar überhaupt, nämlich *Fifty Shades of Grey* von E. L. James. Man mag von dem ach so heiklen Sex-Thema, der moralischen Botschaft (sofern eine solche überhaupt vorhanden sein soll) und den schriftstellerischen Fähigkeiten der Dame halten, was man will, aber man kommt nicht an den Fakten vorbei.

Diese Story ist kommerziell explodiert, und zwar gewaltig.

Das mag viele Gründe haben, aber zumindest in einer Hinsicht (abgesehen von einem hübsch gefüllten Bankkonto) hat sie etwas mit Dan Brown gemein: das *neue* Konzept des Buches. Sie führte ihre Leser in die faszinierende Welt der »dunklen Seite des Sex« ein, gewährte ihnen einen Blick in die Schlafzimmer der Reichen und Mächtigen.

Und weil die reine Aufzählung von Fakten bestenfalls für einen journalistischen Artikel ausgereicht hätte, verknüpfte sie das Ganze passenderweise mit einer Romanze zwischen einer naiven Studentin und einem Multimillionär. Und zwar, bevor ihr das alle anderen nachgemacht haben!

Allein die Tatsache, dass dieses Thema nach unzähligen Nachahmern immer noch nicht ausgelutscht genug ist, um endgültig von den Bestsellerlisten und aus den Buchläden zu verschwinden, zeigt, auf welche Goldmine diese Frau da gestoßen ist, was den Bedarf des lesewütigen Publikums betrifft.

Das nenne ich mal Gespür und Instinkt.

Und kommen Sie mir bloß nicht mit Realismus! Wenn Sie sich für Realismus interessieren, dann lesen Sie doch eine Zeitung! E. L. James ist es gelungen, ein Millionenpublikum zu begeistern. Punkt. Das lässt nur einen Schluss zu: Sie muss irgend etwas verdammt richtig gemacht haben bei dem Versuch, einen Bestseller zu schreiben. Es ist ihr nämlich gelungen, oder etwa nicht?

DAS GEWISSE ETWAS, TEIL II: DAS LITERARISCHE THEMA

*D*as andere, das beiden Büchern offenbar auch nicht gerade geschadet hat, ist die Wahl des sogenannten Themas oder vielmehr der Themen, sowie die Tatsache, dass diese in beiden Fällen durchaus kontrovers sind. Höchstwahrscheinlich mit Absicht.

Bei Dan Brown geht es darum, dass die katholische Kirche mit allen Mitteln und auch unter Einsatz eines irren Killer-Albinos ein Geheimnis bewahren will, das die gesamte Geschichte der weltgrößten Religion auf den Kopf stellen würde. Das ist ein großes Thema, wenn Sie Katholik sind oder irgendeine Meinung zur christlichen Religion besitzen. Dan Brown kommt aus Amerika. In den USA waren zum Erscheinen des Buches etwa 80% der Bevölkerung Christen. Den Rest können Sie sich ausrechnen.

In *Fifty Shades of Grey* befasst sich die Autorin mit der sexuellen Stimulation durch Reitgerten und verschiedene andere, größtenteils im Baumarkt erhältlicher lustfördernde Utensilien. Sowie einer mehr als fragwürdigen Beziehung zwischen einer naiven Studentin und einem Multimillionär, der ziemliche Ähnlichkeit mit einem echten Psychopathen hätte, wenn er nicht so furchtbar knuffig und verliebt in besagte Studentin wäre. Und erwähnte ich schon, dass er reich ist wie Krösus?

Reizthemen, allesamt.

Auch hier gilt: Den Rest können Sie sich ausrechnen.

Beide Bücher treffen den Nerv und die Erwartungen eines Millionenpublikums und schaffen es dabei, etwas Neues, Einzigartiges aufs Tableau zu bringen, das vorher noch niemand auf diese Weise präsentiert hat. Das ist der Stoff, aus dem Bestseller sind.

Fangfrage: Sind Sie immer noch so sicher, dass Sie einen schreiben wollen?

RECHERCHE? HALTEN SIE DEN BALL FLACH UND LASSEN SIE DIE KIRCHE IM DORF

Wie wir gerade gesehen haben, ist es eine gute Idee, über ein Thema ziemlich gut Bescheid zu wissen, wenn Ihr Baby die Chance haben soll, ein echter Blockbuster zu werden. Ich unterstelle den Autoren in beiden eben genannten Beispielen, dass sie sich schon für ihr jeweiliges Thema interessiert haben, bevor sie überhaupt mit dem Schreiben anfingen, und sei es zunächst nur auf rein theoretischer Ebene.

Und wie man sieht, haben sie ihre Hausaufgaben sehr gut gemacht.

Okay, und was können Sie tun?

MÖGLICHKEIT 1: Darüber schreiben, was man kennt. Das können Sie natürlich genauso machen. In diesem Fall entsteht Ihr Buch als natürliches Resultat Ihrer Interessen, Ihres Spezialwissens oder gar Ihrer sexuellen Neigungen. Wohl dem. Sie erinnern sich an unser kleines Ideen-Vorab-Brainstorming? Da haben Sie schon ein paar dieser Neigungen und Kenntnisse verankert. Wenn ein paar davon den Stoff für ein spektakuläres Konzept hergeben, umso besser.

Nehmen wir noch mal John Grisham her. Der Mann war Anwalt, also begann er, Gerichtsthriller zu schreiben. Wenig überraschend, nicht wahr? Warum das massentauglich ist? Ich frage Sie: Klopft Ihr Herz nicht auch ein wenig schneller, wenn Ihnen aus dem Briefkasten ein schnöder weißer Brief entgegenfällt, und als Absender steht eine Anwaltskanzlei drauf?

Menschen haben eine tief sitzende Angst vor einem Rechtssystem, das so komplex ist, dass kein Mensch es je in seiner Gänze erfassen oder gar verstehen kann. Deswegen verdienen Anwälte auch so ein Schweinegeld. Weil wir Angst vor dem haben, was sie uns antun könnten. Auch das könnte einem bei Gelegenheit mal zu denken geben.

Jedenfalls sorgt es für Gänsehautfeeling, wie es Stephen King nicht besser produzieren könnte.

MÖGLICHKEIT 2: Darüber schreiben, wovon man keine Ahnung hat. Was ich Ihnen *nicht* empfehle, ist, sich mit einem Thema zu befassen, weil Sie glauben, dass es den Geschmack der Massen treffen könnte, und dann wochenlang Zeug zu recherchieren, das Sie selbst nicht die Bohne interessiert.

Den meisten von uns, inklusive mir, vergeht bei so etwas sehr schnell die Lust am Schreiben. Falls das bei Ihnen nicht so ist, sollten Sie vielleicht doch mal über eine Karriere als Journalist nachdenken. Für Ihr Buch sollten Sie das aber tunlichst bleiben lassen.

MÖGLICHKEIT 3: Darüber schreiben, was Sie interessiert. So mache ich es meist. Irgendetwas schwirrt mir im Kopf herum, und ich baue es ein, obwohl ich anfangs gerade mal eine grobe Vorstellung davon habe. Zum Beispiel Polizeidienst. Ein paar Bekannte von mir sind Polizisten und ich genieße das Privileg, ihnen hin und wieder auf die Nerven fallen zu dürfen. So erfahre ich zum Beispiel Details dazu, was ein Beamter einem Verdächtigen an- oder einem

Verdächtigen gegenüber tun darf, ohne seine Karriere damit ernsthaft zu gefährden, und welcher Teil vom letzten *Tatort* eher ins Reich der High Fantasy gehört.

Indem ich ausnahmsweise mal die Klappe halte und einfach zuhöre, erfahre ich dabei dann oft noch so manche Anekdote, und auch das kann sehr inspirierend sein.

Ansonsten baue ich die Arbeit der betreffenden Beamten erstmal so in den Roman beziehungsweise den groben Plot ein, wie ich es für richtig halte. Erstaunlicherweise ist die offizielle Vorgehensweise oft verblüffend nah am gesunden Menschenverstand. Will sagen: Dass ein (deutscher) Kommissar nicht ungestraft irgendwelche Türen aufbrechen und Verdächtige verprügeln darf, sollte Ihnen auch klar sein, ohne dass Sie stundenlang einen Polizisten verhören müssen. Und dass es Gerichtsmediziner heißt und nicht Pathologe, wissen Sie sowieso.

Apropos Krimiwissen. Wenn das Ihr Ding ist, empfehle ich Ihnen die Bücher der Reihe *Schöner Sterben – kleine Mordkunde für Krimifans* vom Selfpublisher-Urgestein *Matthias Matting*. Äußerst lesenswert.

Wie bei der Backstory gilt auch hier: Halten Sie es kurz. Beschränken Sie die technischen Details auf das absolut Notwendige, das macht Ihr Buch besser und erhält Ihnen Leser und Freundschaften.

Das entscheidende Ziel an diesem ganzen Recherchezeugs sind nämlich weniger die Fakten, die sind nur Beiwerk und sorgen bestenfalls dafür, dass man Sie nicht auslacht, weil Sie allzu offensichtlich keine Ahnung haben.

Leute, die einen Polizeithriller lesen wollen, interessieren sich vor allen Dingen für die Atmosphäre auf einem Revier, wie die Kollegen miteinander umgehen, wie sie den täglichen Anblick von Gewalt und Tod verkraften und wie ihre Familien das wegstecken. Nicht sonderlich gut in den meisten Fällen, übrigens.

Also: Dienstabzeichen und Verhörprotokolle beiseite: Was uns als Leser interessiert, ist der Mensch hinter der Uniform. Denken Sie mal dran, bevor Sie auf der nächsten Demo wieder Steine schmeißen.

Vorbereitung ist alles. Üblicherweise teile ich mir die Recherche auf. Nachdem ich mit der Phase 1 durch bin oder kurz davor, schreibe ich alle fachlichen Fragen, die ich dann noch habe, auf einen Zettel. Dann recherchiere ich im Internet, und zwar allerhöchstens einen Tag.

Oder eher irgendwas in der Region von *zwei Stunden*. Schließlich bin ich weder Tom Clancy noch Dan Brown, und schon gar nicht bin ich ein Journalist für eine Fachzeitschrift.

Bei den wenigen Fragen, die danach noch übrig sind, gehe ich den Experten auf den Geist. Das dauert dann selten länger als eine Stunde. Selbstverständlich bekommen sie später als Dankeschön ein gedrucktes Exemplar meines Buches. Oder ich lade sie mal zum Essen oder auf ein Bier ein.

Und das war's.

Schließlich geht das Buch vor seiner Veröffentlichung noch durch jede Menge Hände, und wenn denen nichts auffällt, liege ich aller Wahrscheinlichkeit nach nicht komplett daneben. Mehr dazu im Bonuskapitel *X: Veröffentlichung.*

Aber.

Knappe Recherche ist keine Entschuldigung für Schlamperei! Im Internet zu recherchieren, ist sehr leicht. Das heißt, nicht nur für Sie, sondern auch für jeden, der sich das Ziel gesetzt hat, Sie wie einen Trottel dastehen zu lassen, der seine Hausaufgaben nicht gemacht hat. Und von denen kann es, je nach Ausmaß Ihres Erfolgs, im Laufe der Zeit so einige geben.

Also machen Sie bitte Ihre Hausaufgaben!

Wenn Sie beispielsweise behaupten, dass das Opfer mit

einer Walther PPK erschossen wurde, sollten Sie rasch nachsehen, ob es diese Waffe 1920 überhaupt schon gab. (Die Antwort ist übrigens: Nein.) Das dauert keine Minute.

Wikipedia und Google sind Ihre Freunde.

Nutzen Sie sie!

INFODUMP

Mit der eben beschriebenen knappen Recherchemethode gehen Sie gleich einer weiteren Stolperfalle aus dem Weg, dem sogenannten Infodump.

Damit ist gemeint, dass ein Autor sein kürzlich erworbenes Pseudowissen seitenweise über dem armen Leser ausschüttet, ohne dass es die Story im Mindesten voranbringt. Es wäre falsch, das grundsätzlich zu verurteilen, denn es gibt durchaus Leser, die so etwas schätzen. Die stehen dann in aller Regel auf Bücher von Tom Clancy und Dan Brown, die wirklich ausführlich über Unterseeboot-Kriegsszenarien und venezianische Kuppeldächer schreiben.

Ich persönlich finde so etwas im Allgemeinen nicht sonderlich spannend, kann es aber verschmerzen, wenn es den Charakter der Figur unterstützt und/oder die Story voranbringt. (Und genau das ist der Grund, warum es bei Mr Brown und Mr Clancy eben doch funktioniert.) Richtig übel wird mir allerdings, wenn die Handlung mittendrin aufhört und seitenweise im Passiv dahergeschwafelt wird, etwa so:

James Ruben stieg in den Helikopter. Es war ein russischer Mi-

24 Hubschrauber, in NATO-Kreisen als Hind bekannt, was so viel wie Hirschkuh bedeutet. Von den russischen Piloten werden ihre fliegenden Untersätze allerdings gern liebevoll als fliegender Panzer oder Krokodil bezeichnet. Mit diesem gewaltigen Koloss ist es sogar möglich, ganze Truppenteile über weite Strecken zu transportieren. Das mit zwei Gasturbinen ausgestattete Triebwerk treibt einen fünfblättrigen Hauptrotor an und ...

Hallo, wer zur Hölle will das wissen? Das liest sich wie eine verdammte Bedienungsanleitung. Doppel-Gähn! Und dann auch gleich noch von der Vergangenheit in den Präsens wechseln und dann wieder zurück, oder wie?!? Zack, fliegt das Buch in die Ecke, gleich neben das mit dem Herrn mit der grün-blau gestreiften Krawatte. Wer schreibt bloß andauernd so einen Schund?

Wenn ich so etwas lese, frage ich mich ernsthaft, ob der Kerl das alles nur aus Wikipedia kopiert hat, um die Seiten zu füllen, oder ob er einfach nur will, dass ich mir wie ein Idiot vorkomme. Wie Sie sich vorstellen können, hinterlässt beides nicht gerade den besten Eindruck beim Leser. Wir haben schließlich auch Gefühle.

Aber wozu baut man dann überhaupt solche Dinge in einen Roman ein? Zum Beispiel bestimmte Auto- oder Whiskymarken oder militärische Mechanismen oder einen FBI-Dienstausweis, der an der korrekten Stelle mit einem Foto versehen ist? Antwort: Weil es uns die Realität der Story näherbringt, und zwar auf eine oder mehrere der folgenden Weisen.

Eleganz. Beiläufig zu erwähnen, wie jemand in seinen Porsche steigt, ist definitiv eleganter, als etwas zu schreiben wie:

Hansjürgen Krösus war sehr vermögend.

Klar.

Gesunder Menschenverstand. Als ernst zu nehmender Autor sollten Sie nach Möglichkeit keine allzu offensichtlichen Fehler begehen, wie zum Beispiel Ihren ermittelnden Kommissar Dinge tun zu lassen, die keinem wirklichen Polizisten im Traum einfallen würden, weil er damit ungefähr ein Dutzend Dienstvorschriften gleichzeitig brechen würde. Außer natürlich, er hat einen *sehr guten* Grund, genau das zu tun.

Ein bisschen(!) realistischer Background gibt dem Leser ein Gefühl, live dabei zu sein. Und das ist etwas, das wir definitiv wollen. Ein Pferdeposter an der ansonsten kahlen Wand oder ein Kalender von vor zehn Jahren können eine Menge über den Bewohner eines Zimmers aussagen. Und für viele Zimmer ist es absolut ausreichend, wenn man nur ein oder zwei Details beschreibt. Die sich demzufolge auch viel besser einprägen als eine ganze Wagenladung Sammeltassen aus der Ming-Dynastie und eine haarkleine Beschreibung des Tapetenmusters.

Die Eisbergregel. Dieses Gleichnis stammt meines Wissens von Ernest Hemingway und er hat es in einem etwas anderen Zusammenhang gebraucht, aber ich bediene mich hier mal völlig schamlos. Und nein, ich halte mich nicht für Hemingway ebenbürtig. Außerdem finde ich diese ganze Macho-Scheiße wie Stierkämpfe und Großwildjagden im Gegensatz zu »Papa« Ernest einfach nur zum Kotzen, aber das nur nebenbei. Trotzdem war der Kerl verdammt gut.

Zurück zum Eisberg.

Der schaut bekanntermaßen nur ein kleines Stück über der Wasseroberfläche heraus, die wahre Pracht schwebt unter dem Wasser. Genauso sollte es mit dem Fachwissen sein, das zu Ihrem Roman gehört. **Schreiben Sie nur etwa zehn Prozent von dem, was Sie tatsächlich über die Materie wissen, in das Buch.** Den Rest können Sie dann beim nächsten Interview zum Besten geben.

Noch mal: Wir sind Geschichtenspinner, keine Journalisten.

Gerade bei Debütautoren entsteht sonst oft der Eindruck, dass sie handwerkliche Mängel hinter diesen Wissensbrocken verstecken möchten, also rate ich generell davon ab. Wenn Sie sich schon über Ihr Spezialwissen verbreiten müssen, halten Sie's wenigstens kurz, eine gute Story funktioniert auch ohne viel Brimborium.

Und wenn es die Story überhaupt nicht voranbringt, lassen Sie es bitte ganz weg. Wir Leser werden es Ihnen danken.

Danke!

GEHEIMTIPP 1: DIE STORY »TRÄUMEN«

Das ist eine Methode, von der ich zuerst Stephen King habe reden hören, in irgendeinem Interview. Das fand ich spannend, denn ich verwendete die Methode zu diesem Zeitpunkt auch schon gelegentlich. Und was für den unangefochtenen Meister des Schreckens gut ist, kann für mich nur recht und billig sein.

Schnell fand ich heraus, dass auch andere Schriftsteller und sogar einige Wissenschaftler diese oder eine ähnliche Methode benutzen. Die Horror-Ikone Clive Barker hat ganze Bücher um den »Ozean des Unterbewussten« (meine Wortwahl, nicht seine) verfasst.

Was also ist der Trick?

Es geht darum, Ihr Unterbewusstsein arbeiten zu lassen, während Sie etwas anderes tun. Lesen, zum Beispiel, Sex haben oder Sport treiben oder sogar schlafen. Ziemlich cool, oder?

Aber wie bewerkstelligen wir das?

Genauso, wie wir es von Batman und dem Riesencomputer kennen. Ich meine die Fernsehserie aus den Sechzigern. Damals stellte man dem Elektronengehirn eine Frage, und dann wartete man einfach. Mit dem Unterbewusstsein funktioniert das genauso.

Zum Beispiel vor dem Einschlafen. Denken Sie über die Idee nach, machen Sie eine Geschichte draus und fangen Sie an, sich diese selbst zu erzählen. Schreiben Sie nichts auf, schließlich wollen Sie in dieser Nacht noch schlafen und/oder Sex haben. Lassen Sie sich einfach die Story durch den Kopf gehen und dösen Sie langsam weg, während sich der Film zum Buch vor Ihrem inneren Auge abspielt ...

Auf diese Weise sickert die Story nämlich in Ihr Unterbewusstsein ein. Sage ich mal so als Stammtischpsychologe. Und dann beginnt Ihr Unterbewusstsein, daran zu arbeiten. Manchmal macht es *Bing!* (wie in den alten Batman-Folgen), wenn Ihr Unterbewusstseins-Supercomputer fertig ist, und dann schnippen Sie mit den Fingern, rufen »Heureka!« und haben die Lösung für Ihr Problem. Das ist der Moment, wo Ihnen »ein Licht aufgeht«.

Oder aber Sie bemerken gar nichts von der Arbeit Ihres geheimen Supercomputers, bis Sie weiter an der Geschichte schreiben und sich Ihnen plötzlich ein Zusammenhang erschließt oder die Lösung zu einem Logikproblem, das bisher unüberwindlich schien. Oder Ihnen endlich einfällt, wie die Sache nur ausgehen *kann.* Und Sie haben keine Ahnung, woher dieser Einfall kam. Keine Angst, das ist normal. Man nennt es Kreativität.

Es funktioniert, indem Sie ganz bewusst *nicht* über Ihr Buch nachdenken, bis Sie wieder bewusst über Ihr Buch nachdenken. Ernest Hemingway empfiehlt das übrigens auch.

GEHEIMTIPP 2: TOP SECRET!

Meiner Meinung nach ist es enorm wichtig, absolutes Stillschweigen über Ihr Buchprojekt zu bewahren, bis Sie wenigstens das Ende der zweiten Phase, also Woche 3, erreicht haben. Schriftsteller sind in aller Regel Heimlichtuer, was ihre Geschichten betrifft. Ich zum Beispiel schreibe als L.C. Frey zwar unter einem mittlerweile offenen Pseudonym, doch ich habe erst mit meinem fünften Buch damit begonnen, mich zu meinen Büchern zu bekennen. Noch heute rede ich niemals über bevorstehende Projekte, wenn ich nicht mindestens einen rohen Entwurf fertig habe.

Hier sind ein paar Gründe, wieso Sie das mit dem Schreiben möglichst lange für sich behalten sollten:

Weil Sie sich damit selbst austricksen könnten. Jedes Mal, wenn Sie irgendwem von dem Projekt erzählen, das Sie vorhaben, rückt es ein bisschen mehr in die Ferne.

Wissenschaftler haben herausgefunden, dass das daran liegt, dass Sie damit praktisch Ihr eigenes Gehirn überlisten, und diesmal im kontraproduktiven Sinne. Sie reden ihm nämlich jedes Mal, wenn Sie von Ihrem Buch schwärmen, ein, Sie hätten es bereits geschrieben.

So gelangt es für Ihr Unterbewusstsein vom Stapel TO DO auf den Stapel FERTIG. Und zwar, bevor Sie überhaupt mit der Arbeit daran begonnen haben. Das ist absolut tödlich.

Weil Sie Skepsis provozieren werden. Jeder hat heutzutage eine Meinung zu allem, und das schließt natürlich auch Sie und Ihr Schreibprojekt mit ein. Viele Meinungen werden Sie eher demotivieren als motivieren:

»Du, ein Roman? Das ist doch lächerlich.«

»Hör mal, Gitte, wir haben jetzt einen richtigen Schriftsteller in der Familie!« und noch mehr Unfug diese Art.

Auf diesen Mist oder irgendwelche gut gemeinten Ratschläge können und sollten Sie in diesem frühen Stadium unbedingt verzichten. Wir kommen noch zu einem Punkt, wo Sie diese Ratschläge äußerst gewinnbringend für Ihr Buch einsetzen werden, aber erst sehr viel später, nämlich in Phase 3. Siehe dort.

Bismarck und die Wurst. »Gesetze sind wie Würste, man sollte besser nicht dabei sein, wenn sie gemacht werden.« Das soll Otto von Bismarck mal gesagt haben, und wenn man den Bildern von ihm trauen darf, verstand der Mann was von Würsten.

Für das kreative Schaffen gilt genau dasselbe.

Ein Zauberer oder Zirkusartist übt jahrelang seinen Trick, bis dieser völlig *mühelos* aussieht, denn das fasziniert sein Publikum. Nicht die Tatsache, dass er sehr viel Schweiß und Arbeit reingesteckt hat. Das will niemand wissen. Wir haben schließlich alle unser Säcklein zu tragen.

Gehen Sie nicht mit Halbfertigem hausieren, ersparen Sie den Leuten Ihre kreative Leidensgeschichte. (Mir können Sie sie allerdings gern erzählen, ich freue mich immer über Mail von Kollegen.)

Verblüffen Sie die Menschen mit einem vorzeigbaren Ergebnis, anstatt sie mit leerem Gelaber über große Vorhaben zu langweilen, die letztlich nie verwirklicht werden. Davon hören wir alle schon tagtäglich genug. Es hat durchaus einen Grund, warum ich in diesen Abschnitt mit dem Zitat eines *Politikers* eingestiegen bin.

Ihr Schreibprozess geht niemanden etwas an außer Sie. Bewahren Sie ihn als Ihr schmutziges, kleines Geheimnis. Und dann hauen Sie einen Knüller raus, scheinbar aus dem Nichts. Sie coole Socke, Sie!

HAUSAUFGABEN UND CHECKLISTE

Sie lieben Listen, ich liebe Listen, wir alle lieben Listen! Hier ist die mit Ihren Hausaufgaben. Beantworten Sie die folgenden Fragen, bevor Sie mit dem nächsten Kapitel beginnen.

- **In welchem (Haupt-)Genre soll Ihr Buch angesiedelt sein?**
- **Was ist die Grundidee, die Initialzündung für Ihre Story?**
- **Ergeben sich sofort weitere, spannende Fragen aus der ersten *Was-wäre-wenn-Überlegung*?**
- **Wer ist Ihr Protagonist, woher kommt er, in welcher feindseligen Umgebung muss er sich durchschlagen und welche Hindernisse muss er überwinden, um an sein *Ziel* zu gelangen?**
- **Was motiviert ihn überhaupt, dieses Ziel erreichen zu wollen?**
- **Wer oder was legt ihm Hindernisse in den Weg und warum?** Welche Konflikte ergeben sich daraus für Ihren Protagonisten? Idealerweise

führen alle denkbaren Wege um das Hindernis zu neuen Konflikten und Verwicklungen, die immer drastischere Konsequenzen für Ihren Helden bedeuten. Die Spannungskurve, Sie erinnern sich?
- **Was ist der initiale Kick-off, wodurch wird Ihr Held oder Ihre Heldin in die Story verwickelt?**
- **Welches Ziel gibt es für sie oder ihn am Ende?**
- **Wird Ihre Story von einem starken Konzept angetrieben?** Entführen Sie Ihren Leser in eine ungewöhnliche, spannende Umgebung, die ihm spektakuläre Einsichten und Erlebnisse verspricht? Auch und besonders das Innenleben einer gut gezeichneten Figur kann ein solches Konzept sein, und zwar ein sehr starkes. Denken Sie mal an Charles Dickens' Ebenezer Scrooge, zum Beispiel. Auch wieder so ein Mega-Bestseller ...
- **Regt Ihre Story den Leser in irgendeiner Beziehung zur Reflexion oder gar zum Nachdenken an?** Legen Sie sich mit Ihrem literarischen Thema eventuell sogar mit etablierten Denkstrukturen oder verkniffenen sexuellen Moralvorstellungen an? Umso besser. Wenn Sie die entsprechenden Leser dafür finden. Und niemanden allzu offensichtlich vor den Kopf stoßen. Gegenstandsloses Herumpöbeln ist nicht gefragt. Davon finden Sie genug auf Facebook.
- **Haben Sie die nötigen Recherchen betrieben, um eine glaubwürdige Story erzählen zu können?** Haben Sie »Ihre Hausaufgaben gemacht«?
- **Haben Sie Ihr Unterbewusstsein ausreichend zurate gezogen und sich vor dem Einschlafen den Film zu Ihrem Buch mehrmals in Ihrem Kopfkino angesehen?**

Das Wichtigste noch mal zum Schluss, sprühen Sie es direkt unter das Wort »KONFLIKT« an Ihre Wand, denn genau da gehört es hin:

Es ist strengstens und unter allen Umständen verboten, den Leser zu langweilen!

Darauf steht nämlich die literarische Höchststrafe, die Sie als Autor treffen kann: Nicht gelesen zu werden. Ab mit dem Koooopf!

Doch nun ans Eingemachte!

Schnappen Sie sich Ihren Mantel, Watson! Möge die Jagd beginnen …

TEIL IV
PHASE 1 / WOCHE 1: SOMETHING FROM NOTHING

DIE MUSE KNUTSCHEN

Okay, es geht los.

Zur Einstimmung suchen Sie mal auf Youtube nach dem Video der Foo Fighters zu ihrem Titel *Something from Nothing*. Gucken Sie es bis zum Schluss, selbst wenn Sie die Musik unerträglich finden (Sie Banause, Sie!).

Der Song startet mit wenig mehr als Dave Grohls Stimme, während er ein bisschen auf der Gitarre herumzupft. Sogar Drummer Taylor Hawkins scheint sich ein wenig zu langweilen. Anfangs.

Dann aber baut sich der Song Stück für Stück auf, mit einem Fender Rhodes und Rick Nielsen von Cheap Trick an einer der unzähligen Gitarren, bis er schlussendlich zu dem Stadionrock-Monster wird, das man von den Foo Fighters erwartet, mit gebrüllten Kraftausdrücken und allem.

Und außerdem heißt der Song wie dieses Kapitel, nämlich *Something from Nothing.* Etwas aus gar nichts. Darum geht's.

Also: Auf geht's! Rock'n'Roll!

ZIEL DER WOCHE 1

Unser Protagonist braucht bekanntlich ein Ziel und wir ebenso.

Unser Ziel für die Woche 1: Der *Plot* und die *Beats* für Ihre Story, nicht mehr und nicht weniger. Was das jeweils ist, erkläre ich Ihnen gleich. Ein kleines Zusatzziel ist eine Timeline (falls wir eine brauchen) und vielleicht ein paar Details zu wichtigen Figuren, aber das entsteht alles quasi nebenher. Was wir am Ende der ersten Woche *nicht* brauchen, sind: Dialogfragmente, seitenlange Charakterstudien oder Prosaentwürfe.

Plot und Beats, das ist alles.

Im Ernst, halten Sie sich bloß zurück! Wenn es Ihnen so geht wie mir, dann beginnen Ihre Ideen an irgendeinem Punkt der ersten Woche regelrecht zu sprühen und ins Kraut zu schießen. Sie fühlen dann so etwas wie einen inneren Zwang, ein paar Zeilen Dialog aufzuschreiben oder einen ganzen Tag über die Vergangenheit Ihres Helden nachzugrübeln. Widerstehen Sie diesem Drang, zumindest vorerst.

Die Bombe tickt! Beziehungsweise die Uhr. Aus genau diesem Grund verwenden wir den Timer. Der Zeitdruck zwingt uns, unsere Überlegungen auf das Wesentliche und absolut Notwendige zu beschränken, und das ist: die Hauptstory und nur die Hauptstory. Nur darum geht es hier. *Tick, tack. Bumm!*

Aber woher wissen Sie, wann Sie das Ziel erreicht haben? Klar, eine grobe Handlung kann sich jeder aus den Fingern saugen. Das dauert auch keine Woche.

Unser Ziel haben Sie dann erreicht, wenn Ihre Story beziehungsweise der grobe Entwurf (Plot und Beats) zwei Dinge besitzen:

Logik und Glaubwürdigkeit.

Und wie testen Sie das? Wenn Sie sich selbst die Geschichte abnehmen, können Sie sie höchstwahrscheinlich auch überzeugend rüberbringen. Das ist der erste Schritt.

Spulen Sie die Geschichte vor Ihrem inneren Auge ab, während Sie den Plot und die Beats schreiben. Wissen Sie stets, auf welche Weise welche Figur von einer Situation in die nächste gerät, und wieso sie das tut.

Das Ganze nennt sich Kausalität oder *das Gesetz von Ursache und Wirkung*. Alles geschieht aus einem bestimmten Grund, und der sollte für den Leser nachvollziehbar sein. Nicht immer sofort, denn das wäre furchtbar langweilig. Aber am Ende des Buches auf jeden Fall. Ein Roman ist *nicht* das richtige Leben. Das Folgende sollten Sie sich gut einprägen, und noch besser, es nach Möglichkeit umsetzen.

Nichts geschieht aus Zufall, oder weil es Ihnen und der Handlung gerade in den Kram passt. Alles geschieht, weil die Figuren **glaubwürdigerweise*** so handeln, dass es geschieht. Und das tun sie, weil sie ein Ziel haben und eine Motivation, dorthin zu gelangen.

Natürlich stoßen sie dabei auf ein Hindernis. Und damit geht dann der Spaß (a.k.a. Konflikt) los.

Kein Angsthase wird ohne einen guten Grund zum Draufgänger. Und umgekehrt. Klar, oder?

SEIEN **Sie ehrlich zu sich selbst.** Schludern Sie nicht über dünne Stellen im Plot hinweg, in der Hoffnung, das würde Ihnen dann schon irgendwie beim Schreiben einfallen. Das wird es nämlich höchstwahrscheinlich nicht.

Kennen Sie so viele Details Ihrer Szene wie möglich, auch wenn Sie jetzt nicht alle aufschreiben.

Lassen Sie keine Gemeinplätze als Lückenfüller stehen. Wenn Sie schreiben, dass Harald, der Zauberlehrling, an der neuen Schule Unterricht genießt, sollten Sie wissen, wer seine Lehrer sind, wie die Fächer heißen, was er da lernt und zu welchen Zwischenfällen es dabei kommen wird. Und was dieser ganze Kram eigentlich mit der Hauptstory zu tun hat. »Harald hat an der neuen Schule Unterricht« ist kein Beat, sondern beim Schreiben ziemlich nutzlos. Als Einstieg ist es aber okay. Dazu gleich mehr.

Wenn wir fertig sind, sollten wir also Folgendes vorliegen haben:

- **Einen Plot:** 1-2 Seiten
- **Das Beat Sheet mit unseren Story-Beats:** Vermutlich so ca. 30-50 Seiten. Oder wie viele immer Sie für 250 Seiten Story brauchen.
- **Optional, aber nützlich:** Zeitstrahl Ihrer Story

Das ist alles für die erste Woche. Auf der nächsten Seite starten wir mit Tag 1. Lassen Sie uns loslegen, wir haben viel vor!

TAG 1: FINDEN SIE IHR GENRE!

*N*atürlich ist Ihnen längst klar, in welchem Genre Sie schreiben wollen, lange bevor Sie mit der Arbeit am Buch beginnen. Oftmals ist es dasselbe oder ein ähnliches Genre wie das Ihrer letzten Bücher, aber vielleicht haben Sie ja Lust auf etwas Neues?

Falls Sie sich bis jetzt immer noch nicht für ein Genre entschieden haben, schlagen Sie noch einmal an den entsprechenden Stellen in Kapitel III nach.

Und dann: Stellen Sie Ihren Timer auf eine Stunde.

Dann lassen Sie ihn laufen.

59:59

Tick, tack!

In Ihrem Kopf sollte jetzt irgendetwas in der Art passieren:

Liebesromane? Oh, Mann, ich lieeeeebe Liebesromane. So richtig tragisch müssen sie sein,aber auch witzig. Ich mag es, wenn die Heldin immer einen lockeren Spruch auf den Lippen hat. Aber auch, wenn sie ein bisschen schüchtern ist, und diese Sprüche deshalb meist für sich behält und den Leser. Dann fühle ich mich gleich mit ihr verbunden. Sie sollte öfter mal in ein Fettnäpfchen treten, denn eigentlich meint sie es immer gut, aber sie ist eben eher eine graue Maus, und das ist nur eins ihrer Probleme. Sie sollte natürlich auf einen unheimlich gut aussehenden Typen scharf sein, der aber ein richtiges Arschloch ist, zumindest am Anfang. Oh, Mann, den hasse ich jetzt schon. Aber er sieht eben so verdammt süß aus! Und dann ist da dieser andere Kerl, der heimlich auf meine Heldin steht, aber sie hat nur Augen für den unerreichbaren, den Arschloch-Typen. Den sie vielleicht am Ende doch zu einem besseren Menschen bekehren kann, wer weiß? Oder wird sie am Ende gar erkennen, dass Typ B sie liebt und ... und ... und ... okay, ich schreibe einen Liebesroman! YEAH!

Kurz: Es muss einfach *Klick!* machen zwischen Ihnen und Ihrem Genre. Dann sind Sie fruchtbar und mehren sich. Hoffentlich wird es Sie noch viele glückliche Jahre begleiten, bis der Tod oder eine kleine Affäre mit einer anderen Buchgattung Sie scheidet, Amen.

Wenn Sie damit fertig sind, gehen Sie zu Tag 2.

Ja, noch heute.

TAG 2: DIE IDEE BRAINSTORMEN

Auch das kennen wir schon aus dem Vorab-Einmaleins (Kapitel III). Hier kommt noch ein wenig Methodik dazu:

Ich benutze zum Brainstormen ein Whiteboard, auf dem ich mit bunten Markern alles Mögliche aufschreibe, das mich an der Story interessiert. Ich kreise ein, ziehe Pfeile, wische weg, schreibe neu. Und trinke jede Menge Kaffee dabei. Das sieht dann unheimlich professionell aus.

Und wie entscheide ich, was an der Tafel bleibt und was weggewischt wird? Das Folgende gilt für alles, was irgendwie mit dem Finden von Ideen zu tun hat, und gerade als neuer Autor sollten Ihnen jede Menge davon im Kopf herumschwirren. Die Kunst liegt daran, zu entscheiden, welcher Idee man folgt. Und da brauchen Sie Ihr Bauchgefühl. Welche Idee begeistert Sie spontan? So sehr, dass Sie sofort loslegen wollen? Dass es in Ihren Fingern juckt und unter der Schädeldecke angenehm prickelt (Und nein, ich meine nicht den Weinbrand in Ihrem Versteck hinter dem Schreibtisch.)?

Diese Einfälle bleiben, der Rest fliegt.

Was nicht sofort *Klick!* macht und weitere interessante Fragen aufwirft, wird sich später auch nur sehr mühsam umsetzen lassen. Verwerfen Sie es. Wenn an der Idee doch was Gutes dran war, wird es von allein wiederkommen, verlassen Sie sich darauf.

Höchstwahrscheinlich haben Sie auch das schon im Vorfeld erledigt, oder es sollte in einer oder zwei Stunden erledigt sein. Dann gehen Sie gleich weiter zu Tag 3. Und zwar, weil Sie gar nicht anders können. Schließlich müssen Sie doch wissen, wie es mit Ihrer Idee nun weitergeht!

TAG 3: VON DER IDEE ZUM ENTWURF, IN DREI EINFACHEN SCHRITTEN

Sie haben also eine grobe Idee und ein paar, die daraus zwangsläufig folgten. Schön. Jetzt wollen wir das Ganze mal ein bisschen in Form bringen.

An dieser Stelle kommt also ein bisschen Struktur ins Spiel.

Und da ich dieser Sache mit der »Wunderpille« Dramenstruktur durchaus wohlwollend, aber eben auch mit einer gesunden Portion Skepsis gegenüberstehe, beschränke ich mich zu diesem Thema auf ein Minimum. Das Folgende habe ich nahezu vollständig aus einem anderen Buch übernommen oder eigentlich aus zweien.

Diese finden Sie natürlich im Literaturverzeichnis, aber weil ich mich hier wirklich so großzügig daraus bediene, möchte ich sie noch einmal explizit nennen:

- *How to Write a Novel Using the Snowflake Method* von Randy Ingermanson oder in etwas kürzerer Form auf seinem Blog: http://bit.ly/2sdyuFX
- *Story Physis: Harnessing the Underlying Forces of Storytelling* von Larry Brooks

Wenn Sie etwas Zeit haben und der geschriebenen englischen Sprache einigermaßen mächtig sind, lesen Sie die Bücher bei Gelegenheit. Bloß haben Sie ja bekanntlich gerade keine Zeit. Deshalb die Kurzform. Und das ist auch schon alles, das Sie momentan davon benötigen.

In drei simplen Schritten.

SCHRITT 1: EIN SATZ, SIE ZU KNECHTEN

Stellen Sie den Timer auf eine Stunde. Dann finden Sie den einen Satz, der die Handlung Ihres Buches beschreibt. Die Anhänger von Ingermansons Schneeflocken-Methode empfehlen dabei etwas in der Art von:

[JEMAND, IHR HELD] unternimmt *[ETWAS MERKWÜRDIGES, DAS MIT IHREM KONZEPT ZUSAMMENHÄNGT]*, um *[ZU VERHINDERN, DASS DER BÖSE MIT SEINEN FINSTEREN PLÄNEN DURCHKOMMT]*.

Na, kommt Ihnen das bekannt vor aus Kapitel III? Hier ist mal ein Beispiel in den Worten von Meister Ingermanson selbst:

Ein skrupelloser Wissenschaftler reist zurück in der Zeit, um den Apostel Paul zu töten.

Okay, spannend. Offenbar ist der Protagonist jener Wissenschaftler, und wenn er extra eine Zeitmaschine baut und jemanden umbringt, dürfen wir wohl getrost annehmen, dass er gute Gründe dafür hat, auch wenn uns dieser eine Satz diese Gründe nicht verrät. Offenbar ist in diesem Fall der Protagonist ein Antiheld, weil er skrupellos ist und wir dürfen annehmen, dass man ihm jede Menge Hindernisse in den Weg legen wird. Allen voran sein apostolischer »Widersacher«, der sich kaum freiwillig um die Ecke bringen lassen wird.

Okay.

Was wir in dieser Beschreibung vergeblich suchen, ist der Name des Protagonisten. Der ist hier auch noch völlig uninteressant. Was wir aber erfahren, ist, was für ein Typ er ist (skrupelloser Wissenschaftler) und was er vorhat (Zeitreise) und wieso (Ziel: Apostel Paulus töten). Und das ist auch viel interessanter als sein Name, oder?

Bäm!

Oh, noch was. Wir erfahren nicht, wie die Sache ausgeht. Was wir hier lesen, hat eher Ähnlichkeit mit einer Ausgangssituation, also der Exposition des Romans, vor allem durch die Jobbezeichnung des Protagonisten. Er ist Wissenschaftler, wir können davon ausgehen, dass er das schon seit einer Weile ist und dass es Ereignisse in der Vergangenheit gibt, die ihn auf die Idee gebracht haben, eine Zeitmaschine zu bauen und einen Apostel zu killen. Es gibt also eine Backstory und als guter Autor wird uns Ingermanson diese vermutlich nicht vorenthalten. Aber brauchen wir Sie für *den einen Satz*? Nee.

Das Ganze ist verdammt kurz, und das ist auch gut so. Ingermanson empfiehlt 15 Wörter oder weniger für *den einen Satz*. Check.

Ich persönlich sehe das mit *dem einen Satz* allerdings nicht ganz so eng. Mir würde an dieser Stelle auch erstmal eine grobe Vorstellung genügen, wohin die Reise gehen soll. Etwas wie:

»Es ist wie Alien meets Lassie.«

Okay, da habe ich auch eine gewisse Vorstellung, was mich erwartet, und ja, darüber würde ich definitiv mehr erfahren wollen. Aber als Nächstes sollten Sie dann einen schneeflockenmäßigen Satz draus machen. Und der enthält: **Wer, Was** und **Warum?**

»Ein sprechender Schäferhund (Wer?) reist an das Ende der Galaxis, um eine außerirdische Lebensform aufzuhalten (Was?), welche die Erde vernichten will (Warum?).«

Okay, cool. Wenn sowas Ihr Ding ist.

Wenn Sie hier ein bisschen ins Stocken kommen (und das ist anfangs völlig normal), bohren Sie mal ein bisschen tiefer, was Ihren Protagonisten betrifft. Finden Sie heraus, wer in dieser Story das meiste zu verlieren hat (Motivation) und wieso. Was kann er oder sie gewinnen (Ziel?), wie kann er dieses Ziel erreichen, wer oder was stellt sich ihm dabei in den Weg (hindernisreicher Weg zum Ziel)?

Und dann kauen Sie eine Weile drauf herum, bis Ihr Satz in etwa so aussieht wie der von Randy.

Schon bald wird Ihnen diese Sache mit *dem einen Satz* so in Fleisch und Blut übergegangen sein, dass Ihr Notizbuch voll davon sein wird.

»Wer, was und wieso?«, und ein bisschen: »Was wäre, wenn ...?«

Also los: Denken Sie, kritzeln Sie, streichen Sie weg. Schreiben Sie neu, zerknüllen Sie mal ein bisschen Papier, los!

Sie haben genau 1 Stunde.

Dann machen Sie zehn Minuten Pause. Ein Schluck Kaffee, dann geht's weiter mit Schritt 2.

SCHRITT 2: FÜNF PUNKTE UND EIN DOPPELZELT. UND KEIN HALLELUJA.

Für den nächsten Schritt stellen Sie Ihren Timer wiederum auf 1 Stunde.
Dann öffnen Sie ein neues Textdokument und schreiben Folgendes untereinander:

- **Anfang:**
- **Wendepunkt 1 (von außen?):**
- **Mittelpunkt (Held):**
- **Wendepunkt 2 (Held):**
- **Ende:**

Daraus machen wir fünf Absätze und geraten erstmals aus dem Fahrwasser der von Ingermanson entwickelten Methode, der an dieser Stelle aus *dem einen Satz* fünf macht, und aus denen dann fünf Absätze und ... naja, das lesen Sie am besten bei ihm selbst nach. Wenn Sie damit klarkommen, super! Ich habe allerdings festgestellt, dass die Methode, so toll sie auch ist, nicht für jeden funktioniert. Für mich zum Beispiel nicht. Deshalb habe ich sie ein bisschen modifiziert.

Robuster gemacht. Und Sie befreie ich damit ein wenig aus dem Ingermansonschen Korsett, damit Sie ein bisschen freier atmen können, Teuerste!

Nehmen Sie Ihren Satz aus dem ersten Schritt her und lesen Sie ihn durch.

Skrupelloser Wissenschaftler reist zurück in der Zeit, tötet Apostel Paulus.

Okay.

Dann füllen Sie die fünf Anstriche mit Inhalt. Schreiben Sie drauflos. Ingermanson empfiehlt einen Satz pro Anstrich, und wenn Sie das packen, prima! Wenn Sie allerdings ein paar Sätze mehr brauchen, um zu erklären, wie Ihr Held von einer Katastrophe in die nächste taumelt, dann geht es Ihnen wie mir. Wenn ich mit diesem Schritt fertig bin, habe ich meist mindestens eine Seite geschrieben, oft auch mehr. Und auch der Timer hat schon längst gepiept.

Nicht schlimm, dann überziehen Sie eben ein bisschen. Aber nicht viel, okay?

Wichtig ist, dass die Anstriche allmählich so etwas wie das Gerüst Ihrer Story vermuten lassen. Es ist übrigens ganz natürlich, wenn Sie an dieser Stelle noch längst nicht alle Antworten auf alle Fragen haben.

Zum Beispiel:

Wie funktioniert diese verdammte Zeitmaschine eigentlich? Ist es so ein Ding wie in *Twelve Monkeys* oder doch eher ein DeLorean? Wer würgt unserem Wissenschaftler eigentlich dermaßen eins auf dem Schulhof rein, dass er zu einem skrupellosen, apostelmordenden Monster wird? Keine Ahnung? Ich auch nicht. Das macht auch gar nichts im Moment.

Ein paar Erklärungen zu den Anstrichen. Die ich mir

gerade ausdenke und die daher nicht das Geringste mit Randy Ingermansons tatsächlicher Geschichte »Transgression« zu tun haben, von der *dieser* eine Satz mit dem Wissenschaftler ursprünglich stammt.

Anfang: Hier beginnt Ihre Geschichte. Logo. Ihr Wissenschaftler kommt auf die Idee, dass es lohnend wäre, den Apostel Paulus umzubringen. Warum? Interessante Frage. Er wird also ein bisschen rumwurschteln und schließlich wird ihm klar, dass er diese Sache nur auf die Reihe kriegen kann, indem er die Zeitmaschine benutzt, die rein zufällig seit einiger Zeit in seinem Garten herumsteht.

Wendepunkt 1 (von außen?): Das wäre hier zum Beispiel die Zeitmaschine, beziehungsweise die Tatsache, dass unser Wissenschaftler sie erstmals benutzt. Durch sie hat er plötzlich eine realistische Möglichkeit, diesen garstigen Apostel aus der Welt zu schaffen. Und das wird er freilich versuchen, sonst wäre das Buch hier ja schon zu Ende. Der erste Wendepunkt ist da, sozusagen die Tür, durch die unser Held in die eigentliche Geschichte treten kann: Und natürlich tritt er ...

Mittelpunkt (Held): ... und zwar möglichst bald ins erste Fettnäpfchen. Weil er nämlich überhastet aufgebrochen ist, hat er vergessen, den Herd auszuschalten, auf dem er sich zu Hause gerade ein Süppchen kochte. Wenn ihm nichts Gescheites einfällt, wird sein Haus während seiner Abwesenheit abbrennen und auch die Zeitmaschine vernichten, in der er sich befindet und dann gibt das eine Singularität und das Universum stürzt in sich zusammen. Blödsinn, ich weiß. Aber es zeigt uns wichtige Problempunkte am mittleren Wendepunkt: Erstens, plötzlich steht viel mehr auf dem Spiel als nur dieses kleine Schnippchen, das er dem Apostel Paulus schlagen will. Das Leben unseres Helden und die Existenz des gesamten Universums sind jetzt in Gefahr. Und: Er hat sich das selbst zuzuschreiben, weil er vergessen hat, den Herd abzudrehen. Was als bescheidener Mordversuch begann, wächst sich zur potenzialen globalen Katastrophe aus! Zum Aus-der-Haut-fahren! Mit anderen Worten: Genau das, was wir hier brauchen: Der totale Konflikt! Und noch etwas: Diese Erkenntnis, die unser Held im Mittelpunkt der Story erhält, stellt alles auf den Kopf, das er (und damit wir) bisher zu wissen glaubte. Man könnte auch sagen: Der *Kontext* der Geschichte ändert sich, und natürlich zum Dramatischeren. Diesen Gedanken sollten wir festhalten. Es ist kein Zufall, dass es jede Menge Schreibexperten gibt, die sich *sehr* eingehend mit diesem Wendepunkt beschäftigt haben. Das Stichwort wäre hier: *Midpoint*. Wenn Ihnen mal wieder langweilig ist, lohnt es sich bestimmt, sich mit dem Thema zu befassen. Bestimmt haben Sie es schon gemerkt: Auch der Mittelpunkt ist ein Wendepunkt, und vielleicht der wichtigste von allen.

Wendepunkt 2 (Held): Während seiner Versuche, dieses ganze Zeitchaos wieder in geordnete Bahnen zu lenken, hat unser Wissenschaftler ständig mit neuen Schwierigkeiten zu kämpfen. So könnte er zum Beispiel herausgefunden haben, dass er den alles vernichtenden Hausbrand verhindern kann, indem er bei seiner Rückkehr einfach ein paar Minuten früher in der Zukunft ankommt, als er losgefahren ist. Jep, genau wie Marty McFly in *Zurück in die Zukunft*. Allerdings wird das zum Problem, weil ihn in der Vergangenheit fanatische Anhänger des Apostels dabei beobachtet haben, wie er der Zeitmaschine entstieg und er gerade in einem schimmeligen Kerker darauf wartet, als Hexer hingerichtet zu werden. Wie soll er da rechtzeitig, geschweige denn vorher, wieder zu Hause sein? Totaler Blödsinn auch das, ich weiß, aber: Probleme über Probleme. Konflikte, aus denen ständig neue Konflikte entstehen. Unser Protagonist in der Mangel zwischen Entscheidungen, die alle nichts Gutes verheißen. Gefangen zwischen Scylla und Charybdis. Perfekt!

Ende: Irgendwie, und nachdem eine Menge anderer

Kram passiert ist, schafft es unser Wissenschaftler schließlich, zum Apostel Paulus vorzudringen und ihm das Messer an die vollbärtige Kehle zu halten, als ... ihn plötzlich die Einsicht trifft, dass mit Mord und Totschlag einfach kein Blumentopf zu gewinnen ist und die Zukunft, die dann entstehen würde, für ihn und alle anderen Menschen ein noch viel übleres Schicksal bereit hielte. Er sagt Paulus, er möge sich bei seinen Predigten ein bisschen am Riemen reißen, die beiden Männer schütteln sich die Hand und er reist zurück in die Zukunft. Nur, um festzustellen, dass ... dort eine letzte Überraschung auf ihn wartet. Und dann Ende. Geschafft.

Es müssen keine drei Wendepunkte sein, aber das empfiehlt sich als guter Startwert für unseren anvisierten Umfang von 200-250 Seiten. Aber Wendepunkte brauchen wir in irgendeiner Art und Weise, denn sonst gleicht unsere Story einer schnurgeraden Linie. Und damit verletzen Sie automatisch das wichtigste Gebot unserer Zunft. Dann langweilen Sie den Leser und die Schergen von Paulus Reich-Ranicki werden Sie wegen Hexerei verbrennen. Zu Recht.

Deshalb gleich noch eine Herangehensweise an diese Sache. Und ich empfehle Ihnen, das genauso zu machen. Eine Stunde lang beackern Sie Schritt 2 mit der eben beschriebenen modifizierten Schneeflockenmethode. (Wenn Ihnen meine Erklärung gerade zu unverständlich oder zu flapsig war, schauen Sie mal hier, das ist sogar in Deutsch: http://bit.ly/2r4KJQX)

Und dann machen Sie dasselbe mit der folgenden Methode. Aber nicht per *Copy + Paste*, sondern schreiben Sie alles noch mal neu auf, aus dem Gedächtnis. Nehmen Sie keine Abkürzung, starten Sie immer wieder von vorn! Höchstwahrscheinlich kommen Sie dabei nämlich auf wichtige neue Ideen. Das ist sozusagen der Witz an der Sache.

Die Doppelzelt-Methode

Okay, Malstunde.

Nehmen Sie Ihr Blatt (oder Ihre Whiteboard-Tafel) quer und malen Sie eine waagerechte Linie darauf, etwa in der Mitte des Blattes.

Teilen Sie diese Linie in vier etwa gleichlange Abschnitte und markieren Sie die Abschnitte mit Punkten.

Zeichnen Sie am ersten und am dritten Markierungspunkt eine senkrechte Linie von dem entsprechenden Punkt nach oben.

Verbinden Sie jetzt den Anfang der waagrechten Linie mit dem ersten Punkt auf der linken senkrechten Linie, als ob es ein etwas durchhängender Faden wäre. Von dort zum Mittelpunkt, dann wieder hinauf zur rechten senkrechten Linie und von dort weiter zum Endpunkt der Horizontalen.

Das sollte jetzt in etwa aussehen wie ein großes »M« oder ein Doppelzelt, das von zwei Masten getragen wird. Also in etwa so:

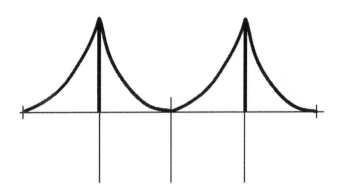

Ein jungfräuliches Doppelzelt

Sie haben nun vier Abschnitte und fünf Punkte auf Ihrem

»M«. Beschriften Sie diese wie folgt von links nach rechts: Anfang, Wendepunkt 1, Mittelpunkt, Wendepunkt 2, Ende. Jetzt beschriften Sie jeden dieser Punkte mit einem einzigen Wort. Genau, diese Punkte entsprechen denen aus der Schneeflocken-Methode. Bloß zwingen Sie sich jetzt, noch einmal darüber nachzudenken. Kritzeln Sie neue Ideen und Zusammenhänge gleich dazwischen.

Die Abschnitte können Sie ebenfalls beschriften, und zwar so:

1. **Exposition (Ausgangssituation, Set-up)**
2. **Reaktion**
3. **Attacke!**
4. **Auflösung**
5. **Ende**

Unter die horizontale Linie kritzeln Sie dann in den jeweiligen Abschnitt, was da passiert. Auch das wissen Sie schon von der Schneeflockenmethode, aber hier beziehen wir uns eher auf den Kontext zur Geschichte:

Wie fängt das Ganze an (Set-Up)? Welches Ereignis führt dazu, dass unser Protagonist in die Geschichte verwickelt wird und wie **reagiert** er darauf? Wie verändert sich sein Handeln, nachdem er im **Mittelpunkt** erfahren hat, was eigentlich wirklich hinter der ganzen Sache steckt (neuer Kontext)? Wie **attackiert** er den Schurken oder diese neuen Umstände? Wie geht die Sache aus für ihn, für seinen Gegner, für alle anderen? Wie **löst** sich der Konflikt und seine Suche **auf**? Erreicht er sein Ziel? Und wenn ja, in wiefern hat ihn das zu einem neuen Menschen gemacht?

Sie können diese Abschnitte auch beschriften nach der Rolle, die Ihr Held in dem jeweiligen Abschnitt der Story spielt:

1. **Waisenkind**
2. **Wanderer**
3. **Krieger**
4. **Märtyrer**

Diese Bezeichnungen hat sich der eingangs genannte Larry Brooks ausgedacht und ich finde sie zutreffend, deshalb möchte ich sie Ihnen nicht vorenthalten. Sie werden gleich sehen, wieso.

Wenn Sie mit Ihrem kleinen Kunstwerk fertig sind, sollte das Ganze ungefähr so aussehen:

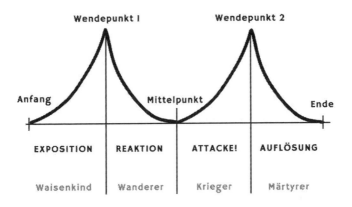

Das Doppelzelt mit Beschriftung

Die Erklärung zu den Begriffen von Larry Brooks in meinen eigenen Worten:

1. **Waisenkind:** Im ersten Abschnitt ist Ihr Held noch völlig ahnungslos. Bis auf ein paar kleine Hinweise, die er natürlich geflissentlich übersieht, deutet nichts darauf hin, was da auf ihn zurollt. Kleinere

Hinweise auf anstehende Änderungen darf er aber durchaus erhalten, das sollte er sogar. Schlecht, wenn Ihnen der Leser schon vor Wendepunkt 1 wegpennt. Dann erreicht er den ersten Wendepunkt, den Sie hoffentlich glaubwürdig vorbereitet haben. Und alles ändert sich. Der Held bricht auf, um die Welt der Story zu betreten. Und jemand, der aufbricht, um ein Ziel zu erreichen, ist bekanntlich ein ...

2. **Wanderer:** Im zweiten Abschnitt ist unserem Helden nämlich allmählich klargeworden, dass er es mit Hindernissen zu tun hat, die er nicht so ohne Weiteres überwinden kann, um sein in Abschnitt 1 definiertes Ziel zu erreichen. Genau - er hat jetzt ein für ihn wichtiges Ziel, das er aufgrund seiner Motivation erreichen will. Aber natürlich ist er noch lange nicht so weit, sich diesen Problemen stellen zu können. Er ist viel zu sehr mit dem Reagieren beschäftigt, um selbst etwas zu unternehmen. Bis er im *Mittelpunkt* endlich kapiert, was hier eigentlich auf dem Spiel steht. Das reißt ihn endlich aus der Schockstarre und er wird zum ...

3. **Krieger:** Jetzt beginnt er, sich seinen Hindernissen aktiv zu stellen. Und zwar nicht, weil die Struktur das eben so vorschreibt. Nein, weil es ein ganz natürlicher Vorgang ist. Jeder von uns tickt so. Sie kennen den Spruch: »Der Krug geht so lange zum Brunnen bis er bricht?«. Nun, hier bricht er. Dem Helden langt's. Er will dieser Sache ein Ende machen. Er hat erkannt, dass er sich den Hindernissen nur stellen kann, wenn er sich verändert. Hier beginnt er erstmals, sich wirklich zu verändern und die Lektionen anzuwenden, die

ihm das Leben bis zu diesem Punkt in Form von Hindernissen in den Weg geräumt hat. Das, was ihn nicht umgebracht hat, hat ihn stärker gemacht. Jetzt geht's dem Bösen an den Kragen! Er plant jetzt sein Vorgehen gegen den Antagonisten, im Gegensatz zum vorhergehenden Abschnitt, wo er praktisch nur ein Spielball all der Hindernisse war, die ihm der Antagonist in den Weg gestreut hat. Jetzt ruft er zur Attacke! Allerdings gibt es da ein Problem. Sein Gegner ist stärker, als er angenommen hat. Und deshalb wird unser Held schlussendlich zum ...

4. **Märtyrer:** Das heißt nun nicht unbedingt, dass unser netter Held tatsächlich sterben muss, zumindest nicht im wortwörtlichen Sinne. Wobei das durchaus auch passieren kann, je nach Genre. In der leichten Sommerromanze wäre es irgendwie blöd. In diesem Zusammenhang ist Sterben ein ziemlich weit gefasster Begriff. Was nämlich stirbt, ist die *alte* Persönlichkeit des Helden. Die, mit der er in 1. als naives *Waisenkind* in die Geschichte eingestiegen ist. Er muss sich *komplett* verändern, um den Antagonisten tatsächlich besiegen zu können. Da sein Gegner nicht irgendein dahergelaufener Popanz ist, sondern ein richtiger »Böser« und schwerstes Geschütz auffährt, um den Helden davon abzuhalten, seine Reise erfolgreich zu beenden, muss unser Protagonist jetzt wirklich an seine Grenzen gehen und gewaltige (innere) Kräfte mobilisieren, um ihn besiegen zu können oder grandios daran zu scheitern. Kräfte, die er am Anfang seiner Reise noch nicht hatte. Mit anderen Worten, er muss etwas opfern. Und zwar die

»schwache« Persönlichkeit, die er war, bevor das Abenteuer begann. Nur dann kann er den Schurken besiegen und zeigen, dass er die Lektion begriffen hat: Das Heil eines jeden Dings liegt im Wandel! Häufig wird dabei auf den Kunstgriff zurückgegriffen, dass der Held zunächst recht erfolgversprechend kämpft, dann aufgrund eines üblen Tricks des Antagonisten doch unterliegt, nur, um sich im allerletzten Moment einer wichtigen Herzenslektion zu entsinnen und doch zu siegen. Klingt nach Superhelden-Kino? Ja, dort ist es Standard, aber auch in jedem anderen Genre. Im Liebesroman entschlüpft der begehrte »Antagonist« und unsere Heldin muss eine völlig bekloppte Aktion starten, um sein Herz doch noch zu gewinnen. Ende und Abspann.

Das alles kommt Ihnen seltsam bekannt vor?
Aus gutem Grund.
Sie haben es schon tausendmal gelesen und gesehen. Bloß haben Sie es wahrscheinlich nicht bemerkt. Diese Dramenstruktur liegt dem überwiegenden Großteil aller Bücher, Filme und Theaterstücke zugrunde, die im Laufe unseres bisherigen Lebens so auf uns eingeprasselt sind. Nur eben gut versteckt hinter einer hoffentlich spannenden Handlungsvariation der immer selben Grundprinzipien. Sie wissen schon, das »Hollywood-Geheimrezept«, mit dem ich Ihnen schon in Kapitel III gedroht habe.
Lustig ist, dass viele Autoren und Drehbuchautoren sich vehement weigern, ihre Werke in diese Struktur zwängen zu lassen. Angeblich interessieren sie sich nicht für diese strengen Schreibregeln und den ganzen Kommerzscheiß. Fein. Nur liegt hier offenbar ein grundsätzliches Verständnisproblem vor, denn wenn man sich die Mühe macht, die

Drehbücher und Bücher eben jener Autoren zu analysieren, fällt auf, dass sie dieser Struktur eben doch bis auf das i-Tüpfelchen folgen.

Warum ist das ein Verständnisproblem? Weil die oben beschriebene Struktur eben keine Vorschrift ist, sondern eine Art Naturgesetz. Sie findet sich in jeder funktionierenden Story. Sie ist nämlich das, was aus einer Ansammlung von Handlungsfetzen das macht, das wir als Story erkennen.

Anfang, Mitte, Ende auf sinnvolle (spannende) Art und Weise verbunden. Mehr ist es im Grunde nicht.

Der Vollständigkeit halber sei erwähnt, dass man natürlich mit den Elementen der Struktur spielen und sie scheinbar sogar bewusst »verletzen« kann, aber auch das funktioniert nur, weil man sich dabei auf diese Struktur bezieht. Beispiel: Wenn Sie bewusst das Ende weglassen, funktioniert das nur, weil Sie und Ihre Leser instinktiv um die Notwendigkeit eines Endes wissen. Oder Sie könnten auf die Idee kommen, dass Ihr Held völlig ohne Hindernisse seinen Weg geht, und am Ende den Schurken einfach so besiegt. Nix Märtyrer, nix Wanderer oder Krieger. Ja, aber eben auch nix Interesse oder Spannung. Egal, wie toll Sie die Landschaft beschreiben. Einverstanden*?

*Falls nicht, schauen Sie mal ans Ende des Buches. Da finden Sie einen Link zu einer Website, wo wir gemeinsam mit anderen Lesern über dieses und andere Themen ausführlich diskutieren können. Jetzt erstmal weiter im Text, okay?

Nachdem Sie nun dieses kleine, schmutzige Geheimnis Hollywoods und so ziemlich aller Bestsellerautoren kennen, werden Sie vermutlich Filme und Bücher mit anderen Augen sehen. Aber das macht (fast) gar nichts. Die Analyse von Vorhandenem ist ein wichtiger Teil unseres Jobs als Autoren, ob wir das nun bewusst (analytisch) machen oder unbewusst (Bücher verschlingen). Wenn ich mit dem sogenannten »Doppelzelt« arbeite, sieht das so aus:

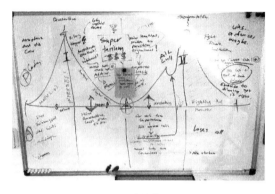

©2017 L.C. Frey

Oder, etwas später, so:

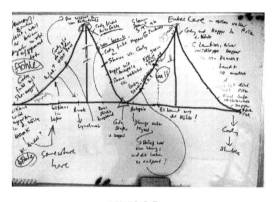

©2017 L.C. Frey

Das sind ganz schön viele Pfeile, oder?
Und jetzt vergessen Sie das Ganze mal für einen Augenblick und atmen Sie tief durch.

TROTZ ALLER »REGELN«:
BAUCHGEFÜHL IST TRUMPF

Nehmen Sie diesen ganzen Strukturkram bloß **nicht zu ernst!** Es gibt eine Menge Leute, die gewaltige Probleme damit hätten, nach diesen Strukturregeln eine vernünftige Geschichte zu schreiben. Ich zum Beispiel. Dienst nach Vorschrift, pfui Deibel, wo bleibt denn da der Spaß? Klar, ich weiß, dass meine Geschichte (wie jede andere) letztlich dieser Struktur in irgendeiner Weise folgen wird, aber das heißt nicht, dass mein erstes und dringlichstes Problem ist, mich um diese Struktur zu kümmern. Gut möglich, dass das nachher von ganz allein passiert, weil … nun ja, weil ich vermutlich erst an einem Punkt zufrieden sein werde, an dem mir der Ablauf sinnig erscheint, nennen Sie's Instinkt. Und sobald mir der Ablauf sinnig erscheint, lässt sich meist auch genau die Struktur nachweisen. Seltsam, das.

Aber im Ernst. Benutzen Sie diese Sache mit dem Doppelzelt nur dann, wenn Sie der Meinung sind, in Ihrer Geschichte klemmt's irgendwo und Ihnen sonst nichts Gescheites einfällt. Ich mache das so. Das hat nämlich den entscheidenden Vorteil, dass Sie beginnen, in eine bestimmte und wahrscheinlich richtige Richtung zu denken. Etwa so (Ihre Gedanken, nicht meine!):

Mein Protagonist Tommy hat allmählich die Nase voll davon, in der Schule herumgeschubst zu werden und nur schlechte Noten zu schreiben, und ich weiß, dass er am Ende als Einserschüler aus der Sache hervorgehen wird. Und außerdem steht er auf dieses Mädchen Anette, und die wird am Ende seine Freundin werden. Bloß wie?

Ah, warte. Hat der Frey nicht irgendwas von einer Änderung des Kontext im Mittelpunkt der Story gefaselt?

Wie wäre es, wenn Tommy etwas über seinen Schwarm Anette erfährt, das dieser furchtbar peinlich ist? Er könnte das herausposaunen und würde damit sofort in der Coolness-Skala seiner Mitschüler aufsteigen. Er würde nicht länger herumgeschubst, aber seine Noten wären immer noch mies. Außerdem wäre das ein ganz schön schaler Triumph, weil Anette damit ruiniert wäre.

Und das ist gut, weil es dramatisch ist!

Welche Art von Mensch würde das aus Tommy machen? Könnte es sein, dass wir hier sogar ziemlich originell damit spielen, dass aus dem »Wanderer« ein »Krieger« wird? Aber wie kann Tommy das Steuer in Bezug auf Anette nach solch einer Aktion noch herumreißen? Indem er Anette gesteht, dass er ein Analphabet ist, was auch der Grund für seine Lernschwierigkeiten ist?

Und sie ihm Nachhilfe im Lesen gibt, weil sie jetzt beide zu den »Geächteten« der Schule gehören?

Puh, spannend ...

Also nochmal: Schreiben Sie Ihre Story aus dem Bauch heraus, solange das für Sie funktioniert und Sie das Gefühl haben, dass die Geschichte stimmig ist. Und falls Sie dieses Gefühl verlässt, denken Sie mal an mich oder Randy Ingermanson oder Larry Brooks. Jedenfalls haben Sie jetzt ein paar Werkzeuge zur Hand, mit denen Sie überprüfen können, woran es vielleicht liegt, dass Ihre Story noch »eiert«.

Mit diesen wuchten Sie die Räder aus und weiter geht's. Alles keine große Sache.

Mal ganz am Rande: Ich bewundere Drehbuchautoren. Mir ist nämlich klar, warum sie sich so intensiv mit Struktur beschäftigen müssen. Es hat Gründe, warum der Held einer TV-Serie auf die Minute genau an der richtigen Stelle seine potenzielle große Liebe kennenlernen muss und nicht zehn Minuten später oder früher. Das hat unter anderem mit Werbeeinblendungen zu tun.

Versuchen Sie mal, sich so minutiös an ein jahrzehntealtes Schema zu klammern und dabei noch etwas einigermaßen Originelles auf die Beine zu stellen. Ich hoffe, jetzt sehen Sie *Breaking Bad, The Walking Dead* und ähnlich geniale TV-Serien mit neuen Augen. Was Vince Gilligan und Co. da auf die Beine gestellt haben, folgt bis ins letzte Detail der vorgeschriebenen Struktur für eine 48-minütige Serienfolge, inklusive Werbeunterbrechung und allem. Jede einzelne Folge, jede Staffel und außerdem die gesamte Serie folgen außerdem minutiös der oben kurz angerissenen Dramenstruktur, allerdings viel detaillierter, als ich ich sie in diesem Buch vorstellen möchte. Und dann kommt dabei noch derartig grandiose, unvorhersehbare und spannende Unterhaltung heraus. Verneigen wir uns einen Moment vor diesen Michelangelos der Fernsehunterhaltung, okay? Jetzt, wo wir ein bisschen besser verstehen, *wie* genial diese Typen eigentlich sind.

Gottlob müssen wir Buchautoren da nicht ganz so streng sein. Klar, unsere Storys haben ebenfalls einen Anfang, eine Mitte und ein Ende, und üblicherweise sollten wir dem Leser etwas Zeit geben, sich mit unserem Protagonisten und seiner Umgebung anzufreunden, bevor wir beide auf ein Abenteuer schicken. Wendepunkte und insbesondere der Mittelpunkt sollten den Protagonisten in einen neuen Kontext zur Story stellen und ihr so neuen Drive verpassen.

In einem Krimi ist das beispielsweise die Überraschung, wenn die Hauptverdächtige nämlich plötzlich doch ein Alibi aufweisen kann, bloß wollte sie eben nicht, dass ihre lesbische Affäre an die Öffentlichkeit gerät. Das ist ein Wendepunkt in den Ermittlungen des Kommissars, denn jetzt muss er sich nach neuen Hauptverdächtigen umsehen. Na toll.

Aber keinen juckt es, wenn unser Buch statt den angestrebten 320 Seiten zum Schluss eben 342 Seiten hat oder nur 315. Als Drehbuchautor könnten Sie sich solche Freiheiten nicht leisten.

Zurück zu dem, worum es uns geht, Romanen. Sie sollten so viele lesen, wie Sie irgend können, das erwähnte ich schon, Hier ist der Grund, warum sie das tun sollten. Je mehr Sie selbst lesen, desto schneller entwickeln Sie ein *instinktives* Gefühl für Struktur. Hören Sie auf Ihren Bauch und gleichermaßen auf Ihren gesunden Menschenverstand, um zu entscheiden, wann die Story einen neuen Aspekt vertragen könnte und welcher das möglicherweise sein könnte. Setzen Sie den Mittelpunkt nicht bloß, weil er als nächstes auf der Liste steht. Lassen Sie ihn natürlich entstehen und staunen Sie zum Schluss, dass alles wie von Zauberhand an der richtigen Stelle auftaucht. Wenn Sie häufig lesen, können Sie gar nicht anders, als funktionierende Storys zu schreiben. Vielleicht sogar gute.

Die vorgestellten Strukturhilfen dienen einzig und allein einem Zweck: Sie auf neue Gedanken und Ideen zu bringen.

Wenn das für Sie nicht funktioniert, probieren Sie etwas anderes. Niemand wird Sie je dafür kritisieren, *nicht* nach Schema F geschrieben zu haben, wenn Sie eine spannende Story vorzuweisen haben. Dennoch sollten Sie wissen, dass es Strukturen gibt, die besser funktionieren als andere. Sie sollten wissen, was eine Heldenreise ist und wer sich hinter dem »Held mit den tausend Gesichtern« verbirgt. Weil man das als Schriftsteller im Jahr 2017 eben einfach wissen sollte: Aber sklavisch an irgendwelche Vorgaben müssen Sie sich diesbezüglich ganz bestimmt nicht halten. Ein Übermaß an Theoriewissen macht die Sache meiner Meinung nach für Anfänger eher schwieriger, da jonglieren Sie dann mit zu vielen Dingen gleichzeitig und am Ende liegen *alle* Teller in Scherben am Boden. Vergessen Sie's. Erstmal.

Lassen Sie sich nicht ins Bockshorn jagen! Versuchen Sie nicht, irgendwelche Schablonen auszufüllen oder nach Zahlen zu malen. Wenn Sie das hinbekommen, super! Dann haben Sie mir einiges voraus, bei mir endet so was regelmäßig in Frustration. Meine ersten drei Bücher habe ich geschrieben, ohne auch nur das Mindeste von der Existenz der *Schneeflockenmethode* oder der *Story Physics* geahnt zu haben. Und dennoch fanden sie viele zufriedene Leser. Das war okay, für den Anfang. Aber natürlich wollte ich irgendwann mehr, ich wollte besser werden. Ich wollte wissen, warum die Mechanismen einer Story so funktionieren, wie sie das nun mal tun. Diese Suche führt einen zwangsläufig irgendwann zu Joseph Campbell, Randy Ingermanson, Larry Brooks, Blake Snyder und den anderen sogenannten »Story-Gurus«, die Sie im Literaturverzeichnis im Anhang finden.

Finden und gehen Sie aber vor allem Ihren eigenen Weg.

Kontrolle? Ach was ... Vielleicht vermissen Sie hier eine Liste mit Kriterien, an der Sie überprüfen können, ob Sie alles richtig gemacht haben. Ob Ihre Struktur auch allen Ansprüchen genügt, um ein Bestseller zu werden.

Wissen Sie was? Vergessen Sie's.

Mich interessiert einzig und allein, ob der Entwurf Ihrer Story einen Anfang, ein Ende und eine Mitte hat, und im Verlauf der Geschichte ein paar Überraschungen auf unseren Helden und die Leser warten, und das Ganze auch noch irgendwie logisch nachvollziehbar ist. Vor allem interessiert mich, dass Sie die Story jetzt immer noch so gepackt hält wie ein hungriger Tiger. Betrachten Sie das als Ihre Checkpunkte, okay?

Den Rest kriegen Sie selbst raus. Mit gesundem Menschenverstand und Bauchgefühl. Und weil Sie sich in Ihrem Genre bestens auskennen und praktisch ständig lesen, wenn Sie nicht gerade schreiben. Sie kriegen das hin, da bin ich ganz sicher. Und jedes Mal werden Sie ein bisschen besser, schließlich werden Sie es nicht bei nur einem Buch belassen. Sie wissen ja: Schreiben heißt üben für's nächste Buch.

Und Malen nach Zahlen ist was für Feiglinge.

SCHRITT 3:
PERSPEKTIVENWECHSEL

Wenn Sie so arbeiten wie ich, haben Sie jetzt eine Mischung aus den fünf Sätzen, die Ingermanson empfiehlt, und eine grobe Zusammenfassung der Handlung Ihres Buches. Mit jeder Menge Lücken, Ungereimtheiten und offenen Fragen. Prima. Das alles wird sich schon bald in Wohlgefallen auflösen oder zumindest das meiste. Vertrauen Sie mir.

Doch zunächst wird es Zeit, sich etwas ausführlicher mit unseren Charakteren zu befassen.

Finden Sie zunächst heraus, wer eigentlich Ihr Hauptcharakter ist. Üblicherweise ist das natürlich unser vielzitierter Held bzw. die Protagonistin. Logo. Aber wer gehört noch dazu? Hat sie einen Gehilfen, einen Sidekick, wie Batman seinen Robin? Gibt es zwei Ermittler, deren Handlungsstränge sich irgendwo im Buch miteinander verbinden (und das sollten sie – es kann bei unseren angestrebten 250 Seiten nur *eine* Hauptstory geben!). Kurz: Ein Hauptcharakter ist einer, ohne den Ihre *Haupt*story nicht funktionieren würde, nicht mal ein bisschen.

Und vergessen Sie nicht den Schurken, der ist üblicherweise ebenfalls eine Hauptperson.

Alle anderen sind Nebenpersonen und verdienen demzufolge nicht ganz so viel Aufmerksamkeit.

Die Uhr tickt.

Stellen Sie Ihren Timer wiederum auf eine Stunde, und zwar jeweils für *jede einzelne* Ihrer Hauptpersonen.

Dann schreiben Sie, mit so wenigen Worten wie möglich, die Geschichte aus dem Blickwinkel der jeweiligen Person auf. Das heißt: Einmal aus Sicht der Heldin, einmal aus Sicht des Gegenspielers, und dann aus der Perspektive jeder anderen Person, die irgendwie von Belang ist.

Für jede dieser Perspektiven haben Sie eine Stunde Zeit. Und diesmal sollten Sie darauf achten, die Zeit auch wirklich nicht zu überschreiten. Sonst verzetteln Sie sich möglicherweise.

Dieser Schritt wird Ihrer Geschichte eine weitere Dimension der Tiefe und einen gewaltigen Schub nach vorn verpassen, weil Sie die »Probleme«, die Ihr Plot jetzt noch hat, aus einer neuen Perspektive betrachten.

Fertig? Gut.

Am Ende dieses Tages sollten Sie einigermaßen platt sein. Gehen Sie zeitig zu Bett, träumen Sie von Ihrer Geschichte, und lassen Sie Ihr Unterbewusstsein für sich arbeiten.

Morgen werden wir das alles brauchen.

TAG 4: IHR PLOT

Wenn Sie zum ersten Mal hier sind, ein Tipp: Lesen Sie gleich weiter bis zu den Tagen 5 und 6. Das, was jetzt kommt, nämlich der Plot und die Beats, werden sich in den kommenden Schritten sowieso nicht separat behandeln lassen. Und genau das ist der Zweck der Übung, wie Sie gleich sehen werden. Aus Gründen der Übersichtlichkeit habe ich die einzelnen Schritte trotzdem einzelnen Tagen zugeordnet.

Aber zunächst müssen Sie natürlich erstmal wissen, was sich eigentlich hinter diesen beiden Begriffen *Plot* und *Beats* verbirgt, beziehungsweise, was ich damit meine.

WAS IST EIN PLOT?

Bevor wir endlos darüber diskutieren: Es gibt jede Menge Meinungen dazu, was ein Plot eigentlich ist. Manche nennen das, was ich Ihnen gleich vorstellen werde, auch Skript oder Exposé. Mir ist völlig wurscht, wie Sie dazu sagen, solange Sie nur verstehen, worauf ich hinauswill. Nämlich auf Folgendes:

Plot: Ein Kurzabriss der Handlung Ihres Buches auf maximal 2-3 Seiten.

Bei 250 Seiten Gesamtumfang würde ich eher zu zwei als zu drei Seiten raten, aber auch bei einem 1.000-seitigen Wälzer sollte der Plot diesen Umfang nicht wesentlich sprengen. Das hilft Ihnen nämlich wiederum, sich auf das Wesentliche zu beschränken, nämlich die *Haupt*handlung und die *wichtigsten* Personen. Alles über drei Seiten wird gnadenlos vernichtet, also fassen Sie sich kurz. Dampfen Sie die Handlung auf den einen wesentlichen Hauptstrang ein. Keine Nebencharaktere, keine Sidestorys. Ausführlicher werden wir dann gleich bei den Beats.

Aber bevor ich Ihnen das lang und breit erkläre, hier ist ein Beispiel.

PLOT AM BEISPIEL VON GONE GIRL: DAS PERFEKTE OPFER

Diese Inhaltszusammenfassung des Bestsellers *Gone Girl: Das perfekte Opfer* von Gillian Flynn habe ich auf Wikipedia gefunden. Folgen Sie zunächst dem Link und lesen Sie sich das Ganze ein paar Mal durch. Dabei interessiert uns jetzt nur der Abschnitt »Inhalt« in dem Artikel.

http://bit.ly/2rc2FNq

Haben Sie den Artikel gelesen? Gut. Dann lassen Sie uns kurz darüber sprechen. Auffällig ist, dass der gesamte Inhalt auf wenige Absätze zusammengekocht wurde, obwohl das Buch in der deutschen Taschenbuchausgabe beinahe 600 Seiten umfasst. Nur damit Sie sehen, dass das sehr wohl möglich ist.

Und nun lassen Sie uns die Absätze zählen. Es sind fünf. Hm, könnte da ein Zusammenhang zur Schneeflockenmethode von Tag 3 bestehen? Prüfen wir das doch gleich mal. Falls nötig, empfehle ich Ihnen, Ihr Wissen über Dramenstruktur und Schneeflocken-Methode nochmals aufzufrischen. Beides finden Sie im Abschnitt *Tag 3: VON DER IDEE ZUM ENTWURF IN 3 SCHRITTEN*.

Im ersten Abschnitt erfahren wir von der Ausgangssi-

tuation der Protagonisten. Es sind zwei, ein Ehepaar. Beide werden gefeuert, ihre Ehe gerät in eine Krise. Ein paar halbherzige Versuche der beiden, diese Krise zu meistern, fruchten nicht. So weit, so gut. Klasse *Exposition* und eine Situation, in die wir uns recht leicht hineinversetzen können.

Doch dann passiert's! Der Wendepunkt 1 oder: die Veränderung von außen. Die Protagonistin namens Amy verschwindet spurlos (Da muss ich gerade wieder an unsere Susan und ihren vermissten Verlobten denken, Sie auch?) und Nick, ihr Ehemann, wird verdächtigt, mit ihrem Verschwinden zu tun zu haben. Logisch, dass er diese Sache nicht aussitzt, denn für ihn geht es um Alles! Die Schlinge beginnt, sich um seinen Hals zu ziehen, als immer mehr Beweise für seine Schuld auftauchen. Hat er seine Frau ermordet? Merken Sie, wie er, einem ahnungslosen Wanderer nicht unähnlich, durch die Bredouille stolpert, in die ihn der erste Wendepunkt gestürzt hat?

Mittelpunkt. Der nächste Abschnitt klärt uns scheinbar über ein paar schriftstellerische Kniffe auf, welche die Autorin verwendet hat, um den Thrill zu verstärken. Wir wissen plötzlich auch als Leser nicht mehr, wem wir trauen können. Das heißt, hier deutet sich schon der Blick hinter die Kulissen an, der den Kontext für uns als Leser verändern und die Geschichte der beiden in einem neuen Licht darstellen wird. Irgendeiner der beiden lügt. Aber wer? Und warum? Und dann kommt er auch gleich, der alles verändernde Mittelpunkt:

Überraschung, Amy ist durchaus nicht tot!

Stattdessen will sie sich an ihrem Ehemann rächen, weil der hinter ihrem Rücken eine Affäre hatte, dieser Schlingel! Wenn das kein neuer Kontext für alle Beteiligten inklusive uns Lesern ist, dann weiß ich auch nicht.

Wendepunkt Nummer 2. Es wird noch einmal reichlich turbulent, turbulenter als in irgendeinem der vorangegangenen Abschnitte. Die Karten liegen gegen Ende dieses Abschnitts auf dem Tisch. Amy ist demnach ein ziemlich irres Persönchen, die auch gleich noch ihren Exfreund killt, der sie netterweise bei sich wohnen lässt. Und dann kehrt sie zu ihrem Mann zurück. Was das Ende einläutet.

Ende. Alles hat bekanntermaßen ein Ende, außer der Wurst. Und wir bleiben mit dem schalen Beigeschmack zurück, dass die beiden Protagonisten einander vielleicht durchaus irgendwie verdient haben. Und vielleicht (Konzept, Thema) fragen wir uns auch für einen Moment, wie viel in einer durchschnittlichen Ehe so gelogen wird. Au weia, haben wir da etwa ein Reizthema erwischt? Über 2,7 Millionen Leser (bisher) sagen eindeutig: Ja!

Na schön. Gillian Flynn hält sich also auch an das 5-Punkte-Schema. Ob nun bewusst oder unbewusst, das darf uns getrost schnuppe sein. Worauf es ankommt, ist, dass wir anschließend die Haupthandlung, und auch wirklich nur diese, des Buches kennen, also:

Anfang, turbulenter Mittelteil mit zwei Wende- und einem Mittelpunkt und schließlich das Ende.

Wenn Sie das Buch nicht kennen, wissen Sie jetzt natürlich noch nicht, ob Ihnen die Figuren oder Gillian Flynns Schreibstil zusagen werden, und auch über deren Backstory erfahren wir nur das Allernötigste. Wirklich nur das, was wir unbedingt brauchen, um die Haupthandlung logisch erklären zu können. Und genau das ist der Sinn eines Plots. Um jemanden von Ihren Zeile-für-Zeile-Schreibkünsten überzeugen zu können, gibt es dann später die Leseprobe. Es könnte Sie in Erstaunen versetzen, wie wenig Wert der durchschnittliche Leser auf so etwas wie geschliffenen Audruck und clevere Metaphern legt, wenn nur der Rest stimmt. Dan Brown und E.L. James können es wahrlich nicht mit einem Goethe aufnehmen. Aber das müssen sie auch gar nicht. Weil sie einen starken Plot haben.

Logische Zusammenhänge. In diesem Stadium des Entwurfs sollten Sie unbedingt anfangen, Dinge *logisch* zu verknüpfen und Ereignisse, die sich nicht logisch mit dem Rest verknüpfen lassen, *rauszuschmeißen*.

Wir bleiben noch ein bisschen beim Beispiel aus *Gone Girl*:

Die beiden Protagonisten ziehen beispielsweise in die Provinz, *weil* ihnen das Geld ausgeht. Und das ist so, *weil* sie gefeuert wurden. Ursache und Wirkung, und absolut nochvollziehbar. Wer würde ihre Entscheidung in Frage stellen?

Oder: Amy wurde als Kind von ihren Psychologeneltern als eine Art lebende Puppe vermarktet. Dass das der Psyche eines Kindes so einiges an Schaden zufügen kann, klingt *einleuchtend*. Dass eben dieses Kind gereizt bis neurotisch auf den plötzlichen Verlust eines gehobenen Lebensstandards reagiert, *liegt nahe.* Logo!

Ursache und Wirkung. Und das lässt sich mit *jedem einzelnen* Ereignis des Buches nachvollziehen. In Ihrem Buch sollte es genauso sein. Unbedingt.

URSACHE UND WIRKUNG

Nichts passiert einfach so. Für jede Wirkung gibt es eine Ursache.

Dieses passiert, weil vorher jenes geschehen ist. Und das führt wiederum zu diesem, und zwar für jeden Leser nachvollziehbar. Das ist einleuchtende und nachvollziehbare Logik, und genau da wollen wir hin.

Lesen Sie die Inhaltszusammenfassung von *Gone Girl* gleich noch mal analytisch unter dem Gesichtspunkt der Kausalität, suchen und finden Sie Ursache und Wirkung.

Und dann versuchen Sie dasselbe für Ihre Story. Schreiben Sie Ihren Plot.

Achten Sie darauf, dass Sie dabei eine ähnlich knappe und präzise Variante hinbekommen. Ein Plot sollte äußerst knapp sein, aber dennoch logisch nachvollziehbar. Es passiert nur das Hauptsächliche, aber immer aus *einleuchtenden* Gründen. Dann passt das mit der Logik. Erst danach sollten Sie weitermachen. Wenn Sie feststellen, dass Ihre Story Logiklücken enthält, während Sie schon 150 Seiten Manuskript verfasst haben, dann haben Sie ein Problem. Ein 150 Seiten starkes Problem, das sich hätte vermeiden lassen.

Also.

Ursache und Wirkung.

Tick, tack *und dann* bumm!

Nicht umgekehrt.

Begnügen Sie sich nicht mit diesem einen Beispiel! Lesen Sie jede Menge derartiger Inhaltszusammenfassungen zu Büchern und Filmen, das Internet ist voll davon.

Hier ist eine tolle Übung: Verfassen Sie selbst ein paar Plots zu Büchern, die Sie bereits gelesen haben. Bloß passen Sie auf, dass es die 3-Seiten-Marke nicht überschreitet. In der Kürze liegt der Hund in der Pfanne, wie Sie wissen!

Und wie erreichen Sie nun diese würzige Kürze? Mit der Geheimwaffe jedes einigermaßen passablen Schriftstellers: Heftigste Überarbeitung.

Schreiben Sie erst einmal so viele Seiten, wie Sie schreiben müssen, um alles festzuhalten, das Ihnen an dem Buch wesentlich erscheint. Das ist okay, verschwenden Sie nicht einen Gedanken daran, wie lang dieser erste Entwurf wird.

Und dann kürzen Sie.

Trinken Sie einen großen Kaffee.

Und dann kürzen Sie erneut.

Wiederholen Sie das, bis wirklich nur noch zwei Seiten übrig sind. Aber machen Sie dabei ein bisschen langsam mit dem Kaffee, okay?

Profi-Tipp: Schreiben heißt überarbeiten, und das Ziel der Überarbeitung heißt: Kürzen auf das Wesentliche. Das fängt schon in der Konzeptphase, also beim ersten Plot-Entwurf an, und hört frühestens beim finalen Entwurf auf, und dort bei jedem einzelnen Satz. Nehmen Sie sich die Zeit, das Geschwafel zu streichen. Lernen Sie, auf den Punkt zu formulieren, ersparen Sie uns Überflüssiges!

Dafür wird man Ihre Schreibe lieben und die Wahrscheinlichkeit, dass Sie den Leser langweilen könnten, sinkt dramatisch. Auf diese Weise macht man sich als Schriftsteller einen Namen.

Oder man klaut halt von Leuten, die es können.

KONZENTRIEREN SIE SICH AUF DAS WESENTLICHE

2̷50 Seiten bieten nicht allzu viel Spielraum für die Geschichte, wie Onkel Charly sich als Zimmermann durchs Leben schlug, bevor er schließlich nach Australien auswanderte, wo er Tante Judy kennenlernte, die dann zwei Jahre später das Kind ihrer verbotenen Liebe gebar, welches wiederum die Protagonistin der eigentlichen Story sein wird. Haben Sie den Faden schon verloren? Macht nichts, denn der Großteil dieser Vorgeschichte hat, abgesehen von der Geburt der Heldin, rein gar nichts mit der Haupthandlung zu tun. Es ist Geschwafel.

Also lassen wir das alles weg.

Klar soweit.

Aber.

Häufig stellen Sie erst im Prozess des Entwurfes fest, was die eigentliche Hauptstory und was nebensächlich ist. Tippen Sie es also erstmal ein, und dann überarbeiten Sie Ihren Plot nach Strich und Faden. Streichen Sie raus, was reine Vehikel sind oder Sie jetzt nicht mehr »kickt« (Bauchgefühl!).

Wenn Sie sich nicht sicher sind, kopieren Sie die Vielleicht-Ideen in eine zweite Textdatei. Dann können Sie sie später vielleicht doch noch verwenden, in dieser oder einer anderen Geschichte. Und es tut Ihnen nicht mehr so weh, sie aus dem knappen Exposé zu löschen.

Vielleicht haben Sie schon mal den Spruch »Kill your Darlings!« gehört?

Genau das ist damit gemeint. (Und nicht, dass man seine Hauptcharaktere möglichst lange vor dem Ende des Buches über die Klinge hopsen lassen soll, wie manche ganz Schlauen gelegentlich behaupten und sich dabei nicht entblöden, auf *Game of Thrones* hinzuweisen. Naja, das kommt wohl davon, wenn man sich Schreibtipps auf Facebook holt.)

IN ALLER BESCHEIDENHEIT: EIN BEISPIEL VON MIR

*H*ier ist der erste Teil eines Plots von einem meiner Bücher, das zum Zeitpunkt, da Sie das hier lesen, schon veröffentlicht ist, und zwar unter dem Titel *So Kalt Dein Herz*. (www.so-kalt-dein-herz.de, falls Sie mal reinlesen möchten. Was mich gewaltig freuen würde.)

Hier ist ein Ausschnitt aus meiner allerersten Version des Plots, aus dem dann später das Buch wurde. Es liest sich ungeheuer holprig und die Sache mit der Villa gegenüber kommt mindestens zwei Mal zu oft drin vor (Notiz an selbst: Kürzen!), aber darum geht es hier ja nicht. Vielmehr möchte ich Ihnen zeigen, dass auch ich am Anfang durch ein dunkles Haus stolpere, gelegentlich an spitzen Gegenständen hängenbleibe und auch schon mal richtig auf die Nase falle. Das gehört eben alles dazu.

Hier ist es:

Der selbstständige Allround-Handwerker Tim zieht in sein neues Haus ein, welches allerdings ein Abbruchhaus ist. Da wollte er mit seiner Freundin einziehen, aber die hat ihn kurz vor dem Einzug sitzen lassen. Eines Nachts hört er Geräusche auf dem Dachboden und er entdeckt ein Mädchen, das dort oben versteckt in einem alten Taubenschlag lebt. So lernt er Anna kennen, eine nach eigener Aussage freiwillig obdachlose Studentin.

Nach anfänglichen Querelen freunden sich die beiden an und er lässt sie in dem Haus wohnen, doch die hübsche Anna scheint von düsteren Geheimnissen umgeben zu sein. Nachts schleicht sie sich davon, und sie scheint wie besessen von einem Haus auf der anderen Seite des Parks, gegenüber der Rückseite von Tims Haus, das sie ständig mit einem Fernglas beobachtet.

Anna hilft Tim bei den Bauarbeiten, aber er bemerkt, dass sie irgendetwas umtreibt. Vielleicht hat sie irgendwelche Aussetzer oder sowas, keine Ahnung.

Oder das hier: Als er nach ihrer Familie fragt, wird sie urplötzlich sehr aggressiv und haut ab. Also bohrt er nach, es lässt ihm keine Ruhe. Was stimmt bloß mit dem Mädchen nicht?

Tim bekommt irgendwie (wie genau?!) heraus, dass Anna den Posten auf seinem Dach bezogen hat, weil sie von hier aus eine Villa in der Nähe (am anderen Ende des Parks) beobachten kann.

Tim findet eine leere Schachtel mit Medikamenten in ihrem Besitz und stellt sie zur Rede. Die Medikamente sind irgendwelches Zeug, das man bekommt, wenn man unter schizophrener Paranoia leidet (Recherche! Wie heißt die Krankheit richtig, was sind die Symptome? Welche Medikamente würde man bekommen und wo kriegt man die her? Ja doch sicher nicht aus dem Supermarkt um die Ecke?)

Nach weiteren Ausreden seitens Anna bekommt Tim schließlich heraus, warum sie sich da oben einquartiert hat. Sie beobachtet das Haus eines Mannes, den sie für den Mörder ihrer kleinen Schwester Julia (5) hält.

Au Backe, jetzt kommt die Sache in Schwung. In weiteren Einblendungen erfahren wir von einem kleinen Mädchen (etwa 5), das Julia sein könnte und tatsächlich in einem Keller gefangen gehalten wird ...

DAS DICKE ENDE KOMMT BESTIMMT!

Am Ende geht's um die Wurst. Irgendwann während der Arbeit an dem Plot werden Sie sich eine Auflösung für die ganze Sache überlegen müssen, sprich: Wie Ihre Geschichte enden soll. Und dieses Ende sollte es gefälligst in sich haben, wenn Sie Ihre Leser nicht völlig abturnen wollen für Ihr nächstes Buch.

Üblicherweise bietet das Ende der Geschichte (mindestens) irgendeine Art von Überraschung für den Leser kurz vor dem Schluss. Bringen Sie den Leser zum Lachen, Schreien, Weinen oder dazu, dass er das Buch vor Wut an die nächste Wand schmeißt (Es dann aber reumütig zurückholt).

Solange er nur irgendwie *reagiert*.

All das ist gut, weil es Ihnen dann gelungen ist, eine *emotionale Reaktion* beim Leser hervorzurufen. Das macht gute Literatur aus. Wenn Sie einen Krimi schreiben, präsentieren Sie auf den letzten Seiten die überraschende Auflösung des kniffligen Falls und skizzieren Sie kurz, welche Folgen das für alle Beteiligten hat, inklusive des Kommissars oder wer auch immer der hauptsächliche Leidtragende in Ihrer Geschichte ist.

Am Ende der Liebesgeschichte wird die Heldin den Traumtypen bekommen, klar. Aber auf gänzlich andere Weise, als die beiden sich das eingangs vorgestellt haben, weil Mister Supercool nämlich doch eigentlich ein ganz liebenswerter und bodenständiger Zeitgenosse ist, der die ganze Zeit auf die Richtige gewartet hat, und diese Erkenntnis fällt ihm kurz vor Schluss wie Schuppen von den Augen. Doch da ist es schon zu spät, weil die Heldin ihn endgültig aufgegeben hat. Oder etwa doch nicht ...?

Der Punkt ist: **Überraschen Sie Ihren Leser!** Wenn wir alle schon nach der Hälfte des Buches wussten, wer der Mörder nur sein konnte und warum er seine schrecklichen Taten beging, und derjenige war es dann am Ende auch tatsächlich, werden Sie freilich auch eine Reaktion beim Leser hervorrufen. Nämlich Enttäuschung. Ihr Leser wird sich nämlich fragen, wozu er die zweite Hälfte Ihres Romans überhaupt gelesen hat. Völlig zu Recht. Und dann wird er das möglicherweise *Sie* fragen und schlimmstenfalls noch öffentlich in Form einer Rezension. Was er wahrscheinlich nicht tun wird, ist, ein weiteres Ihrer Bücher zu kaufen.

Im Falle eines Liebesromans muss zum Schluss natürlich die große Frage beantwortet werden, auf die wir alle hingefiebert haben, nämlich, ob die leicht schusselige Heldin den Machomillionär mit dem sexy Dreitagebart nun kriegt oder sich doch für »Typ B« entscheidet. Und bis dahin spannen Sie uns gefälligst mit einem wilden Hin und Her zwischen diesen beiden (und eventuell noch ein paar anderen) Möglichkeiten auf die Folter!

Die Auflösung der Story soll den Leser zwar verblüffen, aber möglichst auf eine einigermaßen glaubwürdige Art und Weise. Idealerweise ist die Lösung das ganze Buch über schon unterschwellig vorhanden, überrascht den Leser aber dennoch, weil Sie zwar gerade genug verraten haben, um zum Schluss damit durchzukommen, aber eben auch nicht so viel, dass der Leser die richtige Lösung schon ab der Mitte des Romans vorausahnt.

So etwas nennt man im Fachjargon »Foreshadowing«.

FORESHADOWING

Die eben besprochene Glaubwürdigkeit verleiht man dem *Ende* einer Story, indem man schon von *Anfang* an immer mal einen Hinweis auf die Lösung in der Handlung versteckt, ein bisschen wie bei einer Schnitzeljagd. Und das tut man dann möglichst geschickt. Hier ein Beispiel von dem, was ich meine:

Ganz nebensächlich stochert Sir Alfred während einer Besprechung in der Bibliothek des Herrenhauses mit eben dem Schürhaken in der Glut herum, der ihm später in Form der Mordwaffe zum Verhängnis werden wird.

In dem Moment, da Sie in der Auflösung am Ende des Buches den Schürhaken präsentieren, wird sich der Leser an die Stirn schlagen und rufen: »Ja, natürlich! Der verdammte Schürhaken! Womit auch sonst? Dieser vermaledeite Haken lag da die ganze Zeit herum, das hätte mir doch auffallen müssen!«

Merken Sie sich diesen Satz:

»Das hätte mir doch auffallen müssen!«

Je öfter Ihre Leser das rufen, umso besser. Es deutet auf

eine spannende Handlung hin, die dennoch glaubwürdig und nachvollziehbar ist. Wenn Sie es richtig machen, zumindest.

Dann haben Sie Ihren Leser wie einen Junkie an der Nadel. Genau wegen dieses Gefühls »*Das hätte mir doch auffallen müssen!*« lesen Menschen Krimis und Thriller – und Liebesromane, auch wenn es da eher selten um Mordwerkzeuge geht. Dann ruft er am Ende eben:

»Ja, genau der ist der Richtige für sie, ich wusste es doch!«

Solange Derartiges am Ende des Buches gerufen wird und nicht mittendrin, ist alles in Ordnung. Wir Leser wollen mitraten und mitfiebern, aber zum Schluss glaubwürdig überrascht werden. Es ist ein bisschen wie bei diesem Hütchenspiel: Sie sind sich hundertprozentig sicher, dass die Erbse unter Hütchen Nummer eins ist. So sicher, dass Sie fünfzig Euro drauf wetten und die Hand schon siegessicher nach Ihrem Gewinn ausstrecken.

Und dann ist die Erbse unter einem anderen Hütchen.

Jedes Mal.

Wenn das gerade Besprochene für Sie Neuland war, googeln Sie mal nach den folgenden Begriffen:

- **Foreshadowing/Epische Vorausdeutung**
- **Red Herring/Falsche Fährte**
- **Alfred Hitchcock's MacGuffin**
- **Tschechows Pistole** (dazu auch gleich noch ein paar Worte von mir)

Der überraschende Wendepunkt (auch »Twist«) am Ende der Geschichte ist eine gängige Technik seit Ewigkeiten, daher wollte ich hier nicht nochmals die Grundlagen ausführlich wiederkäuen. Aber kurz erwähnen schadet ja nichts. Und da sollte auch das folgende brillante Mordwerkzeug nicht fehlen:

Anton Tschechows Pistole. Man kann (und ich finde: man sollte) die Sache sogar noch etwas weitertreiben. Das heißt für unser Beispiel:

Wenn in Sir Alfreds Bibliothek ein Schürhaken auftaucht, sollte dieser auch irgendwann demnächst als Waffe (oder anderweitig handlungsentscheidender Gegenstand) Verwendung finden. Ansonsten sollte er am besten gar nicht erst auftauchen. Beschreiben Sie (fast) nur Dinge, die eine Bedeutung für die Charakterentwicklung oder das Vorantreiben der Handlung haben, verknüpfen Sie das mit der Technik des Foreshadowings und Sie sind auf dem besten Weg zu einem fantastischen Autor. Man wird Sie wegen Ihres klaren und effizienten Stils lesen und über alle Maßen loben, sogar die professionellen Kritiker. Vielleicht.

Okay, okay. Freilich dürfen Sie auch mal erwähnen, dass ein Stuhl einen roten Lederbezug hat, ohne dass dies gleich von tiefschürfender Bedeutung für die Handlung sein muss oder zwangsläufig ein Kapitel später jemand mithilfe eben jenes Sitzbezugs zu Tode kommen muss. Aber wenn Sie diese Nebensächlichkeiten schon beschreiben, tun Sie es äußerst sparsam. Leser lieben es, Lücken* zu füllen, und zwar mit ihrer Fantasie. Lassen Sie ihnen Freiräume!

gilt nicht für Logiklücken. Das ist nach wie vor Ihr Job.

Zusatz-Tipp: Da besonders Vielleser inzwischen natürlich wissen, wie der Hase in ihrem Lieblingsgenre läuft, könnten Sie durchaus auf die Idee kommen, sie noch ein bisschen mehr an der Nase herumzuführen. Beispielsweise erwähnen Sie dann Sir Alfreds Schürhaken ein paar Mal, bis der Leser glaubt, er könnte etwas mit dem Tod des alten Lords zu tun haben. Immerhin wurde ihm der Schädel mit einem stumpfen Gegenstand eingeschlagen. Aber am Ende war es dann doch nicht der Schürhaken, sondern ein loser Stein im Kamin. Den sie sozusagen ebenfalls mal sehr beiläufig erwähnt haben, als sie von dem Schürhaken sprachen. Denn kein Schürhaken ohne Kamin. Alles klar? Agatha Christie lässt schön grüßen!

Für manch einen Liebesroman wäre diese Art von Kniffligkeit vielleicht schon wieder zu viel des Guten. Auch hier gilt mal wieder: Kennen Sie Ihr Genre und die Erwartungen Ihrer Leser.

Aber tun Sie sich und uns einen Gefallen: Schreiben Sie nicht für Idioten! Geben Sie unserer Fantasie ein bisschen was zu tun!

WARUM ICH (MANCHMAL) MIT DEM ENDE BEGINNE

Das Ende der Geschichte ist einer der wichtigsten Gründe dafür, warum Ihr Leser nach Genuss Ihres Buches dieses sofort wieder von vorne beginnt oder sich auf die Suche nach weiteren Ihrer Werke macht.

Oder eben nicht.

Aus diesem Grund sollten wir uns *nie* mit dem erstbesten Ende zufriedengeben, das uns einfällt. Höchstwahrscheinlich geht es nämlich spektakulärer, überraschender und glaubwürdiger.

Das Ende gehört bei mir mittlerweile zu den Dingen, über die ich mir schon sehr früh Gedanken mache. Oftmals noch bevor ich mich für einen Anfang entscheide. Wie jeder andere Teil der Geschichte muss mich der Ausgang der Story »kicken«, sogar noch ein bisschen mehr als die anderen Kapitel. Die müssen so gut sein wie irgend möglich, aber das Ende muss mich regelrecht *umhauen*! Es muss ein Ende sein, auf das ich hinarbeiten möchte, sonst habe ich gar nicht erst Lust, mit der Story anzufangen.

Oftmals ist es gerade das Ende, was mich erst weiter über die Geschichte nachdenken lässt, die sich hinter der ursprünglichen Mini-Idee verbergen könnte. Was muss meinem Protagonisten passieren, damit er sich am Ende für das Richtige entscheidet? Oder für das fatal Falsche? Wenn ich über so etwas nachdenke, kommt die Sache ins Rollen ... meistens zumindest.

Ein gutes Ende bedeutet in meinem Falle nicht zwangsläufig ein Happy End, immerhin schreibe ich böse, düstere Thriller. Aber überraschend und glaubwürdig sollte es schon sein, zumindest für mich und die meisten meiner Leser. Nörgler wird es immer geben. Und Idioten. Aber für die schreiben wir ja nicht.

Hier die Methode, wie ich ein Ende brainstorme, aber Ihre kann natürlich ganz anders sein.

WIE ICH DAS ENDE BRAINSTORME

Ich nehme mir ein Blatt Papier oder ein leeres Textdokument und stelle meinen Timer auf eine Stunde. Dann schreibe ich zehn mögliche Enden auf, nur so zum Warmwerden. Diese Enden müssen weder glaubwürdig noch wahrscheinlich sein, für diesen ersten Schritt zumindest nicht. Das Einzige, das sie nicht sein dürfen, ist langweilig oder vorhersehbar.

Höchstwahrscheinlich werde ich später keins dieser ersten zehn möglichen Enden für meine Geschichte verwenden, aber jetzt bin ich auf Touren und kann richtig loslegen.

Ich stelle mir den Timer nochmals auf eine Stunde und schreibe zehn weitere mögliche Enden auf. Die Wahrscheinlichkeit, dass sich das richtige Ende für meine Geschichte unter diesen letzten zehn Ideen befinden wird, ist ziemlich groß, denn inzwischen, und weil es sich von dem ganzen hanebüchenen Zeug der ersten zehn Enden befreit hat, denkt mein Gehirn hoffentlich in den »richtigen« Bahnen. Es ist auf Touren. Ihres auch?

Legen Sie den Gang ein und lassen Sie's krachen. Möglichst spektakulär.

Und wundern Sie sich nicht, wenn das eigentliche Ende dann doch ein ganz anderes wird. Das ist normal und passiert mir offen gestanden ständig. Weil ich versuche, die Glaubwürdigkeit nicht aus den Augen zu verlieren. Das wiederum heißt, dass mir meine Figuren bis zu einem gewissen Grad die Handlung diktieren. Weil sie eben so sind, wie sie sind. Und deshalb das tun, was sie eben tun. Und das ist nur in Ausnahmefällen das, was ich ganz am Anfang für sie geplant habe. Wie gesagt: *Niemand schreibt ein Buch.*

TAG 5: BEAT IT!

Was ist ein Beat? Bevor Sie sich jetzt auf die Suche nach vier Typen mit Pilzfrisur und Koteletten machen: Ich meine etwas anderes. Ein Beat, wie ich es im Rahmen dieses Buches verstehe, ist ein kurzer Abriss eines Kapitels, bevor da ein richtiges Kapitel draus wird.

Ein, zwei Absätze und am besten mit einer aussagekräftigen Überschrift. Letztere drucke ich meist fett an den Anfang des betreffenden Beats und sie wird nur in den seltensten Fällen in das fertige Buch übernommen. Erstmal dient das Ganze nur für mich zur Orientierung.

Hier ist ein weiteres Beispiel aus meinem Buch *So Kalt Dein Herz*, von dem Sie vorhin schon einen Teil des Plots lesen konnten. Hier nun die Rohfassung der ersten vier Beats, welche aus eben jenem Plot entstanden sind.

Dass es sich um eine Rohfassung handelt, sehen Sie zum Beispiel daran, dass die Beats noch deutlich länger und ausführlicher sind, als ich es haben will. Beat 4 enthält sogar ein Dialogfragment, das sowieso wieder gelöscht werden wird, denn dafür ist es jetzt noch viel zu früh.

Aber es spricht nichts dagegen, so etwas erstmal hinzuschreiben. Was immer uns hilft, auf Touren zu kommen. Vielleicht merke ich es mir ja sogar bis zu dem Zeitpunkt, da es ans Schreiben des betreffenden Kapitels geht. Und wenn ich es bis dahin vergessen habe, kann es wohl doch nicht so gut gewesen sein.

Später werde ich die Beats also kürzen und dabei wieder auf das Wesentliche, also den Kern meiner Story, reduzieren, genau wie beim Plot. Aber zunächst muss ich mir alle Ideen von der Seele schreiben.

Beachten Sie, dass zu Beginn von Beat Nummer 3 noch eine Idee auf ihre konkrete Umsetzung wartet. Ich habe die Stelle unterstrichen und mit einem Doppelkreuz eingefasst, damit Sie wissen, was ich meine. Da muss ich auf jeden Fall noch mal ran. Das Doppelkreuz kennzeichnet Hinweise an mich selbst, über die ich dann später in Ruhe nachdenken werde.

Sie können bei Interesse mal in das fertige Buch reinlesen und vergleichen, wie viel letztlich von den Ideen in den Beats und im Plot übrig geblieben ist. Sozusagen als den fertigen Film, zu dem Sie hier das *Making-of* bekommen.

DIE BEATS AUS SO KALT DEIN HERZ

(AUSZUG)

.
Beat 1: Tim und das Haus. *Tim Schätzing ist ein selbstständiger Handwerker. Er hat Geld zusammengespart und sich davon ein Abbruchhaus gekauft, das er ausbauen will, während er darin wohnt. Wenn es fertig ist, will er es vermieten oder gewinnbringend verkaufen. So weit, so gähn. Aber warte!*

Seine Freundin Simone Wiesner, die mit ihm darin wohnen wollte, hat ihn allerdings für einen anderen verlassen, kurz nachdem er den Kaufvertrag unterschrieben hatte. Schluck! Jetzt steht er allein da. Sie hat ihn für einen unsympathischen Arsch (Ein Banker namens Volker Ahrens) verlassen. Sie selbst ist Bankerin in derselben Bank und hatte schon ein Verhältnis mit dem Kerl (# OPENER?), als sie noch mit Tim zusammen war. Uh oh, das birgt Drama. Tim hat wohl echt einen miserablen Frauengeschmack ...

Allerdings hat ebendieses Verhältnis zwischen Volker und Simone dafür gesorgt, dass Tim den Kredit für das Haus bekam. Kommt später mal raus. Üble Sache und eine weitere Zwickmühle für Tim. Armer Kerl.

 # Oh, ja. Die Sicht zum Park raus erwähnen, die macht es sehr wohnlich und ruhig hintenraus. # Villa hier schon erwähnen? ... #

Beat 2: Tim richtet sich im neuen Haus ein. *Tim schläft im unteren Bereich in einem improvisierten Zimmer, anfangs hat er da nicht mal eine Heizung, aber immerhin fließend Wasser. Das Dach ist in erstaunlich gutem Zustand, aber er wird die Dämmung erneuern müssen. Unter anderem. Seien wir ehrlich: Das Haus ist eine Bruchbude.*

Er lässt einen Handwerker kommen, der ein Freund ist und sich ungeschickterweise nach dem Verbleib von Simone erkundigt, die Tim frisch verlassen hat. Awful moment.

Die Leitungen sind noch einigermaßen in Schuss, also schließt Tim einen Durchlauferhitzer an und stellt eine neue Wanne ins Badezimmer, die er von einem anderen Projekt übrig hat, unser Heimwerkerkönig.

Er will die Heizungen bis zum Herbst saniert haben, im Moment heizt er elektrisch. Dabei stellt er fest, dass aus einem der Zähler auch Strom gezogen wird, auch wenn er kein Gerät betreibt. Der Elektriker faselt was von Kriechströmen, uralte Bruchbude usw. und klemmt dann das Kabel vom Verteiler ab, außer in Tims Zimmer. Er wird also mit Verlängerungen arbeiten müssen, dafür aber keine Kriechströme bezahlen müssen. Tim denkt sich zunächst nichts dabei. # Uuuh, Kriechströme, cooles Wort! Kapitelüberschrift? #

Dann hört er nachts zum ersten Mal Getrappel auf dem Dachboden. Er sieht nach, poltert dabei auf der Treppe herum und macht auch Licht, aber der Dachboden ist leer, er denkt sich nichts dabei, geht wieder runter und hört das Getrappel in dieser Nacht auch nicht wieder.

Beat 3: Das Geheimnis auf dem Dachboden. *# Irgendwas, eine Auseinandersetzung mit seiner Ex oder ihrem Neuen oder beiden oder so. Könnte ein netter Weg sein, die Backstory zu beleuchten ??? #*

Dann: Eines Nachts hört er das Getrappel wieder. Diesmal geht er sehr vorsichtig und macht kein Licht, dafür schnappt er sich ein Brecheisen. Es ist ruhig, dann geht es wieder los, und er hört auch leise Stimmen, als ob jemand flüstert. # Oder ist es ein Geist?#

Er geht also über den Dachboden, stößt sich an etwas den Fuß und verkneift sich einen Schrei. Es ist ruhig, er wartet, dann hört er wieder die Stimmen und sieht diesmal auch einen Lichtschimmer. Hinter der Wand, die er für den Dachabschluss des Hauses gehalten hatte. Wie kann das sein, was ist da? Er setzt das Brecheisen an und hebelt die Bretter weg. Und findet ...

Beat 4: ... Anna. *Vor ihm sitzt ein junges Mädchen auf ihrem Bett, das gerade noch in ein Tagebuch geschrieben hat, bei Kerzenlicht, und das Buch nun schnell zuklappt.*

Offenbar hat sie sich hier ein Nest gebaut aus einer alten Matratze und Decken. Es ist ärmlich, aber aufgeräumt und so sauber wie möglich. All ihre Klamotten scheinen in einem Rucksack zu sein. Eine obdachlose offenbar.

Das einzig Wertvolle ist das Fernglas in ihrem Rucksack. # Sieht man das hier schon? #

Sie begrüßt den verblüfften Besitzer des Hauses völlig cool mit den Worten: »Du bist also der Idiot, der den Strom abgedreht hat.«

Hihi. Ich mag sie. Coole Socke.

* * *

So. Jetzt sollten Sie eine ungefähre Vorstellung davon haben, was ich mit Beats meine. Ich möchte Ihnen eine tiefere Analyse dieses Grobentwurfs ersparen, nur eines verdient vielleicht Ihr Augenmerk: Bis auf den ersten endet jeder Beat in einem kleinen Cliffhanger, den man manchmal auch *Cymbal Crash* nennt. Das heißt, als erfahrener Thrillerleser ahnen wir schon, dass es beispielsweise mit dem Getrappel auf dem Dachboden etwas Übles auf sich hat (Beat 2), denn sonst hätte ich es vermutlich nicht erwähnt.

Aber ich lasse den Leser noch ein wenig zappeln, weil

Tim sich zunächst nichts dabei denkt. Doch dann ... aber lesen Sie selbst!

Beat 3 endet exakt in dem Moment, als Tim die Bretter weghebelt und natürlich wollen wir wissen, was er dahinter findet, so ganz allein und mitten in der Nacht. Also blättern wir wieder um (hoffentlich!).

Am Ende von Beat 4 stellt sich der vermeintliche Hausgeist als »blinder Passagier« heraus, der Tim in aller Seelenruhe liebevoll als »Idioten, der den Strom abgestellt hat« bezeichnet. Keine Ahnung, wie es Ihnen geht, aber ich würde weiterlesen wollen. Und ich mag die Charaktere jetzt schon ein bisschen, was speziell bei Anna eine reife Leistung ist nach nur einem Satz. Ganz speziell nach einem solchen. Bienchen an mich selbst.

Das wiederum bedeutet, die Beats 2 bis 4 haben recht gute Chancen, in ziemlich unveränderter Form jeweils zu einem Kapitel im fertigen Buch zu werden und auch genau da zu enden, wo sie es jeweils tun. Den Inhalt von Beat 1 werde ich vermutlich auf andere Kapitel verteilen, der ist für sich genommen zu langweilig.

Backstory, die hier noch niemanden interessiert, weil wir die Charaktere noch nicht kennen und das, was sie vor Urzeiten erlebt haben mögen, uns demzufolge noch ziemlich am Allerwertesten vorbeigeht.

Davon werde ich Ihnen später gerade genug erzählen, damit Sie verstehen, wieso Tim da allein in einem Abbruchhaus herumspukt. Der Rest kommt später, wenn Sie Tim besser kennengelernt haben und ihn (hoffentlich) ein wenig mögen.

IN (NICHT MAL SO) GEHEIMER MISSION

Das hier ist wichtig, deshalb fett.
Jede Szene hat eine Mission, idealerweise *genau* eine.

Das heißt: Entweder bringt sie die Story voran oder bringt uns den Charakter näher. Eine Szene, die keine Mission hat, ist demnach zwecklos und sollte gnadenlos gestrichen werden.

Das gilt natürlich auch für die Beats. Idealerweise hat ein solcher Beat, wenn er später mal ein Kapitel werden will, genau eine Mission und die erfüllt er auf den Punkt, und dann katapultiert uns der Mini-Cliffhanger in die nächste Szene. Ich meine damit Folgendes:

Die Mission von Beat Nummer 2 ist, dass wir Tim und seine Situation kennenlernen. Am Ende dieses Kapitels verstehen wir, warum er das Haus *allein* bewohnt. Er ist ein Handwerker mit Handwerker-Freunden, zum Beispiel dem noch namenlosen Elektriker, der ihm mit dem maroden Stromnetz hilft.

Anhand der Gespräche der beiden werden wir erfahren, dass das Haus in desolatem Zustand ist und Tim sich da vielleicht trotz seines handwerklichen Geschicks ein wenig übernommen hat.

Zumal der Elektriker den Fauxpas begeht, sich nach Tims Freundin zu erkundigen, die diesen gerade verlassen hat. Diese beiden Informationen bringen uns den Charakter näher, ohne dass wir uns als Leser seitenweise durch belanglose Backstory quälen müssten.

Die abschließend erwähnten Kriechströme und das gespenstische Trappeln auf dem Dachboden sind Vorbereitung für den Mini-Cliffhanger dieser Szene. Wir merken: Irgendwas stimmt nicht mit dem Haus, aber Tim ist fest entschlossen, um jeden Preis da zu wohnen. Das ist ein bisschen Spiel mit einem Klischee, das wir alle seit »Bis das Blut gefriert« kennen – dem Geisterschloss oder Spukhaus, das gruselige Mitbewohner beherbergt. Vielleicht.

Und es ist Tschechows Pistole: In dem Moment, wo Tim sich wieder zum Schlafen legt, wissen wir, dass wir das Getrappel nicht zum letzten Mal gehört haben werden und dass es mit den kriechenden Strömen vielleicht auch etwas auf sich hat.

Die Mission des Kapitels wurde also erfüllt. Wir haben Tim Schätzing kennengelernt, und zwar nicht nur so zum Spaß. Wir empfinden Empathie für Tim, also Verständnis für seine Situation. Was er gerade durchmacht, kennen wir alle auf die eine oder andere Weise: Kurz vor dem Ziel lässt uns ein Partner, dem wir vertraut haben, plötzlich fallen wie eine heiße Kartoffel. Von heute auf morgen sind wir auf uns allein gestellt. Und fragen uns, ob die Skeptiker unseres Vorhabens nicht vielleicht doch recht hatten. Haben wir uns damit vielleicht doch übernommen?

WIE VIELE BEATS?

*H*ow many beats must a man write down? Keine Ahnung, ob das für Sie funktioniert, aber ich kann Ihnen sagen, mit wie vielen Beats ich für ein 250-Seiten-Buch rechnen würde.

Ungefähr achtzig.

Ein Beat reicht bei mir für etwa 3-5 Seiten. So lang ist dann auch die Szene. Bei Ihnen kann das natürlich völlig anders sein, aber Sie wissen ja, was in der Kürze liegt ... die Würze unserer Story nämlich.

Gegen Ende der Geschichte werden meine Beats für gewöhnlich etwas länger, weil es da mehr Zusammenhänge zu erklären gibt. Aber letztlich ist das gar nicht so wichtig. Machen Sie die Szene so lang wie nötig, um ihre *Mission* zu erfüllen, und dabei so kurz wie irgend möglich.

Sobald Sie das Gefühl haben, Ihre Story sei rund, schreiben Sie los. Vielleicht entwickeln Sie aus Ihren Beats ja jeweils zehn Seiten oder zwanzig pro Szene. Vielleicht wird Ihr Roman am Ende auch »nur« 150 Seiten haben. Wen interessiert's, solange es ein richtig spannendes Buch ist?

Genau. Niemanden.

DIE PERFEKTE SZENE

DER VERSUCH EINER ERKLÄRUNG

Wie die perfekte Szene aufgebaut ist: Über das Folgende denke ich persönlich inzwischen nicht mehr allzu viel bewusst nach und verlasse mich auch hier lieber auf mein Bauchgefühl. Wenn Sie aber gerade durchhängen und ein wenig Inspiration brauchen oder ganz einfach jemand sind, der mit Schemata besser umgehen kann als ich, will ich Ihnen das Folgende nicht vorenthalten. Es stammt ebenfalls von Randy Ingermanson, der es wiederum irgendwo entlehnt und dann weiterentwickelt hat.

Ingermanson sagt, eine komplette Szene bestehe eigentlich immer aus zwei Szenen.

A) Der eigentlichen Szene
B) Der Folge davon
Und damit meint er Folgendes:

In die Szene A) startet der Protagonist dieser Szene (Achtung, es muss sich dabei nicht zwangsläufig um den Protagonisten Ihres Romans handeln) mit einem klar definierten **Ziel**, was ihn zu einem **Konflikt** führt, der sich auflöst, und zwar in einer **Katastrophe**.

Ziel → Konflikt → Katastrophe

Beispiel: Ein Typ kommt in eine Bar, sieht eine hübsche Frau und flirtet sie an. Sein **Ziel** ist es, ihre Telefonnummer zu erhalten. Der **Konflikt** entsteht, als der Freund jener Blondine just in diesem Moment vom Klo kommt und ihn fragt, warum er sein Mädchen belästigt und was das bitte werden soll.

Da unser Protagonist schon ein paar intus hat, reagiert er denkbar ungeschickt und empfiehlt dem Freund der Holden, sich doch ein bisschen zu verpissen.

»Okay«, sagt der darauf und krempelt die Ärmel hoch, wobei er haarige, unglaublich kräftige Unterarme entblößt. Das läutet die **Katastrophe** ein, beziehungsweise wird sie höchstwahrscheinlich gleich passieren.

Es sieht übel aus für unseren angeschnäpselten Freund, und kurz darauf wird die Welt für ihn sehr schnell sehr dunkel. Was dann folgt, ist die Folge seiner Handlungen, nämlich **Szene B)**

Ziel → Konflikt → Katastrophe → Szene B)

Die Szene B) beginnt mit der **Reaktion** des Protagonisten auf die Katastrophe aus der vorangegangenen Szene A).

Nach einer kurzen Bedenkzeit wird ihm das **Dilemma** klar, weil er sich nun zwischen mehreren Möglichkeiten **entscheiden** muss, wie er weitermachen könnte.

Keine dieser Möglichkeiten sieht besonders vielversprechend aus. Wer die Wahl hat, hat die Qual.

Dann trifft er diese **Entscheidung** und damit hat er ein neues **Ziel**. Das braucht er nämlich, damit das Ganze in der nächsten Szene A) wieder von vorne losgehen kann.

Reaktion → Dilemma der Möglichkeiten → Entscheidung → neues Ziel = nächste Szene A)

Beispiel: Unser Held erwacht benommen im Straßendreck vor der Kneipe, aus der ihn der muskelbepackte Freund der Blondine soeben unsanft hinausbefördert hat.

Er bleibt noch ein bisschen liegen und **leckt seine Wunden**, während er uns an seinem Schmerz teilhaben lässt.

Dann spuckt er einen Zahn und etwas Blut auf die Straße: Zeit, eine **Entscheidung zu treffen**.

Bloß dass er da in einem ziemlichen **Dilemma** steckt: Wenn er wieder reingeht, könnte es sein, dass er das nächste Mal im Krankenhaus erwacht oder gar nicht mehr. Er sollte wohl vernünftigerweise nach Hause gehen und seinen Rausch ausschlafen. Aber damit wäre seine Ehre zutiefst gekränkt. Und nichts geht über die Ehre eines angetrunkenen Mannes. Er könnte sich nie wieder im Spiegel betrachten! Was soll er jetzt bloß tun?

Also **trifft er die Entscheidung**. Er geht zu seinem Wagen, holt die Baseballkeule aus dem Kofferraum, die er dort für solche Fälle aufbewahrt, und stürmt wieder in das Lokal.

Mit dem **neuen Ziel**, diesem Halbaffen von einem Hinterwäldler ordentlich eins überzubraten.

Auf zur nächsten **Szene A)**, wobei ich ernsthaft bezweifle, dass diese Sache in der nächsten Szene gut ausgehen wird. Jedenfalls nicht, wenn es eines von meinen Büchern wäre.

Laut Randy Ingermanson wird sich Ihre Schreibe drastisch verbessern, wenn Sie bei jeder einzelnen Szene so vorgehen, und sie in dieses Format bringen, sofern sie ihm nicht sowieso schon entspricht.

Ich denke, da könnte durchaus was dran sein.

TIME IS ON MY SIDE

Das sangen einst die *Rolling Stones*. Und wo wir gerade bei Oldies sind: Ich habe mal ein Bildschirmfoto von der Timeline gemacht, die während des Erstentwurfs des Romans entstanden ist, von dem Sie vorhin schon ein Stück Plot und vier Beats kennengelernt haben. Dieser Zeitstrahl entstand so ganz nebenbei, übrigens. Dank *Aeon Timeline 2*. Ich habe einfach jeden neuen Charakter eingetragen, den ich in die Story eingebaut habe, ihm ein Geburtsdatum zugeordnet, und die wichtigsten Ereignisse mit meinen Figuren verknüpft. Fertig.

L.C. FREY

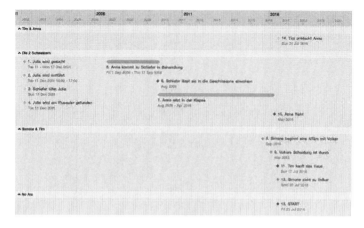

Aeon Timeline 2

TAGE 6 UND 7: PLOT VS. BEATS

Bleiben Sie fit! Der letzte Schritt von Phase 1 dauert normalerweise etwas länger als zwei Tage, und vielleicht fühlen Sie zwischendurch auch das dringende Bedürfnis, mal eine kleine Pause einzulegen.

Dann tun Sie das, um Himmelswillen!

Gehen Sie nach draußen, wenn Sie mal nicht weiterkommen. Laufen Sie, stemmen Sie ein paar Hanteln, fahren Sie Rad, gehen Sie was Leckeres essen. Gönnen Sie sich mal etwas, das heißt, Ihrem Körper *und* Ihrem Geist. Beide haben in den letzten Tagen hart gearbeitet, und dafür sollten Sie sie hin und wieder belohnen.

Denn der richtig harte Brocken kommt erst noch in Woche 2. Ich freue mich schon drauf.

Übrigens: Von Alkohol würde ich beim Schreiben grundsätzlich die Finger lassen und erst recht von härterem Zeug. Wenn Sie zu denen gehören, die glauben, Rausch hätte irgendwas mit Inspiration oder Kreativität zu tun, dann – nehmen Sie es mir bitte nicht übel – aber dann wissen Sie einen Scheiß über Kreativität. Gehen Sie sofort zurück zu Kapitel 1. Und nicht über Los und ziehen Sie auch keine zweihundert Euro ein. Sie sind da auf einem verdammt gefährlichen Weg, mein Freund! Und einem, der Sie als Autor kein Stück voranbringen wird, darauf verwette ich Uhr und Urkunde!

Aber, mal ganz am Rande, wieso haben dann so viele Autoren, auch sehr gute, ernsthafte Alkohol- und/oder Drogenprobleme?

Meiner Erfahrung nach hat das Verlangen nach Rauschzuständen dieser Art vor allem mit Langeweile zu tun: Wie das ausgehen kann, können Sie in einem anderen Bestseller lesen, den ich Ihnen auch ans Herz legen möchte, weil das Buch außerdem ein sehr spannender Thriller ist: *Girl on the Train – Du kennst sie nicht, aber sie kennt dich* von Paula Hawkins. Ich habe selten jemanden so authentisch über Alkoholismus im Alltag schreiben sehen.

Und jetzt die Crux. Leider ist das Schreiben von längeren Texten durchsetzt mit jeder Menge »langweiliger« Phasen, zumindest körperlich strengt man über Wochen wenig mehr als seine Finger, das Sitzfleisch und vielleicht ein bisschen das Gehirn an. Vielleicht erklärt das, warum so viele Schriftsteller süchtig nach dem einen oder anderen Mittelchen sind. Aber noch mal: Mit Kreativität hat das rein gar nichts zu tun. Das wusste schon Herbert Grönemeyer. Nix da, Fallschirm und Rettungsboot.

Was also bleibt jetzt noch zu tun? Jede Menge, immerhin soll uns ja nicht langweilig werden. In diesem letzten Schritt von Phase 1 machen wir die Geschichte rund. Denn aller Wahrscheinlichkeit nach wird Sie das zum jetzigen Zeitpunkt noch nicht sein. Sie haben einen *Erstentwurf* Ihres Plots geschrieben und einen *Erstentwurf* Ihrer 50-80 (oder wie viel auch immer) Beats. Schön. Aber das ist auch alles, das Sie bis jetzt haben: Erstentwürfe.

Wie schon anderswo erwähnt: Schreiben ist überarbeiten, und das machen wir jetzt. Und zwar gründlich.

Der Prolog dieses Büchleins heißt nicht ohne Grund »Niemand schreibt ein Buch«. Weil es nämlich so ist. Wir schreiben immer nur die Überarbeitung einer Überarbeitung, und irgendwann hören wir damit auf, kritzeln ENDE drunter und lassen unser Monster auf die armen Leser los. Aber wenn wir ehrlich sind, fallen uns auch danach noch tausend Dinge ein, die wir überarbeiten *könnten*. Spätestens ein Jahr später, aber dann ist es ja zu spät, noch etwas zu ändern. Gottlob.

In den restlichen Tagen der ersten Woche oder Phase 1 werden wir die Beats und den Plot aufpolieren und in ihre endgültige, beste Form überführen. Unnötig zu sagen, dass es uns dabei immer noch nicht um schöne Formulierungen oder Rechtschreibung geht. Außer Ihnen wird das niemand lesen – falls Sie doch mal in die Verlegenheit kommen, Ihren Plot an einen Verlag oder Agenten zu schicken, werden Sie ihn sowieso noch mal gründlich *überarbeiten*. Dazu mehr im Bonuskapitel 2, in dem es um das Veröffentlichen geht.

Aber bis dahin liegt noch viel Arbeit vor uns.

DAS ZIEL VOR AUGEN

Worauf wir den Plot und die Beats jetzt optimieren, ist gleichzeitig das Ziel der gesamten Arbeit von Phase 1. Wir erinnern uns:

Logik und Glaubwürdigkeit.

Darum geht's: Dass alles am richtigen Platz ist, dass alles logisch aufeinander aufbaut und glaubwürdig vom Charakter der jeweils handelnden Figur getragen wird. Dass wir wissen, bei wem Zauberlehrling Harry das Fach »Verteidigung gegen fliegende Unholde« hat, wie die entsprechende Lehrkraft heißt und ob diese Harry leiden kann oder nicht. Wir kennen Namen, Charakter und das nötige Minimum an Backstory zu den Hauptfiguren und haben auch ein paar Ideen im Hinterkopf für den Rest der Bande. Wir wissen genau, wo unser Held in die Geschichte einsteigt, und wie er von da bis zum Ende kommt, und ebenso wissen wir, was ihn am Ende höchstwahrscheinlich erwarten und wie viel dann noch von ihm übrig sein wird.

Wenn wir mit diesem Schritt fertig sind, kennen wir die Story in- und auswendig und könnten sie jemandem innerhalb einer Kaffeelänge an einem Bistrostehtisch erzählen.

Was wir natürlich in diesem Stadium noch nicht machen werden, wegen des heiligen Gebotes des absoluten Stillschweigens. Aber wir *könnten*. Logisch und glaubwürdig folgt eine Wirkung auf die Ursache und verursacht dann eine neue Wirkung.

Und so weiter, bis zum Schluss.

Wie das geht? Natürlich mit Methode.

DIE HIN-UND-HER-METHODE

*E*s gibt eine Methode, die ich gern benutze, um aus den ersten groben Skizzen für den Plot und die Beats ein stimmiges Bild (wenn auch bewusst noch kein Gemälde) zu machen.

Dabei arbeite ich mit beidem gleichzeitig, dem Plot und den Beats.

An dieser Stelle benutze ich nur selten einen Timer, sondern nehme mir einfach ein bis zwei komplette Tage dafür Zeit. Aber ich behalte die Zeit im Auge und das rate ich Ihnen ebenfalls. Pro Tag sollten Sie Plot und Beats mindestens ein Mal neu geschrieben haben, insgesamt aber so oft, wie es nötig ist, bis er stimmig ist. Wenn das eine Woche dauert, oder einen Monat, auch gut. Nur verlieren Sie dabei das Ziel nicht aus den Augen, und merken Sie, wann Ihre Story ins Kraut schießt oder Sie sich zu verzetteln beginnen.

Und so funktioniert die Hin-und-Her-Methode:

- Zuerst nehme ich mir den Erstentwurf des Plots her, lese ihn ein letztes Mal aufmerksam durch und dann speichere ihn irgendwo auf meiner

Festplatte unter dem Namen »Plot Erstentwurf«.
Dann öffne ich ein neues, leeres Dokument, das ich
»Plot 2« nenne.
- Im zweiten Schritt verfahre ich identisch mit der Datei, die meine Beats enthält. Danach habe ich zwei leere Textdokumente, eins für meinen neuen Plotentwurf (»Plot 2«) und das andere für meine neuen Beats (»Beats 2«).
- Im dritten Schritt schreibe ich den Plot aus dem Gedächtnis neu. Dabei geht es nicht darum, sich Wort für Wort an das Original zu erinnern, sondern vielmehr an die wesentlichen Punkte der Handlung. Die schreibe ich auf. Dabei fallen mir üblicherweise eine Menge Ungereimtheiten auf: Dinge, die noch nicht funktioniert haben in der ersten Fassung oder allgemein keinen Sinn ergeben. Während mir das in der ersten Fassung noch egal war, bessere ich solche Lücken nun aus und versuche, sie zu schließen.

Falls es Ihnen ähnlich geht, verzagen Sie nicht! Aus der Erfahrung von über zwanzig veröffentlichten Büchern kann ich Ihnen Mut zusprechen: Diese Lücken werden sich in jedem Fall schließen, haben Sie Vertrauen, machen Sie weiter. Und notfalls mal ein Päuschen. Bloß geben Sie nicht auf!

An manche Punkte der Handlung kann ich mich beim zweiten Versuch nicht mehr erinnern, ein todsicheres Zeichen dafür, dass diese Ideen sowieso nichts taugten. Sie fallen dann einfach weg. An ihre Stelle treten neue, bessere Ideen. Da bin ich völlig schmerzfrei. Ich kille meine Darlings wie Clint Eastwood die Handlanger der Baxters in *Für eine Handvoll Dollar*, da bin ich eiskalt.

Dann mache ich das Gleiche mit den Beats, ebenfalls aus

dem Gedächtnis. Notfalls erlaube ich mir, mal in den neuen Plot zu linsen, wenn es unbedingt sein muss. Während ich die Szenen detaillierter ausarbeite, fallen mir wieder jede Menge unstimmiger Dinge auf, die ich dann in den Beats und im nächsten Schritt auch im Plot anpasse. Entweder in der aktuellen Version 2 oder in einer späteren.

Das heißt, ich arbeite im Kreis, und zwar immer wieder, bis es passt. Beim Schreiben der Beats fallen mir Fehler im Plot auf und umgekehrt, die Änderungen ziehen neue Änderungen nach sich und immer so fort. In der Mathematik würde man das Iteration nennen.

Sobald ich mit dem ersten Durchgang von Plot und Beats fertig bin, mache ich eine kleine Pause und dann startet das Ganze von vorn. Ich speichere die Dokumente der Version 2 ab, erstelle neue, leere Textdateien und fange wieder von vorn an. Aus dem Gedächtnis.

Bis ich der Meinung bin, dass jetzt alles stimmt und passt.

In Woche 2 werde ich höchstwahrscheinlich feststellen, dass das nicht hundertprozentig stimmt, und ich mir doch noch ein oder zwei Gedanken machen muss, aber der allergrößte Teil der Geschichte sollte jetzt rund und stimmig sein.

Spannend, nachvollziehbar logisch und glaubwürdig.

Und wenn nicht, wiederhole ich das Prozedere eben. So oft, wie es nötig ist. Immer wieder von Neuem aus dem Kopf, keine Tricks. Kein Copy + Paste. Nur so kommen Sie auf neue Ideen und Lösungen aus verfahrenen Situationen. Und vertrauen Sie mir: Es gibt *immer* eine Lösung.

Der Witz an dieser Methode ist der folgende: Es ist viel leichter, einen logischen Fehler im Plot oder in den Beats zu bemerken und zu korrigieren als in einem fertigen Entwurf. Letzteres kann sich als derart mühselig herausstellen, dass sie darüber »absterben« und Ihr Buch gleich mit. Und das wäre doch schade drum!

Schwupp, wir springen zwei Tage in die Zukunft.

Fertig? Toll!

Jetzt haben Sie einen vorzüglichen Fahrplan für Ihre Geschichte. Sie wissen, was wem wann und wo passiert und vor allem *warum*. Sie kennen Ihre Charaktere und deren Ziele gut genug, um die Motivationen für ihre Handlungen zu verstehen. Super!

Somit sind wir durch mit Phase 1. Der Fahrplan, den wir jetzt haben, ist sozusagen gleichzeitig Ihr Ticket für Phase 2, den »Bullet Train«. Und der fährt (fast) mit Lichtgeschwindigkeit, wie Sie geich sehen werden.

Tuut, tuut! Alles einsteigen, bitte!

ZUSAMMENFASSUNG PHASE 1

*D*as war Ihre Aufgabe in der ersten Woche:
Ihre Ursprungsidee in den ersten, groben Entwurf einer Story überführen.

Anschließend haben Sie das Ganze ein wenig strukturell geordnet unter Verwendung der *Schneeflocken-Methode* und der *Story Physics*. Jetzt sollte Ihre Geschichte einen Anfang, ein Ende und ungefähr drei Wendepunkte haben. Denken Sie an das große »M« beziehungsweise das »Doppelzelt«.

Arbeiten Sie das Ganze weiter aus, bis ein 2- bis 3-seitiger Plot entstanden ist.

Schreiben Sie Ihre Beats auf, aus dem Gedächtnis.

Dann wieder einen Plot, ebenfalls aus dem Gedächtnis, dann wieder die Beats. Immer von vorn und immer, ohne abzuschreiben oder Text zu kopieren. Erzählen Sie sich die Geschichte immer neu von vorn aus der Erinnerung. Auf diese Weise bemerken und beseitigen Sie zuverlässig Logiklücken und Spannungshänger.

Wiederholen Sie den fünften Schritt so lange, bis Ihre Story-Beats logisch schlüssig, glaubwürdig und so spannend wie möglich sind. Gehen Sie *keinesfalls* in die nächste Phase, bevor das nicht der Fall ist.

CHECKLISTE PHASE 1

*J*etzt sollten Sie die Endfassung Ihres Plots auf 1-2 Seiten vorliegen haben und ein detailliertes Beat Sheet mit 50-80 Beats, also um die 20-30 Seiten.

Beide erzählen jetzt eine identische Story, nur erzählen sie die Beats etwas ausführlicher in Form von Szenen. Und für den Fall, dass Sie mal vergessen, wie alt jemand ist oder was wann genau passiert, haben Sie die Timeline oder Ihren Zeitstrahl parat.

Es gibt jetzt keine losen Enden mehr in Ihrer Geschichte, alle Rätsel sind gelüftet, aller überflüssiger Ballast wurde über Bord geworfen. Nichts als die nackte Story, bevor sie tatsächlich geschrieben wird. Ein kleines Story-Baby sozusagen. Ist sie nicht wunderschön, geradezu perfekt?

Beginnen Sie auf keinen Fall mit der nächsten Phase, wenn Ihre Story noch Logiklücken aufweist oder Ihnen Stellen lahm oder uninspiriert vorkommen. Wenn da zum Beispiel steht:

Beat 15, die Zauberschule. *Der junge Harald Töpfer kommt an die neue Schule, lernt ein paar neue Freunde und die verschie-*

denen Lehrer und Unterrichtsfächer kennen, die es an der Zauberschule gibt.

dann ist das deutlich zu wenig für einen vernünftigen Beat.

Die *Mission* der Szene ist klar: Unser Protagonist muss sich in einer neuen Umgebung behaupten und das wird höchstwahrscheinlich Konsequenzen haben, für ihn und die Handlung. Aber das allein reicht nicht aus: Zu viele Fragen sind noch offen, und von Ursache und Wirkung ist auch noch nicht allzu viel zu spüren.

Welche Freunde lernt Harry kennen? Wie heißen die und aus welchem Grund werden sie überhaupt in die Story eingeführt? Wie ist ihr Verhältnis zu Harry am Anfang und am Ende der Story, wie verändert sich dieses Verhältnis? Gibt's da eine kleine Liebelei? Eifersüchteleien? Wenn ja, aus welchem Grund? Welche Unterrichtsfächer genau gibt es? Wer hält diese? Wie macht sich Harry so im Unterricht? Wieso müssen wir das alles überhaupt wissen, warum ist es für die Story wichtig? Wie verändert das alles unseren Helden Harald, so als Person?

Auf all diese Fragen sollten Sie knappe und präzise Antworten parat haben. Kein Drumherumreden, kein »Das fällt mir dann schon beim Schreiben ein«, keine Ausreden mehr. Sondern Nägel mit Köpfen. Sonst könnte es passieren, dass Ihnen der Bullet Train mit Lichtgeschwindigkeit um die Ohren fliegt.

Denken Sie immer daran: Niemand schreibt ein Buch.

PAUSE

Und jetzt? Ich bevorzuge es, direkt am nächsten Tag in den Bullet Train einzusteigen und mit dem Schreiben anzufangen. Wenn ich es überhaupt bis zum nächsten Tag schaffe, mich zu zügeln. Weil ich die Story inzwischen so derart sexy finde, dass ich mich wirklich kaum noch beherrschen kann. Grrr ...

Vielleicht befürchten Sie, dass das x-malige Aufschreiben von Beats und Plot inzwischen jedes Leben aus Ihrer Geschichte gesaugt hat? Ich halte dagegen und argumentiere, dass es dem Frankensteinmonster meiner groben Idee erst richtiges Leben eingehaucht hat. Nämlich mit glaubwürdigen, interessanten Charakteren und einer logischen Story. Und die will ich aufschreiben, und nicht irgendeinen halbgaren Unsinn.

Ich habe jetzt deutlich weniger Angst, mit dem Schreiben zu beginnen. Weil ich nämlich jetzt einen Fahrplan habe. Nützliche Sache, das.

Stephen King schreibt in seinem Buch übers Schreiben, dass Plotten (und genau das haben wir gerade getan) was für

Feiglinge ist. Okay, dann bin ich eben ein Feigling, ist mir egal.

Dafür weiß ich aber zu jeder Zeit meiner Geschichte, wo ich stecke, wie ich dahingekommen bin und wie es von hier aus weitergeht. Und ich weiß, dass der Erstentwurf meines Manuskripts die minimale Anzahl an logischen Fehlern enthalten wird.

Was wiederum bedeutet, dass sich die Überarbeitung meiner Geschichte nicht ewig hinziehen, sondern in einem überschaubaren zeitlichen Rahmen stattfinden wird. Das wiederum heißt, dass ich mich dabei auf die schönen Sachen wie Ausdruck und Stil konzentrieren kann, anstatt zu versuchen, einer »hinkenden Story« nachträglich Logik einzuhauchen.

Außerdem bin ich schlichtweg zu faul, meinen Manuskriptentwurf wieder und wieder auf der Suche nach Querverweisen und irgendwelchen logischen Lücken zu durchkämmen. Das ist mit ein paar Seiten Plot viel einfacher.

Meine Figuren werden sich höchstwahrscheinlich schon im Erstentwurf einigermaßen vernünftig benehmen und nicht mittendrin ihr Aussehen, Alter und ihre Charaktereigenschaften ändern. Dafür habe ich gesorgt, als ich diese Hauptmerkmale so ganz nebenher in einen Charakterbogen eingetragen habe, allerdings ohne großes Brimborium und unnütze Backstory. Das alles habe ich schon erledigt, weil ich während der ersten Phase meine Hausaufgaben gemacht habe.

Sie dürfen mich gern einen Streber nennen, aber so ticke ich nun mal. Ein bisschen Sicherheit brauche ich. Nicht jeder ist ein Stephen King. Ich bin es ganz bestimmt nicht. Wie steht's mit Ihnen?

Okay, wir haben Ihrer Story also nicht das Leben ausgesaugt, nachdem sie gerade erst zur Welt gekommen ist, schließlich sind wir nicht Graf Dracula. Aber es ist gut möglich, dass Sie jetzt ein wenig ausgelaugt sind und eine Pause brauchen. Wenn dem so ist: Gönnen Sie sich diese unbedingt. Fangen Sie erst mit Phase 2 an, wenn Sie wirklich dazu bereit sind. Denn Sie wissen ja, Ihr Fahrplan steht. Ich empfehle aber, allerhöchstens zwei Tage vergehen zu lassen. Sonst vergessen Sie zu viel. Nicht alles steht in Ihren Beats.

Noch etwas sollten Sie wissen: Wenn Sie erstmal in den Bullet Train gestiegen sind, gibt's kein Zurück mehr. Dann wird getippt, was das Zeug hält und erst damit aufgehört, wenn Ihre Finger bluten (optional) und ENDE unter Ihrem Manuskript steht (obligatorisch). Also setzen Sie schon mal den Kaffee auf.

Wir werden eine große Kanne davon brauchen.

TEIL V
PHASE 2 / WOCHEN 2 UND 3: DER RITT AUF DEM BULLET TRAIN

WARUM IST GESCHWINDIGKEIT WICHTIG?

*D*as hatten wir schon mal beim Brainstormen.

Unter Zeitdruck zu schreiben, hilft uns, weil es uns zwingt, unsere Beats und den Plot auf das absolut Wesentliche zu beschränken und nichts zu erzählen als die harte, knackige Hauptstory unserer Geschichte.

Das bewusste Schnellschreiben des ersten Manuskripts hat ähnlich wohltuende Effekte. Wenn wir schnell und ausdauernd tippen, bleiben wir am Ball, das heißt: *In der Geschichte*, reisen mit den Personen und verlieren den Faden nicht so schnell.

Deshalb tippen wir, so schnell es geht:

1. Um am Ball zu bleiben. Das ist der Grund, warum ich gern so viele Stunden wie möglich pro Tag an dem Erstentwurf meines neuen Buches sitze und dabei so schnell tippe, wie ich nur kann. Inklusive Tippfehler, Stilblüten, miserabler Metaphern und allem anderen, das man »falsch« machen kann. Weil ich den Sog der Geschichte spüren und tief in sie eintauchen will, genau wie (hoffentlich) meine Leser später. Wenn mein Interesse während des Schreibens nachlässt, dann ist das Kapitel wahrscheinlich doch weniger spannend, als ich zunächst annahm. Also halte ich es kurz und später entfällt es vielleicht ganz. Und frage ich mich, welche Mission diese Szene eigentlich hat. Keine wichtige? Dann raus damit.

2. Wer schnell tippt, ist eher fertig. Nach der ganzen Tipperei folgt eine Pause, die ich dann auch dringend brauche. Dann hat es sich mit der Schriftstellerei für die nächsten paar Tage. Ich wasche und rasiere mich mal wieder und mit etwas Glück kann mich meine Freundin manchmal sogar zu einem Kurzurlaub überreden.

Im Ernst: Gönnen Sie sich eine lange Auszeit nach der zweiten Phase. Und dann, wenn Sie das Buch fertig haben, nochmal. Sie haben es sich redlich verdient.

3. Geschwindigkeit ist der Schlüssel zur Motivation. Mit einem vorher festgesetzten Zeitplan und einem Tagessoll bleibt Ihr Projekt überschaubar, und mit jeder getippten Seite kommen Sie der Ziellinie ein bisschen näher, ohne dass Sie diese jemals ganz aus den Augen verlieren.

4. Es ist sogar förderlich für Ihren Stil. Kommen Sie schnell zum Punkt, sagen Sie, was Sie zu sagen haben (beziehungsweise schreiben Sie's), und dann weiter mit dem nächsten Thema, der nächsten Zeile, dem nächsten Kapitel. Lassen Sie die Szene ihre Mission erfüllen und dann katapultieren Sie uns in die nächste Szene. So was nennt man dann Pageturner, falls es gelingt. Chapeau!

5. Dieser Entwurf ist noch kein Buch! Logischerweise haben wir am Ende eines solchen Schreibabenteuers noch kein fertiges Buch in den Händen. Es wird Unmengen an Fehlern aufweisen, stilistischer und grammatikalischer Natur und vielleicht gelegentlich auch logischer. Der Ausdruck wird größtenteils katastrophal sein und der Text wird nur so von Tippfehlern wimmeln. Zumindest ist das so bei meinen Erstentwürfen.

Aber darauf kommt es nicht an, das müssen Sie verstehen! Denn im Anschluss haben wir etwas, aus dem sich *ziemlich leicht ein Buch machen lässt.* Das ist unser Ziel der Phase 2.

ZIEL DER PHASE 2

*E*in erster, roher Entwurf, unter dem das Wort ENDE steht.

Ein fertiger, kruder Entwurf, der nach zwei Wochen steht, schlägt zwei Seiten »perfekter« Prosa, für die ich drei Monate gebraucht habe, nämlich allemal, das sehe zumindest ich so.

Seien wir doch mal ehrlich: Nichts in unserem Geschäft ist wirklich jemals perfekt, oder auch nur annähernd *fertig*, und schon gar nicht Prosa. Perfektion ist etwas, dem wir uns ständig annähern, ohne sie jemals zu erreichen.

Schreiben ist Üben. Schreiben heißt überarbeiten.

Versuchen wir stattdessen, uns mit dem besten Text zu arrangieren, den unsere Mittel eben hergeben, für den Moment. Vermutlich wird er am Ende besser sein, als Sie vielleicht jetzt noch glauben, und garantiert länger als zwei armselige Seiten. Und vor allem: Wir werden ihn irgendwann *veröffentlichen*, was wiederum zu Lesermeinungen führt und diese wiederum dazu, dass wir besser werden.

Nochmal:

Schreiben heißt Üben!

FALLS DAS IHR ERSTES MAL IST

Das, was jetzt auf Sie zukommt, ist vermutlich die wichtigste und freudigste Erfahrung, die Sie als Autor überhaupt machen können, abgesehen vielleicht von dem Moment, an dem Sie begreifen, dass das wirklich Steven Spielberg am anderen Ende der Leitung ist.

Wenn Sie die Fahrt auf dem Bullet Train erst einmal gemeistert haben, ist damit der *unwiderlegbare Beweis* erbracht, dass Sie eine Geschichte schreiben können, von Anfang bis zum Ende. Das wird Ihnen niemals jemand nehmen können. Es wird Ihnen jede Menge Trost spenden, in den »dunklen Stunden«, die jeder Beruf, auch unserer, mit sich bringt. (Aber die Sonnentage überwiegen bei Weitem.) Damit besitzen Sie ein sehr wichtiges Werkzeug, wenn nicht das wichtigste überhaupt.

Sie *wissen* jetzt, dass Sie ein Buch schreiben können.

Und was Sie einmal geschafft haben, schaffen Sie auch immer wieder. Immer besser, immer effektiver.

IHRE TIPPGESCHWINDIGKEIT

Zunächst sollten Sie herausfinden, wie viel Sie in einer Stunde schreiben können, sprich: Was Ihre Finger so hergeben.

Am besten machen Sie das, indem Sie sich irgendein tolles Buch aus Ihrem Bücherregal schnappen, Ihren Timer auf zehn Minuten einstellen, und dann zehn Minuten lang den Text aus jenem Buch abtippen. So schnell Sie können, ohne dass sich Ihre Finger dabei verknoten. Tippen Sie ohne Rücksicht auf Tippfehler, solange der Text anschließend nur einigermaßen lesbar ist.

Wenn der Timer piept, unterbrechen Sie Ihre Arbeit und zählen die Seiten, die Sie geschafft haben, nach der Formel:

1 Seite = 250 Wörter = 1.600 Zeichen

Jetzt nehmen Sie das Ergebnis mal 6, weil eine Stunde ja bekanntlich aus 6 x 10 = 60 Minuten besteht.

Haben Sie's?

Okay.

So viele Seiten schaffen Sie in einer Stunde, wenn Sie sich keinerlei Gedanken über das machen müssen, was Sie da tippen. Denn das stand ja alles schon in dem Buch. Ihre

Schreibgeschwindigkeit für Selbstgeschriebenes sollte nur unwesentlich darunter liegen, sagen wir zwei Seiten weniger pro Stunde.

Da wir 250 Seiten tippen wollen, wissen Sie jetzt, wie viele Stunden Sie brauchen werden, um Ihr Manuskript im Erstentwurf fertigzustellen.

Ein Beispiel: Sagen wir, Sie tippen fünf mickrige Seiten in einer Stunde, nach Abzug der zwei Seiten fürs gelegentliche Nachdenken sind das demnach noch drei. Das sollte für Sie locker zu schaffen sein. Falls es für Sie noch eine echte Herausforderung darstellt, fünf Seiten pro Stunde abzutippen, sollten Sie Ihre Schreibgeschwindigkeit noch ein wenig auf Vordermann bringen, am besten mit dem Programm Tipp10, das ich Ihnen am Ende von Kapitel II bereits vorgestellt hatte.

Also, drei Seiten netto pro Stunde. 750 Wörter. 4.800 Zeichen.

Nehmen wir weiter an, Sie haben für die kommenden Wochen drei Stunden täglich für's Schreiben reserviert.

Das macht demnach neun Seiten pro Tag. Bei sieben Tagen, welche die Woche nun mal hat, kommen wir auf eine Wochenleistung von 63 Seiten, was durchaus beachtlich ist. Nach knapp vier Wochen sollte Ihr Manuskript also fertig getippt sein und stolze 250 Seiten Länge aufweisen, so mehr oder weniger. Notfalls hängen Sie noch eine Woche dran.

Sie haben gedacht, das müsse länger dauern? Ein Jahr oder so, mindestens?

Dann lagen Sie falsch.

DURCHHALTEN!

Was wir in den kommenden Wochen vorhaben, ist praktisch eine ständige Mischung aus Dauerlauf und Sprint. Mit anderen Worten, es wird verdammt anstrengend, da will ich Ihnen nichts vormachen. Das ist der Punkt, an dem sich die Spreu vom Weizen trennt. Nur diejenigen unter Ihnen, die das hier durchziehen und ihren Hintern wirklich *täglich* auf dem Stuhl platzieren und ihr Pensum schreiben, werden weiterkommen. Alle anderen werden leider auf der Strecke bleiben. Wenn Sie aussehen wollen wie Arnold Schwarzenegger, müssen Sie Eisen bewegen, da führt kein Weg dran vorbei. Wenn Sie ein Autor sein wollen, müssen Sie schreiben.

Hier sind noch ein paar Durchhalteparolen:

Hören Sie an jedem Tag erst dann auf, wenn Sie Ihr Pensum geschafft haben. Legen Sie notfalls auch mal eine Nachtschicht ein. Denken Sie gelegentlich an John Grisham und seine eiserne Vier-Uhr-Morgens-Schicht vor jedem Arbeitstag in der Kanzlei, oder hängen Sie sich ein Bild von Mark Twain über den Schreibtisch, auf dem er streng guckt.

Trinken Sie Unmengen Kaffee. Was immer Ihnen hilft. Und benutzen Sie den verdammten Timer.

Beobachten Sie sich selbst. Sollten sich Ihre Nachtschichten allerdings häufen, haben Sie vielleicht Ihre Geschwindigkeit falsch bestimmt oder Sie tippen schlicht zu langsam, zum Beispiel, weil Sie zu sehr über das nachdenken, was Sie da eigentlich tun, und in die schlechte Angewohnheit verfallen, in diesem Stadium schon vernünftige Sätze schreiben zu wollen. Tun Sie das nicht, dafür ist später mehr als genug Zeit. Klotzen Sie jetzt, anstatt zu kleckern! Wie sagte Meister Yoda noch mal zu dem jungen Luke Skywalker?

»Tu es. Oder tu es nicht. Es gibt kein Versuchen.«

Recht hat er.

Haben Sie vielleicht doch hier und da Tippfehler korrigiert oder zu lange überlegt, bevor Sie einen Satz zu Ende getippt haben? Nur diese eine Wortwiederholung durch ein Synonym ersetzt? Diese Mikrokorrekturen addieren sich zu Minuten und schließlich zu Stunden auf, die von Ihrer Schreibzeit abgehen. Und jedes Mal werden Sie aus dem Fluss Ihrer Gedanken gerissen.

Lassen Sie es bleiben, seien Sie der Affe auf der Schreibmaschine.

Einfach. Nur. Tippen.

Aufhören! Wenn Sie Ihr Tagessoll erfüllt haben, sagen Sie: »Das war's für heute«, klappen Sie den Laptop zu (nachdem Sie die Datei gesichert und ein Back-up davon gemacht haben) und denken Sie für den Rest des Tages nicht mehr an Ihre Geschichte. Das fällt ganz schön schwer, hm? Gut, dann sind Sie auf dem richtigen Weg.

Nicht ausgelastet? Wenn Sie irgendwo in ihrem Tag doch noch spontan ein paar zusätzliche freie Stunden abknapsen können oder Ihr Tagessoll regelmäßig weit vor Ablauf der Zeit erfüllen, probieren Sie, die Dosis zu erhöhen.

Schreiben Sie noch ein bisschen. Aber fangen Sie nicht wegen einer halben Stunde oder zehn Minuten an. Heben Sie sich lieber noch etwas von der Lust am Buch für den nächsten Tag auf, an dem Sie wieder schreiben werden, bis Sie Ihr Tagessoll erfüllt haben.

VORBEREITUNG AUF PHASE 2

Normalerweise sollten Sie jetzt voller Vorfreude auf den Ihnen bevorstehenden Schreibmarathon sein. Wenn Sie sich allerdings eher fühlen, als säßen Sie in der Bastille, mit einem schönen Blick auf die Guillotine da unten, dann habe ich noch ein paar Tipps für Sie, Monsieur de Sade.

Lesen Sie ein wenig, um in Stimmung zu kommen. Ein wenig gute Lektüre vor dem Schreiben sollte Ihnen dabei helfen, »die literarische Stimme zu fühlen«. Sprich, sich noch einmal in aller Kürze ins Gedächtnis zu rufen, wie Sätze klingen, wenn Ihre Lieblingsautorin sie formuliert. Merken Sie was? Die Stars kochen auch nur mit Wasser. Stephen King rutschen manchmal Adjektive durch wie uns Normalsterblichen auch. Auch bei Danielle Steele findet sich hin und wieder mal eine etwas schräge Metapher. Dan Brown könnte vielleicht ein bisschen Nachhilfe in Charakterentwicklung vertragen. Und wenn schon. Nobody is perfect.

Aber bevor Sie sich in den Geschichten der Profis verlieren (die verdammt viel Zeit und Geschick darauf verwenden, Sie in genau diesen hypnoseartigen Zustand zu versetzen), vergessen Sie nicht, was Sie eigentlich vorhaben: Ihr eigenes Buch zu schreiben, nämlich. Mit mindestens so viel Imperfektionismus wie die Großen.

Ich werde einfach nicht müde, es zu betonen: Was am Ende zählt, ist einzig und allein die Story und ob diese Ihre Leser begeistern kann. Pfeif einer was auf die perfekte Metapher. Daran können sich Deutschlehrer und Kritiker ergötzen, wenn sie Lust drauf haben. Wir sind Schriftsteller und wollen Geschichten erzählen.

Internet. In den kommenden Wochen werden wir eines überhaupt nicht brauchen: das Internet. Da wird auch nicht recherchiert, nicht mehr beziehungsweise noch nicht. Wenn Sie sich beim Schreiben bezüglich eines Ausdrucks oder des Schreibens eines Wortes unsicher sind, nehmen Sie einfach die erstbeste Variante und markieren Sie die Stelle mit einem Doppelkreuz #. Darum kümmern wir uns in der dritten und letzten Phase. Facebook, Mail und der ganze andere Unsinn ist jetzt ebenfalls tabu.

Ablenkungsfrei! Es versteht sich von selbst, dass Sie während der Schreibzeit Ihr Handy und alle anderen Telefone, den Gameboy und sonstige Ablenkungsfallen aus dem Raum verbannen, in dem Sie schreiben. Das ist nicht cool und auch nicht nerdy – es hält Sie nur vom Erreichen Ihres Zieles ab. Schreiben Sie so schnell Sie können, bevor Ihre Motivation Stück für Stück verfliegt. Von solchen Geräten wird sie nämlich aus Ihnen *herausgesaugt*. Ich bin sogar sicher, dass sich das wissenschaftlich beweisen lässt.

Deshalb ist die Phase 2 auch so konzipiert, dass Sie dafür kein Internet brauchen, höchstens, um am Ende des Schreibtages Ihr Manuskript in der Cloud zu sichern. Also machen Sie das Internet gleich ganz aus. Ziehen Sie mal für ein paar Stunden komplett den Stecker zur Außenwelt. Das wird wahre Wunder wirken, an Ihrer Psyche und vor allem an Ihrer Schreibe. Wenn Sie sich zu Facebook oder Ihrem Twitteraccount mehr hingezogen fühlen als zu Ihrem Buch, stecken Sie beziehungsweise Ihre Story in ernsthaften Schwierigkeiten.

Seien Sie in Topform! Wir werden in den kommenden 14 Tagen (oder je nach Ihrem Zeitplan entsprechend länger) wenig mehr machen, als täglich mehrere Stunden am Stück zu schreiben. Für unseren Körper ist das, wie schon erwähnt, verdammt öde.

Seien Sie daher motiviert, machen Sie ein bisschen Sport zwischendurch, gönnen Sie sich mal eine Süßigkeit und ausreichend Schlaf. Und vor allem: Lassen Sie sich nicht den Spaß verderben!

Stellen Sie den Timer auf eine Stunde, tippen Sie, anschließend machen Sie zehn Minuten Pause. Sofort danach beginnt die nächste Stunde Tippen.

Erfüllen Sie Ihr Soll!

Marschieren Sie, Soldat!

ÜBER DAS ANFANGEN

Öffnen Sie ein neues Textdokument und nennen Sie es Erstentwurf. Dann fangen Sie an, zu schreiben. Aber was, verdammt noch mal, schreiben Sie auf dieses leere Blatt, das Sie so höhnisch angrinst? Genau das ist der Witz. Sie haben nämlich kein leeres Blatt vor sich.

Öffnen Sie das Dokument mit der letzten Version Ihrer Beats.

Was Sie stattdessen jetzt vor sich haben, ist ein nahezu komplettes Inhaltsverzeichnis dessen, was Sie schreiben wollen. Den Fahrplan Ihres Bullet Trains. Alles, was Sie nun noch tun müssen, ist aus stichpunktartigen To-do-Vorgaben ganze Sätze machen.

»Aber das kann ich nicht«, rufen Sie vielleicht.

»Blödsinn.«, sage ich. (Aber dabei lächle ich sehr nett.)

Was glauben Sie, warum Sie gerade ein paar Minuten in einem Ihrer Lieblingsbücher schmökern durften? Damit Sie sich ein weiteres Mal daran erinnern, dass das alles mitnichten Neuland für Sie ist, sondern eher so etwas wie Ihre Heimat. Sie wissen, was ein Satz ist. Objekt, Prädikat, Subjekt.

Und jetzt schreiben Sie schon so ein Ding! Und dann gleich noch einen. Na bitte, es geht doch!

Am besten beginnen Sie damit, dass Sie sich den ersten Beat hernehmen, ihn schnell, aber aufmerksam durchlesen und sich dabei erinnern, was die Mission dieser Szene war. Tim zieht in sein neues Haus ein und empfängt seinen ersten Besucher, den befreundeten Elektriker.

Und los.

Beginnen Sie, einfach drauflos zu tippen. Mit irgendeinem Satz. Vom Anfang des Beats oder aus der Mitte, wenn es Ihnen leichter fällt. Von mir aus auch dem letzten, dem Cliffhanger. Völlig egal. Nur vergessen Sie nichts Wichtiges!

Beispiel gefällig?

Dann drückte er zu.

Das klingt für mich nach dem Ende eines Absatzes oder Kapitels, weil wir natürlich wissen wollen, ob sein Opfer besagtes Zudrücken überlebt hat, ob sein Opfer ein Mensch, Tier oder nur ein Wasserschlauch ist, und wer ist eigentlich er, der da drückt?

Ist das etwa ein kleiner Cliffhanger, ein Cymbal Crash? Schon möglich. Mir gefällt der Satz jedenfalls aus zwei Gründen: Er ist kurz und ich will sofort mehr wissen.

Und nun beantworten Sie die Fragen, die dieser erste Satz aufwirft, einfach in beliebiger (aber möglichst sinnvoller) Reihenfolge, und siehe da: Sie haben Ihren ersten Absatz geschrieben, fast ohne, dass Sie es gemerkt haben. So zum Beispiel:

Der Wasserschlauch wand sich in seiner Hand wie eine widerspenstige Schlange, aber schließlich rang er ihn zu Boden. Nicht ohne Grund nennen sie mich den starken *Stefan, dachte er mit grimmiger Befriedigung. Dann drückte er zu.*

Wundervoll. Und dann machen Sie einfach weiter.

Vergessen Sie niemals: Zu keinem Zeitpunkt sind Sie sich im Unklaren darüber, was Sie schreiben sollen, oder wohin

Ihr Bullet Train in atemberaubender Geschwindigkeit rast. Warum? Weil Sie den kompletten Fahrplan längst in der Tasche haben, und es ist ein verdammt guter. Einer, der bereits mehrfach optimiert wurde, spannend und logisch schlüssig ist.

Sie sind der Herr über Ihre Story, wie Stefan der Herr über den Gartenschlauch. Aber drücken Sie nicht zu fest zu. Lassen Sie Ihrer Story noch etwas Luft zum Atmen.

WAS DENN, EINFACH SO LOSSCHREIBEN?

Vielleicht haben Sie jetzt immer noch ein bisschen Angst. Sie fürchten, niemals auch nur einen Satz herauszubekommen, welcher der Schreibe eines Ihrer Idole würdig wäre. Einfach so losschreiben? Wie soll das gehen? Immerhin gibt es doch da jede Menge Regeln zu beachten. Der Stil sollte sauber sein, nicht zu viele Adjektive sollte man verwenden. Die Struktur muss stimmen, die Plot Points sollten auf die Pinch Points abgestimmt sein oder war es anders herum? Lebendig sollten die Personen wirken und ... zack, stürzt Ihnen das Dach über dem Kopf zusammen und begräbt Sie unter einem Haufen guter Vorsätze.

Einspruch!

Vergessen Sie diesen ganzen Kram für die nächsten beiden Wochen, oder wie lange Sie für die Phase 2 benötigen. Machen Sie sich stattdessen Folgendes klar:

Sie wissen bereits, wie man schreibt, dank all der Bücher, die Sie bisher gelesen haben. Sie »haben es im Blut«, wissen unterbewusst, wie ein Satz »klingen« muss, damit er in ein Buch passt. Sie haben den Schreibinstinkt. Jeder Leser hat ihn. Jeder.

Noch eine simple Wahrheit: Jedes Buch startet mit einem Satz. Und oftmals ist es nicht der legendäre, den man dann in der fertigen Veröffentlichung liest. Am Anfang ist es einfach nur ein Satz. Irgendeiner. Völlig egal, Hauptsache, dieser Satz sorgt dafür, dass Sie munter weiterschreiben. Und weiter. Und weiter ...

Vergleichen Sie Ihren kruden Entwurf niemals mit einem veröffentlichten Werk, schon gar nicht mit dem von alten Hasen im Literaturgeschäft. Das ist jetzt nicht Ihr Ziel, verschwenden Sie keinen weiteren Gedanken daran. Ihr Ziel, und ich werde nicht müde, das zu wiederholen, ist nur dieses eine und nichts sonst:

»Ende« unter Ihr Manuskript zu kritzeln, mit allen Mitteln.

Komme, was wolle.

Die Zeit läuft.

ÜBER DIE TAGE 8 BIS 21

Zum Verständnis dessen, was Sie gleich lesen werden: Die Tage 8 bis 21 sind nicht als Teil der Schritt-für-Schritt-Anleitung zu verstehen, denn Sie machen eigentlich die ganze Zeit dasselbe, nämlich tippen, und das muss ich Ihnen nicht jeden Tag aufs Neue erzählen.

Daher habe ich den Platz genutzt, um Ihnen an jedem Tag einen kleinen Tipp oder etwas zusätzliche Motivation mit auf den Weg zu geben, in der Hoffnung, dass Sie das durch die kommenden Tage bringen wird.

Das und jede Menge Kaffee.

TAG 8: SCHREIBEN SIE! IRGENDWAS.

Solange Sie es nur schnell schreiben.
Natürlich nicht wirklich *irgend*was, es sollte Ihre Story oder vielmehr die Mission der jeweiligen Szene schon irgendwie widerspiegeln. Weil wir damit angefangen haben, hier mal ein Beispiel aus meiner Story *So Kalt Dein Herz*, von der ich Ihnen vorhin schon den Anfang des Plots und die ersten vier Beats im Rohentwurf präsentiert habe. Hier ist das, was ich im Rohentwurf aus dem zweiten Beat gemacht habe, inklusive Tippfehler und jeder Menge schlechtem Ausdruck.

Furchtbar, nicht? Mag sein, aber das ist mir egal. Weil ich weiß, was noch kommt, bevor ich es veröffentlichen werde. Erstmals geht's nur darum, zu schreiben, bis das Soll erfüllt ist und Ihre Finger qualmen.

Gehen Sie nicht im Text zurück, löschen Sie nichts, korrigieren Sie nichts! Einfach nur tippen.

Wenn Ihnen beim Schreiben etwas unheimlich Wichtiges einfällt, verwenden Sie an Ort und Stelle ein # (dazu gleich im Abschnitt *TAG 9: DIE #-METHODE*). Machen Sie kein neues Nebendokument deswegen auf, schreiben Sie einfach in Ihrem Hauptdokument weiter, Ihre Augen sollten förmlich am Bildschirm kleben. Wenn Sie den Blick mal senken, geht der höchstens zum Timer und dann sofort wieder zurück auf Ihren Bildschirm.

Wenn der Timer nach einer Stunde piept, notieren Sie die aktuelle Wortzahl, dann machen Sie zehn Minuten Pause – *ebenfalls unter der gestrengen Aufsicht Ihres Timers!*

Machen Sie das Fenster auf, ein paar Liegestütze, beißen Sie von Ihrem Snack ab, trinken Sie etwas Wasser.

Vorräte anlegen. Kochen Sie Ihren Kaffee schon frühmorgens, am besten eine ganze Kanne, wenn Sie die brauchen. In den Pausen ist nämlich keine Zeit, welchen zu kochen, von der Mittagspause abgesehen. Und die kriegen Sie nur, falls Sie zu den Irren gehören, die täglich acht Stunden oder mehr tippen. Sie Wahnsinniger, Sie!

Dennoch können Sie bereits während des Erstentwurfs vorarbeiten, was Stil und Ausdruck betrifft (kein Muss!). Versuchen Sie das ruhig mal, allerdings empfehle ich es erst, wenn Sie schon etwas Routine im Schnellschreiben haben: Formulieren Sie Ihre Sätze einfach möglichst kurz und prägnant. Schreiben Sie ein bisschen so, als würden Sie es einem Typen erzählen, den Sie gerade an der Bar kennengelernt haben. In klaren, einfachen Sätzen. Nicht geschwollen oder gestelzt, sondern geradewegs aus dem Bauch. Etwa so:

Jimmy betrat das Haus. Als er in den Flur kam, schlug ihm die Dunkelheit entgegen wie eine schimmlige Wolldecke. Oh, Mann. Nichts als Finsternis, wohin er blickte. Gleich darauf wurde es allerdings noch finsterer. Als er ein Zischen hinter seinem rechten Ohr vernahm und etwas Schweres auf seine Schläfe knallte, gingen ihm endgültig die Lichter aus.

Das ist vielleicht ausdrucksmäßig eine ziemliche Katastrophe, und das Wort »Finster« und seine Varianten kommen gefühlt fünfzig Mal drin vor, aber es erfüllt seinen

Zweck. Kurze, prägnante Sätze. Wir wissen, was los ist, und der Ton lässt erahnen, dass der Protagonist ein ziemlich cooler Bursche ist oder war, bis ihn der Knüppel traf. Mission erfüllt, basta. Raymond Chandler machen wir später daraus.

Und dann streichen wir besser auch das »Oh, Mann.« In diesem Stadium hilft es uns, wegen der Stimmung. Mir zumindest.

Wenn Sie das mit den prägnanten Sätzen nicht auf Anhieb schaffen und sich erstmal »freischreiben« müssen: egal. Solange Sie nur die Mission des jeweiligen Beats rüberbringen. In diesem Fall: Jimmy bekommt eins auf den Deckel, als er ein düsteres Haus betritt. Check.

Auf zur nächsten Mission!

TAG 9: DIE #-METHODE

Wenn ich während des Schreibens auf Ungereimtheiten stoße oder ich nur mal kurz nachschauen müsste, was ich ein paar Seiten vorher geschrieben habe, zum Beispiel, welchen Wagen mein Protagonist gerade fährt, dann lasse ich das schön bleiben und arbeite stattdessen mit einem Ersetzungszeichen. Gleiches gilt für Recherchefragen, auf die ich während dieser Phase stoße. Ich halte mich nicht lange an so etwas auf.

Ich mache das #-Zeichen und schreibe sofort weiter.

Ich bevorzuge zu diesem Zweck das Doppelkreuz (#), auch Raute genannt, weil ich das im eigentlichen Text so gut wie gar nicht brauche. Daher kann ich diese Stellen später schnell mit der »Suchen«-Funktion meines Textprogramms ausfindig machen. Das sieht dann ungefähr so aus:

Jimmy stieg aus seinem (# Mercedes? Jaguar? Opel Corsa??? #) und besah sich das düstere Gebäude auf der anderen Straßenseite.

In Phase 3 ist noch genug Zeit, nachzuschauen, in welche Karosse ich Jimmy anfangs eigentlich verfrachtet habe. Jetzt will ich schnell vorankommen, was interessieren mich da Details? Dafür habe ich mein treues Doppelkreuz.

Oder:

Jimmy hielt der Dame seinen Ausweis hin. »Kriminalpolizei«, sagte er, »folgen Sie mir freiwillig aufs Revier oder muss ich erst meinen Charme spielen lassen?« (# müsste er nicht auch seinen Namen und Dienstgrad sagen? #Recherche! #)

In Phase 3 nutze ich dann die Suchfunktion meines Textprogramms und gehe Raute für Raute durch und kläre, was es da zu klären gibt. Dann habe ich nämlich Zeit für so was.

TAG 10: EIN BISSCHEN DRILL

Sie wollen rausgehen oder müssen ganz dringend einen Einkauf erledigen? Das dürfen Sie selbstverständlich machen. Wenn Sie Ihr Tagessoll erfüllt haben!

Sie müssen aufs Klo? In Ordnung! Sobald Sie eine Stunde lang auf die Tasten eingehackt haben.

Seien Sie Ihr eigener Drillsergeant! Zwingen Sie sich, wenn's sein muss, oder stellen Sie sich selbst eine kleine Belohnung in Aussicht. Einen Kaffee, ein gutes Essen, eine Pizza, eine Stunde hirnlos auf Facebook herumsurfen, was immer Sie außer dem Schreiben glücklich macht. Nur erfüllen Sie Ihr Soll. Unter allen Umständen.

Fokussieren Sie Ihr Ziel. Werden Sie eins mit dem Ziel.

Zuckerbrot und Peitsche.

Ommmmm ...

TAG 11: SCHREIBEN MIT BEIDEN GEHIRNHÄLFTEN

Was ich so schön an dieser Methode finde, ist ihre Symmetrie. Im Grunde begegnen uns immer dieselben Prinzipien, nur immer in einem anderen Kontext oder Zusammenhang. Das zeichnet übrigens sehr viele elegante Systeme aus.

Zum Beispiel Musik: Zwölf Töne sind die Basis. Von allem (zumindest in der abendländischen Musik). Der Rest sind Kombinationen und Variationen dieser Kombinationen. Und der Teil der Kombinationen, der gemeinhin als »schön klingend« empfunden wird, ist ziemlich beschränkt. Glauben Sie mir, ich habe jahrelang Death Metal gemacht (Das ist der andere Teil, der gemeinhin als »Nicht so schön« empfunden wird.).

Oder nehmen Sie Schach oder Mahjong. Ein paar Spielfiguren, ein überschaubares Set von Regeln. Endloser Spielspaß. Seit Jahrtausenden. Jahrtausenden!

Nehmen Sie einen Menschen mit festen Prinzipien, beim Militär oder im Außenhandel würde man auch Strategien dazu sagen. Ein überschaubarer Vorrat von Regeln, von der dieser Mensch alle taktischen Entscheidungen abhängig macht. So einer muss nicht lang nachdenken. So einer handelt einfach und bäm! Liegt der ewige Nachdenker auf der Nase.

Okay, okay, bevor ich jetzt noch von der Schönheit der Fraktale anfange (und schön sind die wirklich) oder der Erhabenheit der Kristallstruktur von Zucker ... was zur Hölle hat das alles mit unserem Buchprojekt zu tun?

Folgendes.

Wie Sie mittlerweile zweifellos bemerkt haben, habe ich nicht wirklich Ahnung von Psychologie, nur ein begründetes Interesse. Vielleicht haben Sie auch schon von den beiden Gehirnhälften gehört? Sicher, und bestimmt wissen Sie weit mehr darüber als ich oder Wikipedia. Mir geht es um Folgendes:

Mit der einen Gehirnhälfte (üblicherweise der linken) treffen wir bekanntlich rationale Entscheidungen, die andere ist für das zuständig, was ich hier öfter mal als Bauchgefühl bezeichne. Und dafür, dass Sie Ihre Frau oder Ihren Mann lieben und nicht zum Beispiel eine Straßenbahn oder einen Stuhl.

Logik links, Gefühle rechts.

Aber rechts ist noch für weit mehr zuständig, meiner Meinung nach. Dort sitzt, bildlich gesprochen, eine Muschel. Ich nenne sie die Ideenmuschel. Irgendwann gerät da ein Staubkorn hinein und dann, mit etwas Glück, schließt sich die Muschel und aus dem Staubkorn wird so etwas wie eine Perle. Mit ganz viel Glück, wie gesagt. Wenn diese Ideenperle eine gewisse Größe erreicht hat, sagen wir mal in Form einer wirklich spannenden Was-wäre-wenn-Frage, wird sie für eine Weile an die linke Gehirnhälfte übergeben. Um zu gucken, ob die schon etwas damit anfangen kann. Das klingt dann etwa so:

Was wäre, wenn die Handys aller Leute plötzlich zu klingeln anfingen, nur meines nicht?

Ist das erstmal in der linken Hälfte angekommen, beginnen wir, über die logischen Verknüpfungen nachzudenken, vergleichen mit dem uns bekannten Leben und versuchen, die sich aus der Idee ergebenden Konsequenzen abzuschätzen und abzuwägen, ob sie für unsere Geschichte interessant sein könnten. Wie wir das machen? Durch Vergleich mit Situationen, die wir bereits kennen. Aus dem Leben, aus Filmen, aus Büchern. Aus Schreibratgebern. Wir fragen uns dann:

Wie wäre das technisch möglich, dass alle Handys klingeln? Was könnten Gründe sein, wieso meines nicht klingelt? Wie würden die Leute reagieren? ...

Bevor wir uns versehen, wandert die nun deutlich angewachsene Idee wieder zur rechten Gehirnhälfte zurück, und wir benutzen das Bauchgefühl, um zu schauen, ob wir die Sache überhaupt noch interessant finden, jetzt, wo wir etwas konkreter wissen, worum es eigentlich geht.

Falls ja, geht das Spiel immer hin und her zwischen rechts und links und wieder zurück wie die Pässe beim Profifußball. Dann schaffen wir den Charakter, dem das alles passiert, und den Irren, der sich vorgenommen hat, alle Handys dieser Welt mit einer elektromagnetischen Pulswaffe von Nikola Tesla zu kontrollieren. Neue Fragen tauchen auf, werden wiederum zwischen den beiden Gehirnhälften hin und her geschoben und immer so fort.

Die Strategie: Zwei Gehirnhälften, eine für die Logik, eine für die Kreativität.

Die Taktik: Während die Idee Gestalt annimmt, schieben wir sie ständig zwischen beiden hin und her.

Und genau das machen wir auch in diesem Buch, ist es Ihnen schon aufgefallen? Ganz am Anfang der Woche 1 haben wir »Something from Nothing« geschaffen. Eine Idee aus dem Nichts. Höchstwahrscheinlich hatte Ihre rechte Gehirnhälfte eine Menge damit zu tun, für welche Ihrer

Ideen Sie sich letztlich entschieden haben, oder was Sie tatsächlich aus dem Beinahe-Nichts geschaffen haben. Bauchgefühl und das alles.

Je mehr wir die Idee in so etwas wie die Handlung eines Buches überführt haben, desto größer wurde der Anteil der linken, logischen Gehirnhälfte. Aber auch die rechte brauchten wir für neue, frische Ideen und Einfälle, mit denen wir nicht gerechnet haben.

Erinnern Sie sich noch, wie wir im letzten Schritt von Phase 1 den Plot und die Beats gegen einander haben antreten lassen? Das Ganze diente hauptsächlich dazu, beide Gehirnhälften abwechselnd zu aktivieren. Kreative und logische Lösungen zu finden, und zwar immer wechselseitig. Das meinte ich mit Symmetrie.

Am Ende hatten wir einen »perfekten« Plot voller kreativer Einfälle, mit dem aber auch die linke, rationale Gehirnhälfte zufrieden sein kann. Spannend, nachvollziehbar, logisch und glaubwürdig. Kreativ, aber nicht spinnert.

Dasselbe passiert wieder in den letzten beiden Phasen.

Die Wochen 2 und 3 sind dabei deutlich rechtslastiger, das heißt, während des Tippens brauchen wir die linke Gehirnhälfte nur gelegentlich, für den Realitätscheck sozusagen, immer dann, wenn wir uns einen Beat anschauen. Ansonsten erfinden wir Sätze, um das auszudrücken, worum es in der jeweiligen Szene geht. Hier entstehen verfallene Häuser voller Zimmer mit schimmeliger Tapete an den Wänden und – na ja, der ganze kreative Kram eben.

Sobald wir tippen, »fließt es nur so aus unseren Fingern direkt auf den Computerbildschirm«. Dafür ist hauptsächlich die rechte Gehirnhälfte zuständig. Deswegen wiederhole ich es endlos: *Denken Sie nicht nach, analysieren Sie nicht das, was Sie gerade geschrieben haben!* Nur so bleiben Sie im Fluss. Wenn Sie großes Glück haben, sogar ein paar Stunden am Stück.

Das nennt man dann »Flow«, »Im Fluss« oder schlicht »Auf-Touren-sein«.

In der letzten Phase, oder Woche 4, bekommt Ihre linke Gehirnhälfte wieder mächtig viel zu tun. Dann lösen Sie logische Probleme und gehen analytisch vor. Vergleichen. Treffen Entscheidungen, mit aller Kraft Ihrer kühlen Ratio. Aber auch die rechte, gefühlsbetonte Hälfte Ihres wundervollen Denkapparats brauchen wir dann wieder. Spätestens, wenn es um Titel und Cover geht.

Worauf ich hinaus will: Nutzen Sie das *volle* Potenzial Ihres Gehirns! Sonst wird Ihre Story möglicherweise entweder ein staubtrockenes Lehrbuch oder etwas, das sich liest, als hätten Sie es im Vollrausch verfasst.

Da ist ein feiner Unterschied zwischen Kunst und Bullshit, okay?

TAG 12: TEMPO

Am Ende Ihres Arbeitstages notieren Sie, wie viele Wörter Sie an diesem Tag geschafft haben. Teilen Sie das Ganze durch 250 und Sie haben die Anzahl der Seiten. Es ist ein überaus motivierendes Gefühl, ein Ziel zu erreichen.

Daher: Setzen Sie sich Ziele, die Sie auch erreichen können.

Dazu diente das Bestimmen Ihrer Schreibgeschwindigkeit am Anfang dieses Kapitels. Aber tricksen Sie sich nicht selbst aus. Korrigieren Sie Ihre Tippgeschwindigkeit nur dann nach unten, wenn Sie sich guten Gewissens übernommen haben. Das heißt: Haben Sie auch wirklich nichts korrigiert, sondern einfach wild drauflosgetippt? Hatten Sie das Internet auch wirklich abgeschaltet und das Telefon verbannt? Haben Sie sich auch wirklich keine fünf Tassen Kaffee während Ihrer Schreibstunde gemacht?

Wenn Sie jetzt nachjustieren müssen, tun Sie's. Was immer nötig ist, solange Sie nur dranbleiben. Sie haben die erste Woche des Schreibmarathons beinahe geschafft, ist das nicht fantastisch? Aber sicher doch, das ist es!

Gleich hat der Bullet Train Bergfest.
Ziehen Sie's durch!

TAG 13. DAS ZIEL HEISST »ENDE«. SONST NICHTS.

In der Schreibzeit wird geschrieben, sonst nichts. Falls Sie das zwischenzeitlich aus den Augen verloren haben sollten, wir haben nur ein einziges Ziel für das Ende der nächsten Woche: ENDE unter Ihr Manuskript zu schreiben, und zwar an das tatsächliche *Ende* Ihrer Story und nicht, weil Sie vorher aufgegeben haben.

Wenn Sie das Gefühl haben, dass die Luft raus ist, wenn Sie einfach alles hinschmeißen wollen, dann denken Sie daran: Ich weiß, wo Sie wohnen.

Ich werde Sie finden, und dann fessle ich Sie auf einen Stuhl, während wir gemeinsam »Something from Nothing« von den Foo Fighters hören. Furchtbar laut und in Endlosschleife. Und dabei tanze ich durch Ihre Küche und schneide Ihnen Grimassen. Kein Witz.

Okay. Wenn Ihnen nackte Angst keine ausreichende Motivation zum Schreiben ist: Lesen Sie zum Frühstück wieder ein paar Zeilen in einem der Bücher Ihres Lieblingsautors. Nicht, um vor ihm in Gedanken auf die Knie zu fallen (»Ich bin unwürdig!!!«), sondern, um sich klarzumachen, dass auch dieser überragende, legendäre Gigant unseres

Handwerks mal in einer solchen Phase steckte und nicht weiterkam. Sehr, sehr häufig vermutlich. Wenn seine Bücher etwas taugen, war es mit Sicherheit so. Ich garantiere es. Aber die Tatsache, dass Sie sein oder ihr Buch in den Händen halten, ist der *unwiderlegbare Beweis* dafür, dass er oder sie diese Phase überwunden hat.

Genau wie Sie das schaffen werden!

Nicht vergessen: Was Sie da lesen, ist ein fertiges Produkt. Auch Ihr Lieblingsautor hat regelmäßig etwas vor sich auf dem Schreibtisch liegen, das auf den ersten Blick wenig Ähnlichkeit mit einem Buch hat. Bis auf ganz wenige Ausnahmen kriegen Sie das nur nie zu lesen.

Das hier ist eine dieser Ausnahmen.

Hier habe ich Ihnen mal ein Stück aus einem meiner Roh-Manuskripte aufgehoben. Inklusive Rechtschreibfehler und jeder Menge Doppelkreuze, die ich später auflösen werde. Das war, wohlgemerkt, nicht mein erstes Buch. Schwer zu glauben, ich weiß. Aber auch daraus habe ich inzwischen ein »richtiges« Buch gemacht, und Sie schaffen das auch!

Ein Wort der Warnung: Das Folgende stammt aus einem Thriller, wenn Sie sich also leicht fürchten, sollten Sie das vielleicht überspringen. Dann blättern Sie jetzt bitte direkt vor zum nächsten Kapitel.

Für alle anderen, einfach weiterlesen. Oder, wenn Sie es später in Ruhe lesen wollen: Hier ist der Link zu einem PDF mit demselben Inhalt, das Sie sich herunterladen können: http://bit.ly/2hPPJUT

»SO KALT DEIN HERZ« VON L. C. FREY

ERSTE ROHFASSUNG - AUSZUG

.

Tim im neuen Haus

 # die Villa gegenüber ist weiß gestrichen, wo immer die zum ersten Mal auftaucht, ergänzen. #

Tim Schätzing ließ einen Blick über die Ruine schweifen. Es war eine Ruine, okay. Kein Grund, sich da etwas schön zu reden. Er beschloss dennoch, es von nun an das Haus zu nennen. Etwa aus dem Gelichen Grund, aus dem eine Großmutter liebevoll Oma nennt und nicht alte Schachtel. Respekt. Damit hatte es eine Menge zu tun. Mit Respekt und Würde.

Und der Tatsache, dass er beschlossen hatte, aus dem Haus (der Ruine) sein Haus zu machen. Und das würde er. Trotz der Sache mit Simone, trotz allem.

Tim zog die Hand aus der Hosentasche und bemerkte, dass sie sich beim Gedanken an Simone zu einer Faust geballt hatte. Er öffnete sie. Eine seiner leichtesten Übungen. Dann winkte er dem Haus zu, mit der offenen Hand.

Hallo PArtner, wollen doch mal sehen, wie sich das mit uns beiden anlässt, wie? Jetzt, wo wir sowas wie verheiratete sind. Auf Gedeih und Verderb, in guten wie in schlechten Zeiten, bis dass der Tod uns scheidet.

Da musste er ein bisschen grinsen. Er würde das Haus nie wieder Ruine nennen, auch nicht in Gedanken. Schon mal , weil das Simones Wortwahl gewesen war. Ruine, Finanzgrab, hässlicher, alter Klotzhatte sie es genannt.

Nein, so sprach man nicht über eine ehrwürdige, alte Dame, dachte Tim und ließ es damit gut sein.

Für Gedanken war auch später noch Zeit. Momentan gab es jede Menge zu tun. Es war Spätsommer, das hieß der Winter war praktisch schon im Anmarsch. Und für eine ehrwürdige, alte Dame war besonders der Winter eine kritische Sache, in dieser Hinsicht unterschieden sich Menschen kaum von Häusern.

Tim liebet es, Dinge instand zu setzen. Und im Gegensatz zu Menschen hatte er bei Dingen, insbesondere Häusern, damit auch ein recht gutes Händchen. Seine kleine Ein-Mann-Firma lief gut, ausgezeichnet in manchen Monaten, und die allermeisten seiner Kunden empfahlen ihn mit glühenden Worten weiter. Zumindest die, welche Qualität zu schätzen wussten.

Und dennoch hatte Tim sich entschlossen, für mindestens ein Jahr nur einen Kunden exklusiv zu betreuen: Sich selbst. In der Hoffnung, dass er im Anschluss an dieses kleine Abenteuer nicht der ärmste Hausbesitzer aller Zeiten sein würde.

Was solls, dachte Tim und steckte den Schlüssel in das Schloss der Haustür. Schlimmstenfalls fange ich wieder von vorne an. Dann habe ich aber ein Haus, und vielleicht sogar eine kleine Werkstatt im Erdgeschoss.

Der Schlüssel blockierte, Tim rüttelte daran. Nichts zu machen, der Schlüssel steckte fest. Das Schloss, ein rostiges Ding, die Überreste einer einstmals kunstvollen Schmiedearbeit, waren seit Jahrzehnten nicht geölt worden – was hatte er erwartet. Er drückte noch einmal gegen das Türblatt und drehte gleichzeitig am Schlüssel. Etwas im Inneren des Schlosses knackte, dann flog die Tür auf und Tim stolperte in den Flur. Etwas fiel klirrend zu Boden. Der Rest des abgebrochenen Schlüssels.

»Sieht aus, als hätte sich lange niemand mehr an deinem Keuschheitsgürtel zu schaffen gemacht, wie?«, murmelte Tim und hob den Rest des Schlüssels vom Boden auf. Die andere Hälfte steckte schräg im Schloss. Das würde nie wieder seine Aufgabe erfüllen – nun würde die Tür für immer offen sein. Egal, er würde sie ohnehin auswechseln müssen. Er notierte sich gedanklich, einen #Schraubdinsgbums - nein er braucht ein Schloss für die Haustür und noch mindestens ein weiteres für oben ... oder er repariert die Tür unten #, wo das Schloss dran ist# zu besorgen und ein Vorhängeschloss dazu. Das würde genügen, bis zur neuen Haustür.

Der Flur war eine Schutthalde, aber das wusste Tim bereits. Schließlich hatte er sich das Haus direkt nach der Versteigerung von innen angeschaut. Da war er noch voller Enthusiasmus gewesen. Dass die Maklerin die meiste Zeit betreten auf ihre Schuhspitzen geschaut hatte, hatte er damals noch seiner einnehmenden Persönlichkeit zugeschrieben. Während sie irgendwas von gutem Zustand und nur geringem Schimmelbefall gefaselt hatte, war vor Tims innerem Auge bereits ein fertiges, gemütliches Haus entstanden. Eine gemütliche Küche mit rustikalem Echtholzmöbel im Bauernstubenstil. Richtiges Parkett, Fußbodenheizung, welche im Winter zum Kuscheln auf der Couch einlud. Ein Kinderzimmer.

Tim zwang seine Gedanken in das hier und jetzt zurück. Er hatte den zweiten Stock erreicht und stand vor dem rückwärtigen Fenster im überwucherten Treppenhaus, das zum Park hinaus zeigte. Allein diese Aussicht rechtfertigte den Kaufpreis. Zehntausend Euro, das war geradezu lächerlich für ein eigenes Haus, egal in welchem Zustand. Er stellte fest, dass das Fenster keine Scheibe mehr hatte, was vermutlich der Grund für das Grünzeug auf der Treppe war. Der Wind musste die Samen oder Pollen oder wie immer diese Dinger hießen, durch das offene Fenster hineingeweht haben. Und den Regen, der das Parkett aufgeschwemmt und so den *kleinen Büschen und Bäumchen einen guten Nährboden geschaffen hatte.*

»Tut mir leid, aber das ist jetzt meins«, sagte Tim, und dann begann er, die Bäumchen herauszureißen. Er warf sie durch das offene Fenster hinaus in die Wildnis, die einmal ein Garten gewesen war. Oder ein Innenhof.

Da hörte er den Rasenmäher zum ersten Mal.

* * *

Der Handwerker

INZWISCHEN HATTE *Tim es sich in einem der kleineren Zimmer im dritten Stock gemütlich gemacht. Das heißt, er hatte den größten Teil seines Werkzeugs, eine Matratze und die Campingausrüstung dort hingeräumt. Mehr Luxus brauchte kein Mensch, dachte er, abgesehen vielleicht von fließendem Wasser. Und einer Heizung. Beides würde er noch vor dem Wintereinbruch haben, kein Problem. Bis dahin würde es der Gaskocher und der Ölradiator tun. Für die Dinge, die man üblicherweise in der Nähe fließenden Wassers erledigte, genügte zunächst der Innenhof (Es hatte sich herausgestellt, dass er doch kein Garten gewesen war, zumindest nicht anfangs). Aller ein oder zwei Tage fuhr Tim mit seinem Pickup an eine Raststätte in der Nähe, die Duschen für Trucker anbot. Freilich hätte er auch in seiner alten Wohnung duschen können. Aber das hätte bedeutet, dass er möglicherweise Simone begegnet wäre. Also schied das aus. Verdammt, er war hier auf der Baustelle und nicht zu Hause. Noch nicht.*

Ein Wummern klang von oben durch das Treppenhaus. Tim schnappte sich seinen blechernen Kaffeepot und stellte den Gaskocher ab, dann ging er nach unten. Das Treppenhaus hatte er inzwischen weitestgehend vom Grünzeug befreit (und damit weitere Verheerungen des Mauerwerks freigelegt) und es zog auch nicht mehr so schlimm, seit er die Fenster, deren Scheiben irgendwelche

Vandalen eingeschmissen hatten, notdürftig mit Brettern abgedichtet hatte.

Was allerdings eine gewisse Einschränkung der Lichtverhältnisse mit sich brachte. Es wummerte erneut, Tim rief: »Komme!« Und dann »Au! Verdammte Sch ...«, als er einen Gutteil seines Kaffees auf seine Arbeitshose schüttete. Von e0iner der Stufen hatte sich ein großer Brocken gelöst, als er draufgetreten war. Er sollte vorsichtiger sein, dachte Tim, das hätte ihn gut den Knöchel kosten können und ein Ausfall in dieser Phase des Bauvorhabens wäre fatal.

Ja, dachte er, und ich brauche endlich Licht im Flur.

Unten fummelte er seinen neuen Schlüssel in das neue Schloss seiner neuen Haustür - ein beinahe grotesker Anblick. Wann immer er diese Tür von außen sah, fiel ihm ein Spruch aus irgendeinem alten Krimi ein. Das wäre, wie eine Leiche zu schminken. Bloß sorgte seine Art der Schminke dafür, dass hier keine jugendlichen Punks einbrachen und sein Werkzeug klauten.

Er öffnete die Tür.

»Das ist 'ne schöne Tür, Tim«, sagte Gernot grinsend und hielt ihm die Hand hin. Eine raue Hand voller #wie heißt das, so eingetrocknete Blasen und so?#., genau wie die von Tim. Die Art von Händen, die den Schmutz nie ganz loswird, so sehr man sie auch schrubbt, die Art, unter deren Rändern ständig Schmutzränder sind. Arbeiterhände. Ehrliche Hände. Genau die Art, die Tim mochte. # Too much, enough already! #

»Grüß dich, Gernot. Nen Kaffee?«

Gernot beugte sich vor, um in Tims halbleeren Kaffeebecher zu schauen. Halbleer oder halbvoll, nicht wahr?

»Nicht im Dienst, danke«, sagte er. Dann trat er ein.

Gernot ließ einen fachmännischen Blick schweifen, bevor er weiter ging. Er nahm sich Zeit, und auch das war etwas, das Tim an Kerlen wie Gernot gefiel (Denn Humor war deren Stärke nun wirklich nicht).

»Die Balken sind in Schuss?«, fragte er.

»Klar«, sagte Tim. Zumindest hoffte er das inständig. Im Frühjahr spätestens würde er genau wissen, was der Regen, der durch die offenen Fenster auf der Wetterseite eingedrungen war, noch von der Grundsubstanz übriggelassen hatte. #morschen Balken auf dem Dach erwähnen. Tim glaubt hier, der übersteht den Winter schon noch. Hat er ja all die Jahre.#

Gernot hatte seine Inspektion beendet und nickte.

»Hast dir 'ne Menge Arbeit aufgehalst«, stellte er fest und nun nickte Tim seinerseits.

»Ich will mir unten 'ne Werkstatt reinbauen, in der Mitte will ich's vermieten und oben ...«

Oben sollte das Kinderzimmer hin.

»Ist Simone da?«, fragte Gernot. Er machte sich keine Mühe zu verbergen, dass er das nur fragte, um nicht unhöflich zu wirken.

Tim schüttelte den Kopf und stieß die Tür zum Keller auf.

»Jesses!«, sagte Gernot, als sein Blick auf die ersten Stufe der Holztreppe führte, die nach unten in die beinahe greifbare Finsternis führte. »Wenn da unten Scheiße liegt, oder Leichen, vergiss es!«

»Weder noch«, versprach Tim. »Hab ich mir schon angeschaut.«

»Hast echt Mut, Großer«, sagte Gernot und ließ offen, ob er damit den finsteren Keller oder den Gesamtzustand des Hauses meinte. Er stellte seinen blechernen #Werkzeugkoffer ? # ab und öffnete ihn. Dann zog er eine starke Taschenlampe, eine Isolierzange und einen Schraubendreher daraus hervor. Er knipste die Lampe an und Tim folgte ihm die Stufen hinab in den Keller.

»Ich werd verrückt«, sagte Gernot, nachdem er sich im Keller umgeschaut hatte. »Der ist ja richtig trocken.«

»Siehst du«, sagte Tim. »Der Zähler ist hier drüben, glaube ich.«

Gernot nickte und zeigte auf eine andere Ecke des Kellers.

»Diese Leitungen, Mannomann. Aus der Steinzeit.«

»Schlecht?«

Gernot schüttelte den Kopf. »Nee. Solide, gute Handwersarbeit. Aus der Zeit, wo die Leute noch Zeit für sowas hatten. Und vermutlich auch dafür bezahlt wurden.«

Er warf Tim einen gespielt vorwurfsvollen Blick zu.

»Ja, und du für zehn Pfennig nicht nur ein Brot, sondern den ganzen Bäckerladen leerkaufen konntest.«

»Klugscheißer«, sagte Gernot, »Würde mich aber echt nicht wundern, wenn die noch funktionieren.«

Er ging hin, leuchtete gegen den Wasserzähler, dann klopfte er dagegen. Dann griff er nach dem Absperrhahn. Ächzend drückte er sein Körpergewicht dagegen und für einen Moment befürchtete Tim, er würde den Hahn und ein gutes Stück der Leitung abbrechen und den bislang ›einigermaßen trockenen‹ Keller zu guter Letzt doch noch fluten.

Mit einem vernehmlichen Quietschen bewegte sich der Hahn und die Leitung gab gurgelnde Geräusche von sich. Irgendwo oben klapperte etwas. Gernot drehte den Hahn wieder zu.

»Funktioniert noch«, sagte er. »Wenn du oben alle Hähne zusperrst, kannst du es ja mal länger laufen lassen. Und dann Zimmer für Zimmer ausprobieren. Vielleicht hast du Glück und kannst dir sparen, die kompletten Leitungen neu zu legen.«

»Ich soll diese Uralt-Dinger drinlassen?«

»Zumindest hier unten. Wenn die dicht sind, spart dir das 'ne Menge Kohle und vermutlich halten die länger als der Schrott, den sie dich heutzutage einbauen lassen. Aber da fragst du mal am besten einen Klempner oder sowas.«

Tim nickte. Das waren doch endlich mal gute Nachrichten, immerhin. Wenn der Zustand der Leitungen bis in den dritten Stock reichte, würde er sich einen elektrischen Durchlauferhitzer in eins der Badezimmer stellen und die Wanne, die er noch von dem Bauprojekt mit der Steinbach-Villa übrig hatte. Und dann bye, bye, Raststättendusche.

»Hm«, sagte Gernot. Der hatte inzwischen den Stromkasten

geöffnet und blickt auf eine hübsche Ansammlung ziemlich antiquiert aussehender Stromzähler und Leitungsschutzschalter.

»Und?«

»Hast du irgendwas am Laufen?«

»Du kennst mich, ich hab immer was am LAufen«, *sagte Tim in bester Gangstermanier.*

»Blödmann. Ich meine, hast du irgendwelche Geräte im Betrieb da oben?«

»Ich habe keinen Strom da oben. Deswegen hab ich dich ja angerufen.«

»Verstehe. Aber irgendwas saugt da jedenfalls. Kann dir allerdings nicht sagen, in welchem Stockwerk. Soweit ich das beurteilen kann, sind die Zähler völlig durcheinander und natürlich ist hier auch nirgendwo ein Plan.«

»Na Meister, dann wlate mal deines Amtes.«

»Okay«, *sagte Gernot.* »Geh am besten ein paar Schritte zurück, du Burgbesitzer.«

»Haha«, *sagte Tim und tat es.*

Gernot umfasste den dick gummierten Griff seines Schraubendrehers und klickte zuerst den FI-Schutzschalter und dann die restlichen Sicherungen an. Irgendwo weiter oben gab es einen Knall, dann schlug der FI wieder um.

»Ein Kurzer«, *kommentierte Gernot.* »Ich denke mal, im zweiten Stock.«

Dann schaltete er den FI wieder auf Durchgang und fuhr mit den anderen Sicherungen fort. Die, bei der es geknallt hatte, ließ er ausgeschaltet. Es gab keine weiteren Zwischenfälle und als er die letzte Sciherung hochklappte, fiel ein Lichtschimmer vom Flur in den Keller.

»Na bitte«, *sagte er und klopfte auf den Stromzähler, der vorher mysteriöserweise gelaufen war.* »Kriechströme«, *kommentierte Gernot. Irgendwo in der Wand vermutlich. Kreuzgefährlich, können das ganze Haus in Brand setzen. Nicht, dass es ein großer Verlust wäre.«*

»Na Dankeschön«, sagte Tim, »Und habe ich nun Strom oder nicht?«

»Wenn du mir versprichst, fein artig zu sein und deine Finger von diesem Kasten hier zu lassen, lege ich dir ein bisschen Strom ins Treppenhaus und in dein Kabuff im Dritten. Den Rest lassen wir tunlichst bleiben. Das muss neu gezogen werden, klar?«

»Klar. Und die Kriechströme?«

»Abgeschaltet. Siehst du, der Zähler dreht sich nicht mehr. So sollte es auch sein. Wenn der FI wieder ohne irgendeinen Grund kommt, rufst du mich an, dann muss ich mal sehen, ob ich dir jemanden vorbeischicken kann. Muss nächste Woche auf Montage und ...«

»Es wird schon gehen«, versprach Tim. »Hauptsache, ich bin diese Kriechströme los, was immer das ist. Klingt ja brandgefährlich.«

»Ist es auch«, sagte Gernot und schaute Tim ernst an. »Und wo kriege ich jetzt einen richtigen Kaffee her?«

* * *

Der erste Traum im neuen Haus

MAN SAGT, dass der erste Traum in einem neuen Zuhause zur Wirklichkeit wird.

Timm irrt durch das nächtliche Haus. Es ist sein Haus, irgendwie und dann manchmal auch wieder nicht. Manchmal ist es auch der Flur der Wohnung, die er mit Simone teilt. Geteilt hat, verbessert er sich, aber dann verleirt sich dieser Gedanke. Entschwindet ins nirgendwo, wo die Logik jetzt sitzt. Er sieht das Fenster am Edne des Flurs, die Bretter, die er davorgenagelt hat, sind verschwunden, und stattdessen ist da jetzt wieder eine richtiges Fensterkreuz. Alt. Aus irgendeinem Grund weiß er, dass es grün wäre, wenn es eine Farbe hätte, und dass diese Farbe in großen Plättchen vom Rahmen paltzen würde. Und darunter ist nur schwarzes, vermodertes Holz, in dem sich die Feuchtigkeit tummelt und winzige, eklige Lebewesen.

Der Mond schwebt wie ein aufgedunsener, schimmeliger Pfannkuchen genau vor diesem Fenster und sein kaltes, abweisendes Licht ergießt sich auf den Flur. Tim sieht nach unten und seine Füße baden in dem Schein dieses widerlichen Mondes.

Dann hebt er den Blick und das Fenster ist verschwunden. Stattdessen ist da jetzt eine Tür, so alt und verschimmelt wie der Fensterrahmen, der da gerade noch war. Irgendetwas zieht Tim auf diese Tür zu, und als er nach der Klinke greift (sie ist klamm und feucht, obwohl das Quatsch ist, denn natürlich ist sie aus Metall), weiß er plötzlich, dass diese Tür einst schwarz gestrichen war. Schwarz ist sie immer noch, aber jetzt ist es keine Farbe mehr. Es ist das von feuchten Schwämmen halbzersetzte Holz der Tür, des Pudels eigentlicher Kern.

Während Tim noch über dieses seltsame Gleichnis grübelt, betritt er den Raum oder steht vielmehr schon mittendrin. Es ist das Badezimmer, und er hat immer schon gewusst, dass hier das Badezimmer sein würde. Seit ewigen Zeiten. Es ist nicht mehr viel übrig von der Inneneinrichtung und auch das ist nur logisch, denn es ist das Badezimmer im zweiten Stock. Das, wo er die tote Ratte im Abfluss des zertrümmerten Waschbeckens gefunden hat. Das Tier muss sich da durchgequält haben, immer tiefer, bis es schließlich steckenblieb und elend zu Grunde ging. Wie viele Tage, fragt sich Tim, hat das wohl gedauert? Wie viele Tage in der Finsetrnis, dem Gestank, und der absoluten Gewissheit des langsam nahenden Todes?

Ob sie wohl gequiekt hat?

Für einen Moment wundert er sich über die seltsame Klarheit, die ungewöhnlich ist für seine Träume, doch dann hat er keine Zeit, weiter darüber nachzudenken.

Er steht nun über dem einzigen Einrcihtungsgegenstand, der noch einigermaßen erhalten ist, der Wanne. Es ist ein großes, urzeitliches Ungetüm, von dem der Großteil der Fliesen bereits abgefallen ist und Einblicke auf faustgroße Rostlöcher gibt, wo die Emailleschicht schließlich durchbrochen wurde und ...

Doch diese Wanne ist anders. Sie hält dicht. Ist bis knapp unter den Rand mit Wasser gefüllt, oder vielmehr einer zähen, tiefschwarzen Brühe, oder zumindest sieht es im Licht des blassen Totenmondes so aus, der nun wieder durch ein Fenster lugt.

Und dann bewegt sich etwas am Boden dieses schwarzen Tümpels. Tim will sich abwenden, nein, will aus dem Zimmer rennen. Davonlaufen, wie er immer ...

Aber er kann nicht. Wie gebannt starrt er in die Wanne, während Bewegung in die Wasseroberfläche kommt. Kleine Wirbel kräuseln sich hier und da, viel zu träge und irgendwie schleimig.

Dann schimmert etwas bleich zwischen dem schmutzigen Wasser, und in dem Moment, wo es die Oberfläche durchbricht, weiß Tim, was es ist. Was es schon immer war. Weil es schon immer in dieser Wanne wohnt.

Das Gesicht des Mädchens ist bleich und leblos, aufgedunsen und – wie kann er das bloß erkennen in diesem Licht, wie ist das möglich? – es hat einen Stich ins Blaue. Die Lippen hingegen sind schwarz, und Tim weiß, dass auch die Zunge dieses Wesens von einem tiefen Nachtschwarz ist, und er weiß, dass er diese Zunge niemals schauen darf, weil es dann um ihn geschehen sein wird. Die Zunge bedeutet das Ende, und in jedem anderen Moment wäre das vielleicht komisch.

Aber nicht jetzt, da sich der restliche Körper des Mädchens aus den Fluten in der Wanne hebt, von deren schwarzem Grund es aufgestiegen ist. Wie klein dieser Körper ist! Das Mädchen muss ein Kind sein. Vier, vielleicht fünf Jahre.

Und Tim kann den Blick nicht abwenden.

Auch wenn er sich nichts sehnlicher wünscht im Moment.

An dem kleinen Körper klebt ein Nachthemdchen, die Ärmchen sind dünn und zerbrechlich wie Streichhölzer, und ganz von einem Netz tiefblauer Adern bedeckt.

Tim starrt auf den Körper des Kleinkinds und trotz des Schre-

ckens verspürt er etwas wie Mitleid. Nicht mit dem Ding, dass es jetzt ist, sondern mit dem Kind, dass sie einst war.

Aber dann sieht er wieder in ihr Gesicht.

Als die Augen des Leichnams auffliegen, sind sie bleich und tot und aufgeschwemmt und fischig. Als Tim sieht, dass sich winzige Maden darin tummeln, beginnt er zu kreischen.

Das tut er auch noch, als er längst erwacht ist.

* * *

* Ende des Auszugs *

TAG 14: SCRIBUS INTERRUPTUS

Noch zwei Tipps von »Papa« Hemingway:

1. Schreiben Sie am Ende eines jeden Schreibtags ein paar Zeilen mehr, als Sie eigentlich müssten. Dann finden Sie den Einstieg am folgenden Tag leichter wieder. Diese kleinen Schnipsel Vorarbeit addieren sich ebenfalls auf, sodass Sie am letzten Tag ein paar Stunden früher Schluss machen und den Schampus köpfen können. Gut, nicht?

2. Hören Sie nicht am Ende eines Kapitels auf zu schreiben, sondern mittendrin, also während Sie noch genau wissen, wie es weitergehen wird. Während Sie noch ein paar Sätze in petto haben. Damit steigen Sie gleich am nächsten Tag ein. Ratzfatz sind Sie in der Geschichte und schreiben, noch bevor Sie das so richtig mitbekommen haben.

TAG 15: WIEDEREINSTIEG

Falls Sie doch einmal zufällig am Ende eines Kapitels aufgehört haben oder falls Sie eine längere Pause machen mussten (nach Möglichkeit sollten Sie das allerdings nicht tun):

Lesen Sie zum Einstieg die letzten paar Zeilen dessen, was Sie gestern geschrieben haben, um wieder reinzukommen. Widerstehen Sie dem Drang, irgendetwas zu korrigieren oder zu verbessern. Lesen Sie sich einfach durch, was zuletzt passiert ist, bringen Sie sich auf den Stand. Und dann schreiben Sie. Egal, wie furchtbar das vielleicht klang, was Sie gerade gelesen haben. Denn mal ehrlich: So furchtbar klang es doch eigentlich gar nicht ...

Und außerdem hatten Sie gerade Bergfest. Glückwunsch, Sie haben den Mittelpunkt Ihres neuen Romans erreicht, der Großteil der Arbeit liegt schon hinter Ihnen! Weiter so!

TAG 16: AUF UND AB

Wenn das Ihr erstes Buch ist, glauben Sie vielleicht, das Schreiben sei ein linearer Prozess. Wenn man sich das, worüber wir bisher gesprochen haben, so durchliest, könnte dieser Eindruck auch durchaus zustande kommen. Sie beginnen an Punkt A, entwickeln eine kleine Idee zu einem Plot in Punkt B, und da starten Sie einfach hochmotiviert, und während Sie schreiben, werden Sie immer motivierter, je weiter Sie Ihr Garn spinnen. In Richtung Punkt C und dann ...

Ha ha.

Weit gefehlt.

In Wahrheit hat der Schreibprozess weit mehr Ähnlichkeit mit einem verschlungenen Waldweg voller Sackgassen und Wurzeln, über die Sie andauern stolpern, während Sie sich ohne eine Taschenlampe durch das Dickicht wühlen. Mehr Ähnlichkeit damit jedenfalls als mit einer schnurgeraden, asphaltierten Straße.

Angedeutet hat sich das schon gegen Ende der Phase 1, wo wir ständig neue Plots und Beats geschrieben haben, bis beides richtig saß. Nicht geradeaus, sondern im Kreis, immer und immer wieder. Ein bisschen wie im richtigen Leben, nicht wahr?

Und wissen Sie, was das Gemeine daran ist? Mit der Schreibmotivation ist es in aller Regel genauso. Ihre Emotionen sollten sich auf eine wilde Berg- und Talfahrt gefasst machen.

Auch das hat schon mal jemand anderer festgestellt und besser formuliert als ich. Vorhang auf für Chuck Wendig, die schnoddrigste (mir bekannte) Schnauze im Business. Und ein verdammt guter Autor, zur Hölle, verdammt noch mal! Wenn Sie dem Link auf seine verflucht schöne Website folgen, werden Sie verstehen, wieso ich plötzlich fluche wie ein betrunkener Seemann oder Droschkenkutscher. Chuck ist schuld: http://bit.ly/2rMeatE

Für alle, die des Englischen nicht mächtig sind, habe ich mal versucht, Chucks »Emotionale Meilensteine des Buchschreibens« mit meinen eigenen, etwas weniger unflätigen Worten, wiederzugeben. In der Hoffnung, dass er mich dafür nicht verklagt oder verprügelt oder sowas. Links sind die Prozentzahlen des fertigen Buches, rechts der emotionale Status des Autors, nach Chuck Wendig.

Zur Beachtung: Chuck Wendigs Methode, ein Buch zu schreiben, ist eine völlig andere als die, die ich hier vorstellen möchte. Er ist einer von den ganz Mutigen, das heißt, er beginnt zu schreiben, ohne dass er einen Plot oder Beats neben sich auf dem Tisch liegen hat. Was ich ausdrücklich *nicht* empfehle, wie Ihnen inzwischen klar sein sollte.

Aber hey, er ist Chuck Wendig und er darf Star-Wars-Bücher schreiben.

Ich wollte Ihnen die von ihm beschriebenen emotionalen Aufs und Abs nicht vorenthalten, da Ihnen einige davon auch während Ihres Schreibprozesses in der zweiten Woche begegnen könnten, trotz exzellenter Vorbereitung. Sie werden aber merken, dass wir uns die meisten der von ihm benannten Frustrationsmomente mit unserer Methode ersparen. Einfach dadurch, dass wir zwar weniger mutig, aber dafür viel besser vorbereitet in die Schlacht stürmen. Mut hat nämlich seinen Preis, und nicht selten ist es der Kopf. Sagte der Feigling.

Wie auch immer, das Folgende ist jedenfalls meine krude Übersetzung von Chucks Worten. Es sind also nicht meine eigenen, bis auf das, was kursiv in Klammern steht, da habe ich mir dann doch eine Bemerkung nicht verkneifen können.

CHUCK WENDIGS EMOTIONALE MEILENSTEINE DES SCHREIBENS:

0 % – Panik! Das muss wohl jedem Schöpfer, auch *dem* Schöpfer durch den Kopf gehen. Oh je. Die gefürchtete weiße Seite, pures weißes Chaos. Schneesturm im Gehirn. Ich bin davon überzeugt, dass ich mit dem besten Satz beginnen muss, der je geschrieben wurde, denn der Leser wird das Buch verschmähen, wenn es ihn nicht innerhalb der ERSTEN DREI WORTE gefangen nimmt! Aaaargh!!! Und dann gibst du dir den kleinen Ruck und springst von der Klippe. Mitten rein ins weiße Chaos.

5 % – langsam und gleichmäßig. Ich komme langsam in Gang und wandere durch das dunkle Haus, beleuchte es mit meiner Taschenlampe, schaue hierhin und dahin. Habe ständig das Gefühl, dass ich eigentlich schneller schreiben sollte. Ich habe noch nicht den rechten Schwung. Ich kenne das Haus, habe seinen Grundriss aber noch nicht im Kopf. Hier habe ich Probleme, meine acht Seiten am Tag zu schaffen. Weil ich immer vergesse, dass ich später Schwung haben werde. Das vergesse ich bei jedem Buch. *(Wir nicht, und wir haben auch keine Taschenlampe. Wir haben einen Grundriss des* *gesamten Hauses und des Vorgartens, und zwar einen ausgezeichneten, unseren »Fahrplan für den Bullet Train«. Sie erinnern sich?)*

10 % – ich bin Gott! Bei zehn Prozent (normalerweise bedeutet das die ersten 40 Seiten oder so) fühle ich mich wie der Boss. Wessen Haus? Mein Haus! Ich habe die Charaktere vorgestellt und ein paar Sachen ins Rollen gebracht. Mein Gehirn ist das Mastermind, ich kontrolliere ALLES.

11 % – der Absturz. Der Crash nach dem High. Es ist faszinierend, wie schnell sich alles gewandelt hat. Gerade noch war ich obenauf und habe ALLES kontrolliert und jetzt habe ich das Gefühl, dass mir alles entgleitet und ich gar nichts mehr im Griff habe. Meine Charaktere sind hölzern, meine Schreibe ungelenk und die Story entwickelt sich genau nirgendwo hin. Egal, wie gut mein Plan ist *(Aha! Hier gibt Chuck also zu, dass er ebenfalls nach einer Art Plan arbeitet?)*, ich sehe ein: Er wird nicht funktionieren. Alles ist Mist, die Welt ist ungerecht. Ich hasse es. Alles. *(Das sollten wir uns nach Möglichkeit sparen. Aber ehrlich: Nichts und niemand kann garantieren, dass uns Frust erspart bleibt. Manchmal müssen wir einfach da durch. Bloß wissen wir, dass es einen Ausweg geben wird. Immer.)*

20 % – aber das Internet ... glitzert so schön! Ich bin superleicht abzulenken, und zwar von jedem Mist. Ich »fühle« das Buch nicht mehr und will aufgeben. Dazu gesellt sich wieder Angst. Ist es ein Verrecker? Hätte ich überhaupt je mit diesem Buch anfangen sollen? Was hat mich überhaupt auf die Wahnsinnsidee gebracht, ich könnte jemals ein Schriftsteller sein? Die Lösung: Schalten Sie das Internet ab *(ach nee... :-))*, zunächst in 45-Minuten-Intervallen, bis Sie wieder in der Story sind. Und dann »pressen« Sie es raus wie bei einer Geburt! Ziehen Sie es durch! *(Chuck Wendig und seine wendigen Metaphern ...)*

25 % – das Ruhelos-Syndrom. Ich bin zurück, aber so was von. Ich werde unruhig und beginne, Mist zu bauen. Ich ändere am Plot herum, baue hier und da noch einen Twist ein, lasse den Konflikt eskalieren. Irgendwas, um mich und den Leser zu überraschen. *(Das haben wir in Phase 2 längst hinter uns. Wir kennen unsere Plot Twists und Überraschungen. Zumindest die meisten davon ...)*

33 % – alter Mann im Supermarkt. Mein erster wirklicher Ich-sollte-aufhören-dieses-Buch-zu-schreiben-Moment. Alles ist doof. Ich hasse es, ein Schriftsteller zu sein. Ich möchte ALLES markieren und dann auf die Löschentaste einhacken, für mindestens ein paar Minuten. Das erklärt, warum so viele meiner frühen Arbeiten nie über das erste Drittel hinausgekommen sind. Maximale Frustration. Die innere Stimme wispert verführerisch: »Schmeiß es hin! Starte ein neues Buch! Jetzt gleich!« Die Lösung? Ich schreibe die Ideen zu dem tollen neuen Buch in mein Notizbuch und dann arbeite ich weiter. An *diesem* Buch. *(Das machen wir genauso. Dafür haben wir bekanntlich unseren schönen Ringbindungs-Schreibblock!)*

50 % – zerstöre. Schlafzimmer. Mit. Hammer. Wenn Sie noch nie ein Buch geschrieben haben, wird Sie das vielleicht überraschen, aber Sie können mir glauben: Es ist verdammt langweilig. Also nicht insgesamt langweilig, aber es ist definitiv mehr ein Marathon als ein Sprint *(Dem stimme ich nur bedingt zu. Wie gesagt ist es bei uns eher eine Mischung aus beidem. Aber Chuck weiß definitiv, wovon er da spricht!)* und irgendwann denken Sie: Was mache ich hier? Einem Golfspiel zusehen? Sie schauen andauernd auf Ihre Uhr und warten drauf, dass was passiert. Tut es aber nicht. *(Genau das tun wir nicht, Chuck. Wir schauen stattdessen auf den Furcht einflößenden Timer. Tick, tack, tick, tack!)* Ich fange an, mir Gedanken darüber zu machen, dass sich meine Langeweile auf die Leser übertragen könnte. Die Story hat die viel zitierte »sackende Mitte« erreicht. *(Den Originalvergleich, den Chuck zum Thema »Sacken« benutzt, erspare ich Ihnen an dieser*

Stelle lieber. Wichtig für uns: Langeweile ist bei uns beinahe ausgeschlossen. Dafür haben wir nämlich gar keine Zeit!)

66 % – weißt du was? Lass es einfach. Zwei Drittel. Üblicherweise das zweite Mal, an dem ich ernsthaft meine Profession verfluche. Jetzt ist es weniger die Angst vor dem, was kommen wird, als Frustration darüber, was ich schon geschrieben habe. (*Das ist wirklich ernst und wird Ihnen höchstwahrscheinlich passieren, und zwar irgendwo bei zwei Dritteln Ihres Entwurfs. Vielleicht auch woanders. Vielleicht deutlich öfter als zwei, drei Mal. Da können Sie so gut vorbereitet sein, wie Sie wollen, da müssen Sie durch. Einfach. Schreiben! Genau das rät Ihnen auch Chuck Wendig.*)

75 % – ich glaub, ich hab es. Außerdem ist es jetzt eh zu spät, um umzukehren. Im Guten wie im Schlechten, ich bin drin. Also zieh ich es jetzt auch bis zum Schluss durch. Anscheinend hat auch mein ewig zweifelndes Gehirn jetzt kapiert, dass ich nicht aufgeben werde. Es läuft.

90 % – die Dominos fallen. Der Rausch der Zielgeraden. Das ist für viele meiner Bücher so passiert: Ich schreibe die letzten zehn Prozent an einem einzigen Tag. Ich denke: »Vielleicht könnte ich das heute noch fertig machen«, und das nächste, das ich weiß, ist, wie ich ENDE unter das Buch kritzele. Die Luft stinkt nach Kaffee und heißem Metall und meine Finger tun höllisch weh. Vor mir liegt eine fertige Story. Himmlisch. Ich denke, das kommt daher, dass Sie, wenn Sie eine Story schreiben, jede Menge Dominosteine sorgsam nebeneinander stellen. Und jetzt, während der letzten zehn Prozent, reiße ich sie alle ein. (*Ich finde den Vergleich gut. Auch wir bauen eine Reihe Dominosteine auf, und zwar in Phase 1. Dann reißen wir sie während Phase 2 kontrolliert ein. Deshalb sind Sie ja auch so verdammt schnell und so verdammt gut, verdammt noch mal!!!*)

100 % – ich bin durch! In jeder Hinsicht. Mein Gehirn schwirrt vor funkelnden Ideen, aber keine scheint besonders viel Sinn zu ergeben: Zeit für Snacks und Bier und Whisky. Mehr Snacks. Ohnmacht. Schlaf. *(Auch diese Phase sollten wir ein bisschen gemäßigter angehen. Schließlich wollen wir noch viele schöne Bücher schreiben ...)*

110 % – die Leere. Ich starre mit leerem Blick ins Nichts. Der Wind weht ein Stück Abfall über den verlassenen Strand. Es ist die absolute Leere. Deshalb brauche ich nach dem Schreiben mindestens einen Tag, um wieder klarzukommen. Oder besser eine Woche. *(Oder, in unserem Fall: drei Wochen mindestens, bevor wir uns an die Phase 3 machen.)*

0 % – Panik! ... und von vorn.

* * *

OKAY, soweit zu Chuck Wendigs Emotionen. Noch mal, lassen Sie sich das gerade Gelesene auch ein bisschen ein abschreckendes Beispiel dafür sein, was passieren kann (und laut Chuck Wendig ihm auch regelmäßig passiert), wenn Sie einfach drauflosschreiben. Emotionale Höhen und Tiefen wie bei einem bipolaren Exjunkie. Lehrreich, aber nicht unbedingt zu empfehlen, wenn Sie mich fragen. Ein paar der Emotionen könnten nämlich so heftig werden, dass sie unseren Bullet Train entgleisen lassen. Und was wir dann haben, sind Trümmer und Tränen. Die wir uns ersparen können. Mit einem kleinen bisschen weniger Mut und einer Portion mehr Köpfchen, sprich Vorbereitung.

Aber: Auch der beste Fahrplan wird Sie nicht vor Höhen und Tiefen bewahren können. Er kann Ihnen aber helfen, den Fall abzufedern wie ein schönes, weiches Kopfkissen.

Und lesen Sie bei Gelegenheit die verdammt großartigen Bücher von Chuck Wendig, verdammt noch mal!

TAG 17 – ?

Heute habe ich für Sie mal keinen Tipp. Ich will Sie ja schließlich nicht dauernd vom Schreiben abhalten. Genießen Sie das Wetter. Von drinnen.

Dennoch, eine kleine Bemerkung sei mir an dieser Stelle gestattet. Erinnern Sie sich noch an Chuck Wendig von gerade eben und seine emotionalen Höhen und Tiefen beim Schreiben?

Gut.

Es gibt immer wieder Leute, die glauben, eine richtige Story könne nur entstehen, wenn sich der Schriftsteller freiwillig kopfüber ins kalte Wasser stürzt und sich dann vom Fluss der Geschichte mitreißen lässt, egal, wohin ihn die Strömung trägt.

Und wissen Sie was? Die haben Recht..

Bloß sitze ich dabei eben lieber in einem Plot-Boot, als zu riskieren, unterzugehen, weil mir mittendrin die Orientierung ausgeht oder die Lust zum Weiterschwimmen, okay? Und eine Schwimmweste trage ich dabei auch, nur zur Sicherheit. Ich denke einfach nicht, dass ich gut genug schwimmen kann, um darauf zu verzichten.

Wenn Sie sowas können und es kommt eine tolle Story dabei raus, bleiben Sie um Himmelswillen dabei!

Dieser Drive, das Leben, das eine Geschichte entwickelt, während Sie sie schreiben, ist enorm wichtig. Ich habe das an anderer Stelle als Sog bezeichnet. Den brauchen Sie. Und Sie kriegen ihn, wenn Sie kontinuierlich schreiben. Jeden verdammten Tag. Und sich nicht allzu viele Gedanken darüber machen, was Sie da eigentlich tun.

Just do it!

Der erste Satz ist Ihnen vielleicht ein bisschen schwergefallen, aber inzwischen sind Sie drin. Sie haben bereits den Großteil Ihrer Beats in richtige, geschriebene Prosa verwandelt. Vielleicht noch keine großartige und ganz bestimmt keine Poesie, aber immerhin brauchbare Prosa.

Wundervoll. Sie spüren den Sog bereits. Jetzt lassen Sie sich treiben!

Und wenn Sie während Ihrer Fahrt merken, dass sich Ihre Figuren anders entwickeln, als Sie das im Plot geplant hatten, oder Ihnen ganz spontan ein noch spannenderes Ereignis einfällt als das in Ihrem ursprünglichen Plot, dann, um Himmels willen, schreiben Sie es um! Entwickeln Sie einen »Riecher« für so was, und dann folgen Sie Ihrer »Nase«, Ihrem »Bauchgefühl«, lassen Sie sich von der Strömung treiben.

Sie werden nie völlig untergehen, da können Sie ganz beruhigt sein.

Daran hindert Sie nämlich Ihre Schwimmweste, der Plot. Der Plot und die Beat Sheets sind Ihre Werkzeuge. Nutzen und *be*nutzen Sie sie. Sie lassen sich ja von Ihrem Hammer schließlich auch nicht sagen, an welcher Stelle der Nagel einzuschlagen ist, oder?

Sie sind der Chef!

TAG 18: DIE SCHREIBFALLE

Manchmal sind Sie einfach raus und kommen um alles in der Welt nicht wieder rein. Sie starren das leere Blatt an und das starrt gehässig zurück. Der Beat ergibt überhaupt keinen Sinn und klingt total unspektakulär und überhaupt ist alles Mist.

Das muss nicht passieren, aber es kann. Was dann?

Erstens: Das ist normal. An diese Stelle kommen Sie mit an Sicherheit grenzender Wahrscheinlichkeit irgendwann in Ihrer Schreibkarriere, und wenn das passiert, ist es manchmal richtig übel, das können Sie mir glauben. Die gute Nachricht: Es geht vorbei, und Ihr Beat ist mit Sicherheit nicht so schlecht, wie Sie jetzt vielleicht glauben. Ihr Gehirn versucht bloß, Sie auszutricksen. Lassen Sie ihm den Spaß, spielen Sie ein bisschen mit. Lesen Sie Chuck Wendig (Tag 16), bis Sie drüber lachen können.

Dann schreiben Sie weiter.

Blockade, Blockade, Schokolade! Verwechseln Sie das eben Beschriebene übrigens bitte nicht mit der berüchtigten Schreibblockade, auch bekannt als »Writers Block«. Die ist nämlich ein Mythos. Sie existiert nicht. Zumindest nicht für Sie.

So etwas passiert höchstens Typen, die verrückt genug sind, sich ohne die Spur eines Plans vor eine alte, rostige Schreibmaschine setzen und allen Ernstes erwarten, dass »es dann nur so aus ihnen rausfließt«. Das tut es nämlich in aller Regel nicht, spätestens nach dem ersten Drittel. Siehe Chuck Wendigs offenherziges Eigenpsychogramm. Glücklicherweise gehören Sie ja nicht zu diesen Verrückten. Sie haben einen Plan, was fließen soll und wohin und vor allem, warum. Sie gehören zu den Cleveren. Das sieht man schon mal daran, dass Sie dieses Buch hier gekauft haben und keines der Konkurrenz.

Dennoch hier ein paar Tipps, wie Sie aus dieser »kleinen Schreibdepression« oder »Schreibfalle« rauskommen, falls es mal wirklich klemmt. Profi-Tipp: Unmengen von Alkohol sind eine *ganz* schlechte Idee. Wie eigentlich immer. Bleiben Sie lieber bei Kaffee oder Tee. Oder frischem, leicht basischem Wasser. Hmmm, lecker!

Ich denke, in solchen Fällen muss man das Gehirn einfach mal für eine Weile auf andere Gedanken kommen lassen. Es will ja, wie gesagt, nur spielen. So kommen Sie raus aus der Schreibfalle.

Stellen Sie Ihren Timer auf eine Stunde und probieren Sie eine der folgenden Methoden:

- **Schreiben Sie mal aus einer anderen Perspektive.** Aus der Sicht einer anderen Figur. Vermutlich löschen Sie das Ganze später irgendwann wieder, wenn Sie in Ihren Schreibrhythmus zurückgefunden haben, aber vielleicht … ist es ja sogar gut genug, dass es drin bleibt, wer weiß?

- **Zeitform und Erzählperspektive ändern.** Statt der meist üblichen personalen Erzählperspektive: »Er sah, dass sie lächelte«, schreiben Sie für eine Weile wie Raymond Chandler's Philip Marlowe: »Ich sehe ihr Grinsen und denke mir, das ist ungefähr so echt wie ein falscher Fuffziger.« (Bitte vergeben Sie mir diesen stümperhaften Versuch, Mr Chandler!) Wechseln Sie den Ton von korrekt zu schnoddrig oder umgekehrt. Lassen Sie den Penner in gestelztem Hochdeutsch palavern, nur so zum Spaß. Ergehen Sie sich in weitschweifigen Metaphern wie zerlaufende Butter auf einem heißen Blechdach in der Mittagshitze. Fabulieren Sie herum, dass es Einhörner regnet! Bis Sie wieder Lust auf die eigentliche Geschichte haben. Sollten Ihnen dabei Ideen für neue Geschichten kommen, schreiben Sie sie auf Ihren Block und später in Ihr Notizbuch.
- **Probieren Sie mal ein anderes Medium.** Schreiben Sie das nächste Kapitel mit einem Bleistift auf ein Blatt Ihres Schreibblocks. Oder mit dem Lippenstift auf den Spiegel. Entwickeln Sie einen Spieltrieb wie die Azubis bei Google. Tollen Sie herum, Sie kleiner Racker!
- **Ortswechsel.** Haben Sie einen Laptop? Dann schnappen Sie sich das Ding und gehen Sie raus. In den Garten. In den Park. Bei schlechtem Wetter setzen Sie sich für eine Weile an den Küchentisch. Schmeißen Sie sich aufs Sofa und legen Sie die Beine hoch. Dann schreiben Sie im Liegen weiter.
- **Fahren Sie die Geschichte absichtlich an die Wand.** Das dabei entstehende Kapitel wird es höchstwahrscheinlich nicht ins Buch schaffen, aber Sie sollten es sich unbedingt aufheben, wenn Sie später einmal herzlich lachen wollen. Und Sie

werden überrascht sein, auf welche Ideen Sie dieser frische Wind bringen kann. Das geht so: Schreiben Sie ganz absichtlich all jenen hanebüchenen Quatsch auf, der in Ihrer Story *auf keinen Fall* je passieren wird: Der Kommissar verliebt sich in den Mörder. Der Lolly eines Kindes stellt sich überraschend als Tatwaffe heraus, und die Spur führt zu einem menschenfressenden Cockerspaniel. Die Protagonistin Ihrer Hetero-Romanze überlegt es sich mittendrin anders und beginnt eine heftige Knutscherei mit der Schwester des vermeintlichen Traumprinzen, der daraufhin frustriert seinen Job als Konzernchef hinschmeißt und Umweltschützer wird. Egal, wie abgedreht. Je blödsinniger, desto besser. Nur schreiben Sie es aus, nicht nur als Stichpunkte, sondern in richtigen Sätzen. Toben Sie sich aus, ohne Rücksicht auf Verluste, Konsequenzen oder gar Ihre Figuren! Lassen Sie alle sterben und als Zombies zurückkehren! Mitten in Ihrem Liebesdrama. Lächerlich, oder? Genau das ist der Punkt. Lachen hat mit Spaß zu tun. Schreiben Sie so lange Blödsinn auf, bis Sie wieder mit Laune bei der Sache sind. Und dann schreiben Sie da weiter, wo Sie aufgehört haben, bevor der menschenfressende Cockerspaniel sich in die Schwester des umweltschützenden Kommissars verliebte.

- **Nur in Härtefällen, wenn sonst nichts mehr hilft: Machen Sie heute mal gar nichts an Ihrem Buch und gehen Sie stattdessen spazieren.** Draußen! (Sie wissen schon, diese merkwürdige Realität, die da angeblich außerhalb Ihres Buches existieren soll, wie man munkelt ...) Vergessen Sie die Geschichte für diesen einen Tag und haben Sie bloß kein schlechtes Gewissen dabei! Die Story ist auch morgen noch da, und Sie kommen doch bisher ganz gut voran. Auf diesen einen Tag kommt es nicht an. Gehen Sie raus, atmen Sie die frische Luft tief ein. Wärmen Sie Ihr Gesicht in der Sonne, oder ziehen Sie die Gummistiefel an und springen Sie durch Pfützen! Das haben Sie eh viel zu lange schon nicht getan und als Autor erwartet man sowieso ein gewisses Maß an Exzentrizität von Ihnen. Gönnen Sie sich ein Eis oder eine vegane Bratwurst. Probieren Sie mal ein neues Restaurant. Kaufen Sie sich einen Schokoriegel, nur für sich allein, und essen Sie ihn an einem geheimen Ort. Flirten Sie mit der Verkäuferin an der Kasse, und schenken Sie sich selbst ein Lächeln, wenn Sie an einem Spiegel vorbeikommen. Sie toller Hecht, Sie!

Ernsthaft, setzen Sie sich nicht selbst unnötig unter Druck. Sie schaffen das. Sehen Sie nur mal, wie viele Seiten Sie bis jetzt schon geschrieben haben!

Was hatten Sie noch mal am Anfang? Gar nichts. Genau.

Und jetzt haben Sie: *Something from Nothing.* Hören Sie Dave Grohl auch schon von Ferne singen? Das ist der Klang Ihres Triumphs! Ha!

Hatten Sie vor ein paar Tagen wirklich Probleme damit, den ersten Satz zu finden? Das erscheint Ihnen jetzt lächerlich und seltsam fern. Das finstere Mittelalter der Geschichte Ihrer Story. Der Rest ist ein Klacks. Das packen Sie mit links.

Auch morgen noch.

TAG 19: ÜBER INSPIRATION UND
DIALOGE

Preisfrage: Sollten Sie beim Schreiben Musik hören?
Antwort: Aber unbedingt! Oder auch nicht.

* * *

FINDEN SIE HERAUS, was *für Sie* funktioniert. Manchmal kann ich nur Musik ohne Gesang hören, dann wieder muss jemand gar grausig herumröcheln oder -brüllen, damit ich mich aufs Schreiben konzentrieren kann. Manchmal inspiriert mich irgendeine gesungene Zeile sogar zu einem Stück Dialog oder einer Formulierung oder einer abstrusen Metapher. Inspiration ist ein gar merkwürdig Ding.

Wo wir gerade bei Dialogen sind. Hier kommt eines der bestgehütetsten Geheimnisse unserer Zunft:

Dialoge sind keine wirklichen Gespräche zwischen richtigen Menschen.

Okay?

Was daran liegt, dass auch unsere Charaktere keine richtigen Menschen sind. Egal, wie sehr wir Autoren uns auch

Mühe geben, diese Illusion zu erzeugen. Wenn wir das gut machen, gelingt es uns, dass der Leser Empathie für unsere Helden und Schurken entwickelt. Dann *glaubt* der Leser, dass es sich um echte Menschen handelt. Allein, das bleibt eine Illusion, wie in einem Zaubertrick. Man ist absolut überzeugt davon, dass der Kerl ein Karnickel aus einem vorher völlig leeren Hut gezogen hat. Allein, wir alle wissen, er hat uns nur ausgetrickst. Aber dich trotz besseren Wissens für einen Moment dem Glauben an Magie hinzugeben, das ist der Grund, warum wir solche Shows besuchen. Oder Bücher lesen.

Was möchte ich mit diesen halbesoterischen Weisheiten sagen?

Dialoge in Büchern oder Filmen sind die Abstraktion von richtigen Gesprächen. Idealerweise sind sie auf das Wesentliche verdichtete Eleganz mit einem Minimum an belanglosem Geschwafel. In einem richtigen Gespräch reden manchmal beide Gesprächspartner gleichzeitig, man unterbricht sich oder andere. Gedanken hoppeln in eine Richtung los, machen mittendrin kehrt und galoppieren dann in die Gegenrichtung davon.

In einem Buch wäre das nur schwer zu ertragen, also lassen wir das meiste davon weg. Dennoch sollen unsere Dialoge nach Möglichkeit *authentisch* und *realistisch* sein. Gute Dialoge zu schreiben gehört definitiv zu den Königsdisziplinen unserer Zunft. Gehen Sie also davon aus, dass vor allem die Dialoge in Ihren ersten Büchern aller Wahrscheinlichkeit nach *furchtbar* sein werden. Aber das macht nichts, schließlich brauchen wir ja noch ein paar langfristige Ziele.

Trotzdem gibt es ein paar Sachen, die wir machen können, um zu lernen, wie man brauchbar Gespräche zwischen Romanfiguren aufs Papier bringt. Ein paar Anregungen.

Denken Sie daher beim Schreiben von Dialogen: »Könnte dieses Gespräch in einem (vorzugsweise guten) Kinofilm vorkommen?«

Drehbuchautoren, zumindest die guten unter ihnen, sind wahre Meister des Dialogs. Oftmals holen Produzenten sogar trotzdem noch jemanden dazu, der nichts anderes macht, als Dialoge in einem fertigen Drehbuch zu überarbeiten, sie zu *optimieren*. Was dabei herauskommt, ist eine überaus knappe und bedeutungsschwere Form von Sprache, die uns auch noch trefflich unterhält. Will sagen, kein Satz fällt da, der nicht unbedingt fallen müsste, im krassen Gegensatz zu Gesprächen aus dem Alltag. Das sollten Sie ebenfalls anstreben. Kriegen Sie ein Gefühl für gute Sätze. Also, solche, die funktionieren. Indem Sie Filme ansehen, wenn Sie nicht gerade schreiben oder lesen. Manchmal ist unser Job echt geil, oder?

Dabei sollten Sie auf ein paar der folgenden Details achten:

Sprache in Büchern wird verwendet, um Figuren zu charakterisieren. Jede Figur hat eine eigene Sprache, an der man sie sofort unmissverständlich erkennen sollte. Denken Sie beim Schreiben in den Wochen 2 und 3 daran, aber halten Sie sich nicht allzu lange damit auf. In Phase 3, wo es um das Aufpolieren unserer Dialoge geht, werde ich Ihnen ein Testverfahren vorstellen, mit dem Sie prüfen können, ob Ihre Figuren eine eigene Sprache sprechen oder doch eher klingen, als wären Sie alle Roboter vom selben Hersteller.

Dialekt und Akzent. Wenn Sie es nicht wirklich meisterhaft beherrschen, sollten Sie lokale Eigenheiten in der Sprache einer Figur besser ganz weglassen. *Du vastehst, wattick meene, wa?* So etwas hält den Lesefluss oft nur unnötig auf, weil der Leser eine Menge Zeit braucht, herauszufinden, was die Figur eigentlich in »normalem« Deutsch sagen will. Höchstwahrscheinlich wird sich die Geduld des Lesers dabei recht schnell erschöpfen. Zum Lokalkolorit oder der sprachlichen Eigenständigkeit der Figur trägt das wenig bis gar nichts bei, schlimmstenfalls ist es ein bisschen peinlich, wenn Sie es nicht absolut authentisch hinbekommen. Und wenn Sie nicht aus der betreffenden Region kommen – lassen Sie's.

Stellen Sie die sprachlichen Eigenheiten Ihrer Figur stattdessen dar, indem Sie sie zum Beispiel bestimmte Wörter häufiger sagen lassen. Oder arbeiten Sie mit Stil und Ausdruck von Sprache: Spricht die Figur gestelzt abgehoben wie ein vermögender Adliger oder eher bodenständig wie die Hausfrau von nebenan? Sprache lässt darauf schließen, ob jemand offen ist (oder diesen Anschein erwecken will) oder ein hinterlistiger Fiesling, und zwar ganz ohne dämonische Lache, während der Donner draußen vor dem Fenster kracht. Jetzt muss ich an Monty Burns bei den Simpsons denken. Und warum? Weil der ein *Klischee* ist, und genau das soll er ja auch sein. Ihre Figuren? Nicht so sehr ...

Frauen sprechen üblicherweise anders als Männer. Verschiedene Gesellschaftsschichten haben unterschiedliche Affinitäten zu Kraftausdrücken, Schimpfwörtern und dem mehr oder weniger direkten Ansprechen von beziehungstechnischen Sachverhalten oder Geschlechtsteilen und -akten. Intelligenz ist ein formgebender Faktor der Sprache und drückt sich durch einen entsprechenden Wortschatz aus. Höflichkeit klingt anders als Direktheit. Schnodderschnauze oder »Euer Hochwohlgeboren«, barfuß oder Lackschuh – die Möglichkeiten sind schier endlos. Und zwar ohne Plattdeutsch, »coole« Jugendsprache oder Berlinern in unverständlicher Lautschrift.

Noch ein Hinweis zum Thema Wortschatz. Wenn Ihre Figur ein Professor für Germanistik ist, gehört er höchstwahrscheinlich dem gehobenen Bildungsbürgertum an, und das sollte man seiner Sprache auch anhören. Er wird ein umfangreiches Vokabular haben und es gelegentlich auch einsetzen. Er wird jede Menge Philosophen und Schriftsteller kennen, von denen Sie und ich noch nie gehört haben. Er wird sattelfest sein, was die Opern von Verdi betrifft und gelegentlich ein paar seiner Lieblingssonette von Shakespeare aus dem Gedächtnis zitieren, wenn er gerade in Partylaune ist. Wenn Sie über so jemanden schreiben wollen, sollten Sie sich gelegentlich in solchen Kreisen bewegen oder verdammt gut recherchieren, sonst könnte es schnell peinlich werden.

Überfordern Sie Ihre Leser (und sich selbst) dennoch nicht ständig mit exotischen Fremdwörtern, selbst wenn Ihre Figur die höchstwahrscheinlich verwenden würde. Vergessen Sie nicht, für wen Sie das Buch letztlich schreiben.

Na, bekommen Sie langsam ein Gefühl dafür, warum gute Dialoge eine Königsdisziplin der schreibenden Zunft ist?

Wichtig: Durchhaltevermögen! Für die Sprache einer Figur, wie für die meisten anderen ihrer Eigenschaften, gilt: Achten Sie auf Kontinuität. Unser Germanistik-Professor mag vielleicht ein bisschen zerstreut wirken, aber er wird nicht plötzlich anfangen zu reden wie ein Bauarbeiter. Und umgekehrt. Authentisch in verschiedene Rollen zu schlüpfen, das schafft nur Sherlock Holmes. Und der tut das ganz bestimmt nicht grundlos. Sherlock Holmes tut *niemals* irgendetwas grundlos!

Er ist nämlich eine Romanfigur.

TAG 20: ÜBER DAS AUFHÖREN

Na, sieh einer an, Sie sind ja schon fast fertig!
Okay. Wir haben uns vorgenommen, ein Soll zu erfüllen. Und zwar jeden Tag. Das war nicht immer einfach, glauben Sie mir, ich war da nämlich schon ein paar Mal. Und bin es jedes Mal wieder. Davon zeugt jede halb fertige Buchleiche in meiner virtuellen Schublade. Und das sind inzwischen so einige. Ja, auch meine Methode ist nicht perfekt, auch habe ich hauptsächlich aus Fehlern gelernt und tue das noch heute mit Inbrunst und Vergnügen.

Manchmal ist es aber auch andersrum. Dann denken Sie vielleicht:

»Hey, ich habe noch eine Stunde! Da kann ich locker noch acht Seiten schaffen, dann muss ich morgen weniger schreiben und kann stattdessen ...«

Sie haben eigentlich keine Lust mehr, Ihr Soll ist erfüllt, aber Sie wollen gern ein bisschen Zeit für den morgigen Tag abknipsen. Weil zum Beispiel Wochenende ist oder eine Party ansteht oder ...

Und plötzlich ist es viel später und Sie stellen fest, dass Sie die letzten beiden Tage *gar nichts* geschrieben haben. Weil

Sie sich sicher waren, dass Sie das schon wieder rausholen würden. Dann machen Sie eben mal eine Stunde länger.

Versuchen Sie, das nicht zu tun.

Schreiben Sie ein paar Sätze mehr als Ihr Soll, und dann lassen Sie es für diesen Tag gut sein. Schreiben Sie nicht, bis Ihr »kreativer Brunnen« ausgetrocknet ist. Machen Sie nur Überstunden, wenn Sie wirklich, wirklich Lust drauf haben. Sie haben Ihr Tagessoll nicht nur aus Spaß da angesetzt, wo Sie es angesetzt haben, sondern da, wo Sie es schaffen, ohne Stress. Und zwar jeden Tag. Lassen Sie am Ende jedes Schreibtags noch genug Schreiblust für den nächsten übrig.

Wenn Sie wirklich mal ein bisschen Zeit übrig haben: Lesen Sie lieber nach dem Schreiben, nur so zum Spaß, in einem Ihrer Lieblingsbücher. Damit Sie nicht vergessen, warum Sie das alles überhaupt machen.

TAG 21: ENDE!

*E*nde.
   Fertig, aus.
Sie haben es geschafft.
Wow!
Sie sind am Ziel von Phase 2 angekommen! Und das Erstaunliche: Sie leben noch! Meinen allerherzlichsten Glückwunsch, zu beidem!

Sobald *ENDE* unter Ihrem fertigen Erstentwurf steht, ist es definitiv Zeit für Schampus, Bier, ein großes Glas Limonade oder was sonst Sie sich die letzten zwei Wochen lang vorenthalten haben.

Sie haben hart gearbeitet. Sie haben sich eine Pause verdient und eine kleine Party auch. Jetzt wäre ein guter Zeitpunkt, Ihrem Lebenspartner zu gestehen, dass Sie die letzten Wochen nicht nur damit verbracht haben, sich im Internet ... ähem, Katzenbilder anzuschauen. Sondern damit, ein Buch zu schreiben. Ein richtiges, eigenes Buch. Und dass sie oder er es später vielleicht mal lesen darf, als Erste(r). Wenn sie oder er das möchte. Ja, andere Menschen haben auch ein Leben, und das sollten Sie respektieren.

Aber *Sie* haben jetzt ein Buch! Wie cool ist das bitte?

Tipp: So sehr Ihr Partner auch quengeln mag, enthalten Sie ihm das Manuskript in diesem Stadium auf jeden Fall noch vor. Das Probelesen kommt später. Ich sage Ihnen, wann in der nächsten Phase Sie Ihr Manuskript unter die Nasen Ihrer härtesten Kritiker und zukünftigen Fans legen sollten. Und Ihres Lebenspartners.

Jetzt, beziehungsweise nachdem Sie jede Menge Back-ups davon erstellt und an verschiedenen Orten gespeichert haben, »vergraben« Sie das Ding zunächst mal. Für mindestens drei Wochen. Merken Sie sich aber, wo. Damit Sie es später wieder ausbuddeln können.

Wir sind noch nicht ganz fertig, aber der größte Teil der Arbeit ist geschafft.

Sie haben ein Buch, im Erstentwurf.

Geil.

Ich ziehe mich nun leise lächelnd in mein Gebüsch am Wegesrand zurück und lasse Sie mit Ihrer Freude und dem berechtigten Stolz über das zurück, was Sie soeben geleistet haben. Falls das Ihr erstes Buch war: (Spätestens) jetzt sind Sie ein Autor, Schriftsteller, Künstler oder wie Sie sich schon immer mal nennen wollten. Jetzt dürfen Sie's. Und keiner kann Ihnen das nehmen.

Lassen Sie's krachen!

Ich bin mächtig stolz auf Sie.

ZUSAMMENFASSUNG PHASE 2

Schreiben Sie! Punkt. Bis Sie am Ende Ihrer Geschichte angelangt sind. Dann kritzeln Sie ENDE drunter. Schampus.

CHECKLISTE PHASE 2

Was haben wir also nun? Um es ganz konkret zu benennen: Die hässliche, krude Vorstufe zu etwas, das einmal ein Buch werden wird.

Roh, ungeschliffen. Aber unverschämt *lecker.*

Man könnte auch Manuskript dazu sagen oder Erstentwurf. Nennen wir es stattdessen lieber unseren Rohdiamant. Es ist alles vorhanden, damit er mal im Dekolleté einer gut betuchten, wunderhübschen Dame landen könnte, wenn da auch noch ein bisschen Arbeit nötig ist.

Aber wir haben den verdammten Klunker aus dem Berg gegraben, und darauf kommt es an. Ihr Buch ist nicht länger nur eine Idee oder etwas, das Sie vielleicht irgendwann in Angriff nehmen werden.

Ihr Buch ist jetzt eine Realität.

Check.

WARUM SIE JETZT URLAUB MACHEN SOLLTEN

Und jetzt?

Machen Sie erstmal Pause, und zwar eine lange. Mindestens drei Wochen.

Es waren ein paar verdammt anstrengende Wochen, Sie haben sich die kommende Pause redlich verdient. Jetzt sollten Sie für eine Weile überhaupt nicht mehr ans Schreiben denken oder zumindest nicht an das Buch, um das es hier geht. Wenn Sie gar nicht anders können, beginnen Sie in den kommenden drei Wochen die Vorbereitungen für ein anderes. Probieren Sie mal ein anderes Genre aus. Oder gehen Sie angeln. Setzen Sie sich irgendwo ins Grüne und bewundern Sie die komplexe Schönheit der Natur. Schlafen Sie im Freien, mit nichts als den Sternen über Ihnen. Was auch immer. Geben Sie Ihren beiden Gehirnhälften ein bisschen Ruhe vor dem nächsten Sturm.

Und wenn ein oder zwei Monate draus werden, ist es auch nicht schlimm.

Ziel dieser Übung ist es nämlich, dass Sie all die Gedanken, die Sie sich während des Schreibens gemacht haben, vergessen, und das dürften eine ganze Menge Gedanken sein. Diese kommende Zwangspause soll Sie in die Lage versetzen, Ihr Manuskript später mit völlig neuen Augen zu lesen. Augen, die denen Ihrer zukünftigen Leser zumindest ähneln, in deren Haut Sie dann schlüpfen werden.

Jetzt können Sie das nämlich nicht. Sie stecken noch zu tief in der Story.

Also, machen Sie Pause! Das ist ein Befehl!

Haben Sie einen schönen Urlaub!

TEIL VI
PHASE 3 / WOCHE 4: FINETUNING

ENDSPURT ...

Haben Sie sich gut erholt? Ihr Manuskript mindestens drei Wochen unangetastet gelassen? Der Versuchung widerstanden, es jedem, der nicht bei drei auf dem Baum gesprungen ist, unter die Nase zu halten?

Sehr gut.

Erinnern Sie sich noch an das Dekolleté der adretten Dame von damals? Beziehungsweise an den Rohdiamanten, als den ich Ihr fertiges Manuskript bezeichnet hatte?

Den nehmen wir uns jetzt vor, schleifen und polieren ihn, und zum Schluss machen wir uns noch ein bisschen auf die Suche nach einem hübschen Hals dafür. Oder möglichst vielen Hälsen. Übersetzung: Lesern für Ihr Buch, und zwar jede Menge. Aber eins nach dem anderen.

Nicht wundern, wenn Sie für die finale Phase Ihres Buches wesentlich länger als eine Woche brauchen, selbst wenn Sie meinem irren 4-Wochen-Plan folgen. Nicht jeder kann 250 Seiten aufmerksam in acht oder zehn Stunden am Stück lesen und dabei auch noch Korrekturen vornehmen.

Die Lösung: Stellen Sie sich wie gehabt Ihren Timer, der Sie daran erinnern soll, nicht abzuschweifen und zu kontrollieren, ob Sie immer noch mit dem Text beschäftigt sind, wenn er piept. Wenn die Konzentration komplett futsch gegangen ist, machen Sie eine Pause oder hören Sie auf und machen Sie am nächsten Tag weiter.

In Phase 3 ist es wirklich *fast* egal, wie lange Sie brauchen, aber Sie sollten das Buch am Stück (also jeden Tag ein Stückchen weiter) lesen, um wichtige Zusammenhänge nicht zu vergessen.

Und außerdem wollen Sie es doch endlich veröffentlichen, oder?

VORBEREITUNG AUF PHASE 3: IHR IDEALER LESER

Bestimmt kennen Sie jemanden, der Ihre Vorliebe für das Genre teilt, das Sie bevorzugt lesen und in dem Sie folgerichtig auch Ihr Buch geschrieben haben.

Denken Sie ein bisschen nach: Wer hat Ihnen damals Ihren ersten Liebesroman geschenkt, wer hat aus Ihnen einen waschechten Thrillerfan gemacht?

Stellen Sie sich diese Person nun vor, an einem Tisch, in einer Kneipe von mir aus, und Sie sitzen ihr gegenüber. Und lesen aus Ihrem Buch vor, und zwar laut. Gleichzeitig, und das mag etwas merkwürdig klingen, ist aber eigentlich ganz einfach, schlüpfen Sie in den Kopf ebendieser Person. Und stellen sich vor, dieses wäre nicht Ihr Buch, sondern das Manuskript irgendeines x-beliebigen Schriftstellers, von dem Sie noch nie gehört haben.

Und der liest es Ihnen jetzt vor.

Haben Sie das?

Okay. Und nun lauschen Sie.

Gibt es Momente, an denen Sie am liebsten aufstehen und sich erstmal ein Bier bestellen oder einen wirklich laaaaaaaaangen Ausflug auf die Toilette machen wollen?

Falls ja, das sind die Stellen, wo Sie noch mal ran müssen. Und zwar mit dem Rotstift. Kürzen Sie dort gnadenlos!

Gibt es Stellen, die so unlogisch sind, dass Sie kopfschüttelnd unter den Tisch rutschen möchten? Verstehen Sie nicht, wieso der Kerl, der gerade noch erschossen wurde, plötzlich wieder auftaucht? Oder soll das überhaupt dieser Kerl sein oder doch ein anderer? Über Ihrem Kopf formt sich nur ein großes Fragezeichen?

Auch hier gibt es wohl noch etwas zu tun.

Was lässt Sie gebannt zuhören und die Fingernägel vor Spannung in die Tischkante bohren?

Das kann so bleiben. Oder geht es vielleicht noch ein bisschen spannender?

Okay, ich glaube, Sie verstehen das Prinzip.

Das Schöne daran ist, dass die betreffende Person nicht wirklich körperlich anwesend sein muss. Sie muss noch nicht einmal am Leben sein. Falls sie es doch noch ist, und Sie sich trauen, fragen Sie sie, ob sie Testleser für Ihr Buch werden möchte. Dazu gleich mehr im gleichnamigen Abschnitt *TAG 26: Ihre Testleser*.

Zunächst schlüpfen Sie jedoch einfach in die Rolle des neutralen Lesers, der vom Autor gebeten wurde, seinen Erstentwurf auf Herz und Nieren zu testen. Vergessen Sie möglichst, dass Sie auch der Autor eben jenes Buches sind.

Im Guten wie im Schlechten.

Seien Sie gnadenlos, wenn Sie etwas nicht verstehen oder der Autor Sie langweilt. Aber suchen Sie nicht nach Fehlern, wo keine sind. Logiklücken zählen nur als solche, wenn Sie Ihnen regelrecht ins Gesicht springen. Selbst, wenn Sie glauben, sich daran zu erinnern, dass Ihnen die Stelle beim Schreiben merkwürdig vorkam.

Nochmal: Buddeln Sie nicht nach Fehlern! Höchstwahrscheinlich wird das die Mehrzahl Ihrer Leser nämlich ebenfalls nicht tun, solange die Story nur spannend und einigermaßen glaubwürdig daherkommt. Sie werden sich noch wundern, womit Sie durchkommen können, wenn es nur spannend genug ist!

Hollywood macht es regelmäßig vor.

ZIEL DER PHASE 3

Am Ende dieser Woche ist Ihr Buch wirklich fix und fertig und beinahe komplett. Es muss nur noch ein Cover drauf, der Klappentext dazu und dann ab in den Verkauf damit.

Oder?

Naja. Theoretisch.

Damit Ihr Buch nicht einfach verpufft, sondern es sich tatsächlich auch ein paar Tausend Mal oder öfter verkauft, bestenfalls sogar ein richtiger Bestseller wird, ist etwas mehr notwendig als nur das, aber das ist nicht Thema dieses Buches.

Ich reiße es in den Bonuskapiteln dennoch kurz an, damit Sie eine Vorstellung bekommen, welche Schritte dazu nötig sind, damit aus einem sehr guten Buch ein echter Verkaufsschlager werden kann. Sprich: Wie Sie Ihrem Glück auf die Sprünge helfen, im Rahmen Ihrer Möglichkeiten.

In diesen Kapiteln geht es dann ums Veröffentlichen und ein bisschen Marketing, die kriegen Sie kostenlos obendrauf, wie beim Marktschreier an der Fischbude den Extra-Aal. Vielleicht schreibe ich auch mal ein ganzes Buch dazu, oder

Sie rufen mich mal beim »Ideekarree« an und wir reden darüber, welche Marketingstrategien ich Ihnen für Ihr Buch empfehlen würde. Aber erstmal brauchen wir ein Buch, damit daraus was werden kann.

Kümmern wir uns also darum, aus Ihrem Entwurf ein *sehr* gutes Buch zu machen. Das beste, das Sie je geschrieben haben. Bis jetzt. Genau das ist das Ziel von Phase 3.

Wenn Sie nun schon mit Ihrem Verlag telefoniert und ihm das Buch für Anfang nächster Woche versprochen haben, rudern Sie mal besser gleich wieder ein bisschen zurück.

Spaß beiseite: Diese letzten Schritte werden Sie zwar bestenfalls nur eine Woche Ihrer Zeit kosten, aber insgesamt deutlich länger dauern.

Hä?

Das bedeutet, es gibt ein paar Pausen für Sie, in denen Sie nichts zu tun bekommen, außer zu warten. Aber natürlich habe ich auch ein paar schöne Vorschläge, was Sie in diesen Pausen Sinnvolles anstellen können.

Sie wissen ja:

Wer rastet, der rostet.

Starten wir in Phase 3.

TAG 22: LESEN AUF LOGIK

Werkzeuge. Jetzt brauchen Sie wieder den Notizblock, den Sie schon aus Phase 1 kennen. Und natürlich Ihr Manuskript. Den Notizblock legen Sie auf Ihren Schreibtisch und dann fangen Sie einfach an, zu lesen.

Und? Es ist gar nicht so übel, oder?

Im ersten Gang ignorieren Sie Rechtschreibung und Tippfehler noch. Auch Ausdruck und Stil verbessern Sie nur flüchtig und ausschließlich da, wo Ihnen auf Anhieb etwas Besseres einfällt.

Worauf Sie in diesem Durchgang achten, sind ausschließlich logische Fehler und mögliche Lücken im Verständnis Ihres idealen Lesers, in dessen Rolle Sie soeben geschlüpft sind.

Wenn Ihnen ein solcher Fehler auffällt, und damit meine ich wirklich: mit Wucht ins Gesicht springt, dann notieren Sie ihn mit der entsprechenden Seitenzahl auf dem Schreibblock und lesen erstmal munter weiter, denn vielleicht klärt sich das alles ja schon zwei Seiten später auf und Sie haben doch erklärt, wie es kam, dass der Dackel eine Augenklappe trug. Sie hatten es vielleicht nur vergessen. Das passiert schon mal, wenn man jeden Tag neun Seiten im Eiltempo tippt.

Verbessern Sie im ersten Schritt nichts, notieren Sie die Fehler nur auf Ihrem Block und streichen Sie das weg, was sich später im Text bereits wieder auflöst.

Noch ein paar Erklärungen:

Was genau meine ich mit Logiklöchern? Theoretisch sollte Ihr Plot, also das logische Konstrukt Ihres Buches, jetzt gar keine allzu großen Baustellen mehr enthalten, denn deswegen haben Sie ja die Beats und den Plot schon in Schritt 1 angelegt und mehrmals miteinander gegengeprüft, damit Ihnen da auch nichts mehr durch die Lappen gehen konnte.

Aber vielleicht tat es das ja doch, die Logik kann eine knifflige Sache sein.

Jetzt haben Sie eine zweite Chance, das auszubessern, wenn auch mit wesentlich mehr Aufwand. Tun Sie es trotzdem. Ihre Leser werden es Ihnen danken. Schludern Sie nicht, liefern Sie nichts Halbgares ab. Ziehen Sie es durch bis zum Schluss!

Beispiel. Möglicherweise haben Sie auch beim Tippen in den Wochen 2 und 3 noch etwas geändert. Sich für ein alternatives Ende einer Szene entschieden, zum Beispiel. Ihr Held, der sich auf der Flucht vor den Behörden befindet, ist beispielsweise spontan auf einem U-Boot entkommen anstatt, wie noch in Woche 1 geplant, auf einem Motorrad.

Wenn er zwei Kapitel später aber das Motorrad, das es ja nun gar nicht mehr geben dürfte, in einem Busch versteckt, um zu Fuß weiterzuhasten – dann haben Sie ein Logikloch. Solche meine ich. Welche, die »so groß sind, dass ein Truck durchpasst«, um mal wieder Großmeister Stephen King zu zitieren.

Den Rest lassen Sie erstmal, wie er ist und warten ab, ob

es Ihren Testlesern auffällt. Wenn Sie nur spannend genug schreiben, können Sie mit so einigem durchkommen, wie gesagt. Das ist ein alter Schriftstellertrick, den auch die »Großen« gern mal benutzen und der es auch bravourös ins Kino geschafft hat: Bisweilen soll uns eine Explosion oder die zerrissene Bluse des Starlets über *gewaltige* Hänger in der Handlung hinwegtäuschen, achten Sie mal drauf oder schauen Sie auf Youtube mal nach »Plot Holes«, es gibt jede Menge Videos dazu. Aber noch mal: Wen juckt's, wenn wir dennoch gut unterhalten werden?

Mich jedenfalls nicht.

Nach dem ersten Lesedurchgang. Wenn Sie mit Ihrem ersten Lesedurchgang fertig sind, lesen Sie sich das durch, was Sie auf dem Zettel notiert haben. Dann lösen Sie diese Konflikte in der Handlung. Nutzen Sie Logik *und* Bauchgefühl, also *beide* Gehirnhälften. Fragen Sie sich nicht nur, was die wahrscheinlichste Lösung wäre, sondern auch, welches die spektakulärste, überraschendste sein könnte. Falls Letzteres nicht kompletter Unsinn ist, geben Sie der den Vorzug. Und manchmal auch dann.

Falls doch mal eine größere Sache in die logische Hose gegangen ist: Sie kennen ja aus der ersten Woche die Möglichkeiten des Brainstormings. Die helfen Ihnen auch hier aus der Patsche, ich bin sicher. Und mittlerweile sind Sie ja richtig gut darin.

Machen Sie es sich nur nicht zu einfach.

Arbeiten Sie schwer, damit Ihr Leser es leicht hat mit Ihrem Buch.

ÜBER DAS LÜGEN

*U*nd was machen Sie mit den *kleinen* Logiklöchern? Die Dinge, die Ihnen beim Schreiben irgendwie komisch vorkamen oder Ihrer Meinung nach nicht genügend erläutert wurden?

Die sind möglicherweise schon gar nicht mehr vorhanden.

Beim zweiten Durchlesen nach der großen Pause ist vieles oft nicht mehr so schlimm, wie Sie es vielleicht beim Schreiben noch geglaubt haben. Manche (auch traditionell veröffentlichte) Romane sind voller Unwahrscheinlichkeiten an der Grenze zur schieren Unmöglichkeit, viele Hollywoodfilme mit Millionenbudget gehen durch die Endprüfung und die Testscreenings und keinem scheint aufzufallen, dass der Held eigentlich gar nicht wissen konnte, wo das Mädchen gefangen gehalten wurde, weil die Szene, in der er das erfährt, leider aus dramaturgischen Gründen rausgeschnitten wurde.

Robert Langdon reist in *Illuminati* an einem einzigen Tag durch die halbe Welt und eine Vielzahl der von Dan Brown in seinem Bestseller *Sakrileg* aufgestellten Thesen werden von führenden Wissenschaftlern auf das Heftigste bestritten.

Und wissen Sie was?

Keinen juckt's.

Im Fokus eines Romans steht spannende Unterhaltung, kein Doku-Journalismus. Es geht darum, Dinge so zu erzählen, wie sie sich zugetragen haben *könnten* und nicht zwangsläufig so, wie sie sich zugetragen haben. Nicht jedes Detail muss der Wahrheit entsprechen, dazu ist das »wahre Leben« oft einfach zu unspektakulär. Spätestens seit *Akte X* wissen wir, dass die Wahrheit sowieso drastisch überschätzt wird. Sie wollen nicht die Wahrheit verkaufen, sondern (Achtung, festhalten!) eine spannend erzählte *Lüge*.

Ganz ehrlich.

Schriftsteller lügen. Gut und überzeugend lügen zu können, ist ganz einfach ein Teil der Jobbeschreibung und vielleicht sogar der wichtigste. Aber trennen Sie das bitte von Ihrem Privatleben, okay?

Sind Sie jetzt enttäuscht oder desillusioniert? Dann sollten Sie unbedingt Journalist werden. Vermutlich wären Sie sogar ein ziemlich guter.

TAG 23: DIE # AUFLÖSEN

*E*rinnern Sie sich noch an das Rauten-Doppelkreuz-Dingsbums (#) von Tag 9? Lange her, ich weiß, aber in Ihrem Text sollten jetzt so einige davon stehen. Die haben Sie gesetzt, damit Sie an der entsprechenden Stelle nicht wegen einer kleinen Frage aus Ihrem Schreibfluss gerissen werden. Jetzt holen wir die Kameraden da raus, einen nach dem anderen. Wie John Rambo mit dem Hubschrauber.

Und dann machen wir sie platt.

In Ihrem Schreibprogramm benutzen Sie jetzt die Suche, üblicherweise wird das kleine Fenster mit *Strg + F* (PC) oder *Command + F* (Mac) aufgerufen. Da tippen Sie jetzt das Rautezeichen (#) ein und klappern eins nach dem anderen ab. Jetzt sollten Sie auf Sätze treffen wie:

Er riss das Motorrad herum und winkte fröhlich mit seiner ... (# Verdammt. Trägt der Kerl nun einen Helm oder eine Lederkappe? #).

Finden Sie heraus, was davon der Fall ist und verbessern Sie es dementsprechend, damit es zum Rest der Handlung passt. Fertig.

Sollten Sie auf Rautezeichen treffen, die ein bisschen Recherche erfordern, wie zum Beispiel:

Er zog die (# welche Art von Pistole war 1942 Standard bei der amerikanischen Polizei? #) *und schoss damit auf das Schloss der Zimmertür.*

Finden Sie heraus, welche Pistole das gewesen sein könnte, oder sparen Sie sich den Aufwand, wenn es geht, und schreiben Sie einfach Pistole. Das ändert ja nichts an der Tatsache, dass das Schloss aufgeschossen wurde. Was übrigens nach Expertenmeinung Blödsinn ist. Trotzdem sehen wir es ständig in Filmen.

Egal. Hauptsache, es knallt und das Türschloss ist anschließend kaputt.

Weiter im Text.

TAG 24: NOCH ETWAS MEHR RECHERCHE?

Unter Umständen sind einige Ihrer Rautezeichen wirklich nur durch intensivere Recherchen zu lösen. In den allermeisten Fällen, wie der Pistole von eben, kommen Sie im Internet weiter, oder Sie verzichten ganz auf Detailangaben, indem der Kerl halt einfach *die Pistole* hochreißt und auf das Schloss ballert, fertig.

Wenn Sie wirklich der Meinung sind, dass dieses oder jenes Detail Wesentliches zur Lesefreude an Ihrem Roman beiträgt, und Sie im Internet nicht fündig werden, dann wäre jetzt vermutlich ein guter Zeitpunkt, einen Fachmann oder eine Fachfrau zurate zu ziehen. Oder diesen Kontakt zu reaktivieren, wenn Sie ihn oder sie schon in Phase 1 am Wickel hatten.

Begegnen Sie dem Experten immer mit einer kurzen, gut vorbereiteten Fragenliste. Bitten Sie höflich um ein paar Minuten seiner oder ihrer Zeit, lassen Sie einen Kaffee oder ein Bier springen, erwähnen Sie ihn im Buch und schicken Sie ihr gefälligst ein Papierexemplar zu. Dann dürfen Sie bestimmt auch beim nächsten Mal wieder ein paar Ihrer Fragen loswerden.

Warum Sie das erst jetzt machen sollten. Der große Trick hierbei ist, dass Sie jetzt schon ein Manuskript in der Tasche haben, was Ihnen niemand mehr nehmen kann. (Hoffentlich haben Sie ein Back-up in der Cloud!) Sie haben also die Phase verlassen, in der Sie *absolutes Stillschweigen* bewahren müssen, ab jetzt wird nur noch poliert. Es ist daher schwer vorstellbar, dass Sie sich selbst jetzt noch auf die Weise demotivieren können, die ich in Kapitel IV im Abschnitt *Top Secret* beschrieben habe.

Außerdem kann es natürlich vorkommen, dass die Expertin Ihre kühne Vorstellung der betreffenden Szene komplett auseinandernimmt, siehe eben mit dem aufgeschossenen Schloss. Weil Experten natürlich drauf erpicht sind, dass man keinen Unsinn über ihr Fachgebiet verbreitet.

Allerdings sind Sie vermutlich kein Experte für Schusswaffen – und das wird vermutlich auch auf den Großteil Ihrer Leser zutreffen. Ausnahme: *Military Fiction* und verwandte Fachgebiete, klar.

Letztlich geht es, wie gesagt, darum, gut unterhalten zu werden. Ich bin mir ziemlich sicher, dass sich Dan Brown der Tatsache sehr wohl bewusst war, dass er sich hier und da ein paar Fakten zurechtgebogen hat, damit sie besser zur Handlung seines Bestsellers passen. Immerhin ist er mit einer Kunsthistorikerin verheiratet. Das hat ihn allerdings nicht davon abgehalten, das Richtige zu tun, nämlich ein spannendes Buch zu schreiben, anstatt historische Haare zu spalten. Gut so, Mr Brown!

Gegenbeispiel: In einem Thriller mit dem bei Altmeister Goethe geklauten Titel *Ich Breche Dich* schrieb ich im finalen Manuskript davon, dass Polizisten eine bestimmte Tür *aufschweißen* mussten. Kennt man ja, das gute alte Aufschweißen von Türen. Bloß, dass es kein Schweißer auf diesem Planeten so nennen würde, wie mir ein aufmerksamer Testleser (Hallo, Jörg!) schrieb, der glücklicherweise passionierter Schweißer ist.

Gut, ne?

Also änderte ich die Stelle von »Das mussten wir aufschweißen.« In das korrektere »Das mussten wir mit dem Schweißbrenner aufschneiden.«

Fertig.

Alle sind happy und diejenigen unter meinen Lesern, die einen Schweißerpass besitzen (und das dürften durchaus ein paar sein), werden wohlwollend nicken und sagen: »Nicht schlecht. Der Frey weiß, wovon er da schreibt.«

Indem ich an *einer* Stelle des Romans *ein paar Worte ausgetauscht* habe. Hat mich keine Minute gekostet.

Ich liebe meine Testleser.

SCHON FERTIG? GUT!

Wenn Sie für die Tage 22-24 jeweils keinen vollen Tag (sprich: acht Stunden) benötigt haben, umso besser. Und das ist durchaus wahrscheinlich, wenn Sie Ihre Hausaufgaben in der Woche 1 richtig erledigt haben.

Vertrödeln Sie dennoch keine Zeit, sondern gehen Sie einfach zum Tag 25 über, der Optimierung von Ausdruck und Stil. Höchstwahrscheinlich werden Sie damit nämlich wesentlich mehr Zeit verbringen. Ich reserviere mir selbst dafür mindestens drei Tage für ein 250-Seiten-Manuskript. Oft wird auch eine Woche draus, da bin ich nicht knauserig mit meiner Zeit.

Weil ich will, dass es schön knackig wird und auf den Punkt. Denn ich weiß, dass es meine Leser knackig lieben, und für meine Leser tue ich alles! Kommen wir zu Tag 25.

TAG 25: ALLES AUF ELF!

Kennen Sie den Film *This is Spinal Tap!*? Dort lässt sich der Leadgitarrist spezielle Verstärker bauen, die man anstatt der üblichen zehn bis auf elf aufdrehen kann. Wenn Sie zufällig Rockmusiker sind, werden Sie das vielleicht ein bisschen lustig finden. Weil es natürlich nichts dran ändert, dass der Verstärker am Anschlag eben einfach *voll* aufgedreht ist, egal, was da steht. Ha ha. Aber so sind wir Gitarristen.

Auf Ihr Buch bezogen meine ich damit etwas ganz Ähnliches. Wenn wir hier auf elf drehen, dann mit folgendem Ziel:

Jedes Kapitel soll so kurz und präzise wie möglich auf den Punkt genau das erzählen, was es erzählen soll. Nicht mehr und nicht weniger. Sie erinnern sich an die *Mission* einer Szene und eines Kapitels? Hier drehen wir nochmals an dieser Schraube. Die Protagonistin trägt eine grüne Lederjacke? Wen interessiert's, weg damit! Ihr Held stammelt herum, bevor er zur Sache kommt? Diesen Dialog straffen wir, bis die Worte wie Pistolenschüsse sind und jeder einzelne haargenau ins Ziel trifft. Bäm!

Im Laufe der Verfolgungsjagd explodiert ein Motorrad? Nett: Aber wie wäre es mit einem explodierenden Bus? Oder einem Helikopter? Einem Flugzeug? Einem ganzen Zug? Was spricht dagegen, die halbe Stadt in die Luft zu jagen? (Ist ja zum Glück alles nur Fiktion.) Tun Sie's! Lassen Sie es krachen!

Drehen Sie's auf elf!

Schrauben Sie an Konflikten, schüren Sie die Emotionen der Kontrahenten, bis es vor Spannung nicht mehr auszuhalten ist. Und zwar in jedem einzelnen Kapitel. Wenn Sie so ticken wie ich, sind die bei Ihnen eher kurz, das macht die Arbeit nämlich überschaubar. Viel überschaubarer, als wenn Sie sich damit schon in Phase 2 herumgeschlagen hätten.

Es ist wie beim Fitnesstraining. Die Devise ist zu straffen, zu verstärken, zu präzisieren. So oft, bis es an Knackigkeit nicht mehr zu überbieten ist.

AUSDRUCK UND STIL

Dazu gehört natürlich auch die Optimierung Ihrer Schreibe, die Sie in diesem Durchgang gleich mit optimieren. Bevor Sie Ihr Buch auf die Leserschaft loslassen, wollen Sie dafür sorgen, dass man Sie als Mitglied der schreibenden Zunft einigermaßen ernst nimmt. Das heißt, optimieren Sie auch Stil und Ausdruck Ihres Buches, und zwar auf Kürze und Treffsicherheit jedes einzelnen Satzes. Lassen Sie es klingen wie aus einem Guss, wie bei den Großen. Überraschen Sie, lassen Sie ein wenig Humor zwischen den Zeilen aufblitzen, wenn Ihnen das liegt. Sonst eher nicht.

Aber um Himmels willen verbiegen Sie sich nicht!

Versuchen Sie nicht, nach Ihrem Stil oder Ihrer »Stimme« zu suchen. Das ist nämlich Zeitverschwendung. Die kommt von ganz allein, wenn es so weit ist. Schreiben Sie erstmal, wie *Ihnen* der Schnabel beziehungsweise Stift gewachsen ist. »Sprechen« Sie in Ihrer normalen Stimme. Das ist der einzige Weg, wie Sie Ihren Stil, Ihre »Stimme« schließlich finden werden.

Entfernen Sie Rechtschreib- und Tippfehler. Zeigen

Sie, dass Sie zu den drei Menschen auf diesem Planeten gehören, die alle Kommaregeln in der deutschen Sprache beherrschen und wissen, was ein erweiterter Infinitiv mit zu ist. Ich selbst habe davon nicht die geringste Ahnung, aber glücklicherweise habe ich – Sie ahnen es – ein Programm namens Papyrus Autor (und eine sehr fähige Lektorin).

Weiterführendes zu Ausdruck und Stil erspare ich mir an dieser Stelle, denn das finden Sie allerorten im Internet. Lesen Sie' und wenden Sie es an!

Außerdem finden Sie dort jede Menge Schreibtipps zu vollkommenen Sätzen und blumigen Metaphern. Ich halte davon nicht allzu viel, ehrlich gesagt. Nichts schlägt die Sprache des Mannes von der Straße, dem ich zum Beispiel an einer Bar begegne. Und dann erzählt er mir diese unglaubliche Geschichte, wie ihm eines schönen Tages Elvis an einer Tankstelle begegnete …

Ein großer Vorteil der Sprache des imaginären *Mannes von der Straße* ist, dass sie wirklich jeder versteht. Auch der Germanistikprofessor, der in seiner Freizeit vielleicht auch einfach mal nur ein spannendes Buch lesen möchte. Goethe und Co. hat er ja den ganzen Tag auf Arbeit schon zur Genüge.

Wenn eine Story so spannend ist, dass ich einfach zuhören *muss*, sind mir geschliffene Sprache oder süffisante Vergleiche und vergnügliche Metaphern einfach nur *schnurzpiepegal*. Und es gibt jede Menge Leser, die mir da zustimmen. Bemühen Sie sich nicht, wie ein Schriftsteller zu klingen. Seien Sie einfach einer. Schreiben Sie!

Jeder Satz in einem Buch steht in einem Kontext, und dieser Kontext ist viel wichtiger als die Ästhetik des Satzes für sich genommen.

Ansonsten schreiben Sie nämlich Lyrik, und das ist ganz bestimmt nicht Thema dieses Buches.

Knappe Sätze, wenige Adjektive, möglichst keine

Adverbien. Stattdessen lieber: Bäm, auf die Zwölf. Jeder weiß, dass ein Opa *alt* ist und Wasser meistens *nass*. Also fällt der Opa ins Wasser, bäm. Und nicht: Der *alte, gebrechliche* Opa fiel *kopfüber und mit den Armen rudernd* in das *nasskalte, blau schimmernde* Wasser. Weil das doppelt gemoppelt ist und absolut überflüssiger, oberlehrerhafter Mist. Ihre Leser sind schließlich nicht dumm, also verkaufen Sie sie auch nicht für dumm. Einige von denen wissen sogar, was ein Pleonasmus ist.

Wie gesagt, ich erledige das alles gern in einem Abwasch. Wenn das für Sie für den Anfang zu viel ist, machen Sie gern und auf jeden Fall zwei oder mehr Durchgänge draus. Bei mir kommt nach diesem Abwasch nämlich auch noch ein Waschgang. Und zwar mit den wundervollen Analysetools von Papyrus Autor.

Die heißen: **Stilanalyse, Lesbarkeitseinschätzung** und natürlich die bereits erwähnte **Duden-Rechtschreibkorrektur**. Da das hier keine Werbeveranstaltung werden soll und ich auch nicht wie einer von diesen Lamadecken- oder Magnetarmbandverkäufern rüberkommen möchte, überlasse ich Ihnen, herauszufinden, was sich hinter diesen mächtigen Werkzeugen innerhalb meines Lieblingsschreibprogramms verbirgt.

LÜCKEN LASSEN!

Sprachliche Effizienz sagt übrigens rein gar nichts über die finale Länge Ihres Buches aus. Man kann auch auf über eintausend Seiten äußerst effizient schreiben. Stephen King macht's vor.

Leser sind in aller Regel fantasiebegabte Wesen. Sie lieben es, Lücken zu füllen. Also lassen Sie Lücken, nur nicht in der Logik, okay?

Schreiben Sie etwas von einer altenglischen Bibliothek, wo vor einem gemütlich prasselnden Kaminfeuer Sir Alfred (Sie erinnern sich? Das war der mit dem Schürhaken!) in seinem Ohrensessel sitzt, und jeder hat ein Bild vor Augen. Auch ohne, dass Sie seitenweise über Jagdtrophäen an den Wänden und die Farbe und Beschaffenheit des Perserteppichs auf dem Boden schreiben. Das alles findet nämlich im Kopf des Lesers auch ohne ihr Zutun statt.

Das ist wie Gedankenübertragung.

Reine Magie.

Interessanterweise hat er, der Leser, damit mehr Spaß, als wenn Sie ihm jedes Detail beschreiben und vorkauen. Dafür gibt es nachher schließlich den Film. Geben Sie Ihren Lesern einen Einstieg in die Szene und dann lassen Sie seine eigene Fantasie drauf los.

Lassen Sie Lücken – nur nicht in der Logik.

DIALOGE AUFMOTZEN

An Tag 19 unserer Reise haben wir schon über Dialoge gesprochen, und dass sie, mehr als alles andere, Ausdruck der individuellen Persönlichkeit der beteiligten Figuren sind. Viel mehr zum Beispiel als Klamotten, ein Hinkebein oder die seltsame Angewohnheit, ständig »stinkende Zigarillos zu paffen und sie treffsicher neben den Kamin zu schmeißen«. (Sorry, Wolfgang Hohlbein. Ich liebe Ihre Hexer-Reihe dennoch sehr.)

Mit diesem kleinen Trick können Sie überprüfen, ob Ihnen das bei Ihren Dialogen gelungen ist: Nehmen Sie den Textabschnitt, der den betreffenden Dialog enthält und kopieren Sie ihn in ein neues Dokument.

Dann streichen Sie die Namen aller Personen.

Dazu ein kurzes Beispiel.

Aus:

»Schon klar«, sagte Howard und sog an einem seiner unvermeidlichen, stinkenden Zigarillos. »Aber ich habe ihn nun mal nicht umgebracht.«

»Wie kannst du dir da so sicher sein?«, rief Jane erzürnt, »immerhin bist du ein Schlafwandler!«

wird dann:

»Schon klar.«
   »Aber ich habe ihn nun mal nicht umgebracht.«
   »Wie kannst du dir da so sicher sein?«
   »Immerhin bist du ein Schlafwandler!«

Höchstwahrscheinlich werden die meisten Ihrer Dialoge länger als zwei Zeilen sein, aber jetzt wissen Sie, was ich meine. Machen Sie das mal für einen längeren Dialog und lesen Sie ihn einen Tag später noch mal durch, oder besser: Geben Sie ihm jemanden, der den Text überhaupt noch nicht kennt.

Wissen Sie noch, wer was gesagt hat? Falls ja, hat jede Ihrer Figuren eine eigene Sprache, an der man sie sofort erkennt. Wirklich? Toll, alle Achtung! Eigentlich sind Sie derjenige, der einen Schreibratgeber verfassen sollte. Ich würde ihn jedenfalls lesen.

TAG 26: IHRE TESTLESER

Wie die Zeit verfliegt. Gerade sprachen wir noch über Ideen und Hirnhälften, und jetzt haben wir schon fast ein fertiges Buch in der Hand. Kribbelt es schon im Veröffentlichungsfinger? Haben Sie den Briefumschlag für den Verlag schon bereit?

Noch ein kleines bisschen Geduld bitte.

Jetzt ist der Punkt erreicht, an dem Sie Ihr überarbeitetes, gestrafftes und in jeder Hinsicht optimiertes Manuskript erstmals einem kleinen Kreis von »Kritikern« präsentieren dürfen. Aber sagen Sie diesen Personen bitte vorher, worauf sie sich da einlassen. Nämlich auf einen Zweitentwurf, und damit eine Vorstufe zum eigentlichen Buch. In der durchaus noch ein paar Fehler sein dürften. Haben Sie sich etwa ernsthaft eingebildet, Sie hätten bereits alle erwischt?

Dann machen Sie sich auf eine Überraschung gefasst ...

Das ist der Moment der Wahrheit. Jetzt öffnen Sie Ihr Innerstes erstmals der gnadenlosen Kritik Ihrer Freunde und damit der Öffentlichkeit. Und deren Reaktionen werden sich nicht unerheblich auf Ihr Selbstbewusstsein auswirken.

Haben Sie das Zeug zum Autor? Auf jeden Fall, wenn Sie es bis hierher geschafft haben.

Aber haben Sie auch schon das Zeug zu einem Autor, dessen Bücher sich verkaufen werden wie warme Semmeln? Jetzt finden Sie es heraus.

Augen auf und durch!

MEINE TESTLESER

Ich habe mittlerweile eine recht ansehnliche Liste von Newsletter-Abonnenten. Das sind die tollen Menschen, die nicht nur gelegentlich mal ein Buch von mir lesen, sondern immer auf dem neuesten Stand sein möchten. Was meine Veröffentlichungen betrifft, meine anstehenden Lesungen und andere öffentliche Zurschaustellung meines unbezähmbaren Egos. Das sind meine Lieblingsleser und mir die liebsten Menschen auf der Welt. Ein dicker Gruß geht raus an jede und jeden von euch, Leute, ihr seid toll!

Wenn ich mit einem neuen Buch bei Tag 26 angelangt bin (also bei diesem hier), dann schicke ich einen Newsletter herum und frage meine Lieblingsleser, wer von ihnen Lust hat, mein neues Buch probezulesen. Auf meinen letzten diesbezüglichen Aufruf meldeten sich über einhundertfünfzig wundervolle Menschen mit einer Mail, in der sie sich kurz vorstellten und mir erklärten, warum sie mein neues Buch unbedingt vor allen anderen lesen *müssten*.

Cool, oder?

Die einzige Schwierigkeit bestand für mich darin, aus all diesen Zuschriften fünf auszuwählen. Letzten Endes habe ich mich für zehn entschieden. Diese bekamen dann das Buch vorab zugeschickt und wenige Tage(!) später hatte ich die fachkundige Einschätzung zu meinem neuen Thriller im Postfach. Und zwar fachkundig deshalb, weil mich das Urteil dieser Leute ungefähr tausendmal mehr interessiert als das irgendeines Literaturpapstes oder selbst ernannten Kritikers.

Nicht jeder mag meine Bücher, na und wenn schon? Das kann ich verschmerzen. Ich schreibe für *meine* Jungs und Mädels da draußen, also wieso sollte mich die Meinung von jemandem interessieren, der meine Bücher eigentlich sowieso nicht lesen will?

Denn wissen Sie was? *Nur* diesen wundervollen Menschen verdanke ich, dass ich vom Schreiben leben kann, und nicht irgendeinem Literaturkritiker oder ewigem Nörgler. Und dafür stehe ich tief in der Schuld meiner Leser. So einfach ist das.

Vermutlich haben Sie diesen Luxus anfangs nicht, besonders, wenn das Ihr erstes Buch ist. Dennoch haben natürlich auch Sie ein paar Möglichkeiten, an Testleser zu kommen.

Haben Sie Verwandte und Bekannte, die gern lesen? Machen Sie sie zu Testlesern.

Schauen Sie sich mal im Internet um, speziell auf Facebook. Da gibt es ein paar Gruppen, in denen Autoren neue Testleser finden können.

Wenn Sie wirklich auf einer Insel wohnen und überhaupt niemanden finden, der Ihren Roman probelesen will, und auch kein Internet haben, dann springen Sie einfach zu Tag 27 und schicken Sie das Ding gleich zum Lektor. Siehe da. Aber nur, wenn Ihnen nichts anderes übrig bleibt.

DER FRAGEBOGEN

Allerdings sollten Sie Ihr Buch nicht einfach so zu Ihren Testlesern schicken und sie dann anschließend fragen: »Und? Wie fandest du es?« Die Antworten werden in den meisten Fällen zu allgemein ausfallen oder zu spezifisch, als dass Ihnen das etwas nützen würde. Wenn die betreffende Person zum Beispiel antwortet:

»Furchtbar.«

Und Sie fragen (während sich Ihr Magen ein paar Mal umdreht, glauben Sie mir, ich kenne das …):

»Oh, furchtbar also. Und wieso?«

»Ach«, sagt der Testleser darauf. »Keine Ahnung. Ist halt einfach nicht so mein Ding. Ich lese eben lieber den Fitzek.«

Das nützt Ihnen dann rein gar nichts.

Dasselbe mit dem Gegenteil: »Toll! Ich wusste ja gar nicht, dass du schreiben kannst. Und manchmal hat sogar die Rechtschreibung gestimmt!«

Schön fürs Ego, aber es bringt Sie nicht wirklich weiter.

Was Sie dagegen weiterbringt, sind *konkrete Antworten auf konkrete Fragen*. Also stellen Sie konkrete Fragen. Weil ich ein netter Typ bin, zeige ich Ihnen mal am Beispiel eines meiner

Fragebögen, was ich meine. Bitte kopieren Sie das nicht Wort für Wort, okay? Aber die *richtigen* Fragen, die dürfen Sie Ihren Testlesern schon stellen. Das müssen Sie sogar, wenn das Ganze irgendeinen Sinn haben soll.

Zum Beispiel so:

Liebe ...,

vielen Dank, dass du mein neues Buch probelesen möchtest, das du im Anhang findest. Ich hoffe sehr, dass es dir gefallen wird!

Damit das Ganze ein Vergnügen bleibt und für dich nicht in Arbeit ausartet, habe ich mir gedacht, ich schreibe dir ganz kurz, wie ich mir das mit dem Probelesen so vorstelle.

1. Reschtchreypunck! *Was du lesen wirst, ist ein Manuskript. Das heißt, es sind noch Rechtschreibfehler drin. Jede Menge sogar. DAS IST BEI EINEM MANUSKRIPT GANZ NORMAL. Darum möchte ich dich bitten: Überlies sie einfach. In diesem »Waffengang« geht es mir nur darum, dass meine Lieblingsleser mir ein kurzes Feedback zu Handlung und Personen des Romans geben (siehe Fragen, gleich). Ganz zum Schluss geht das Ganze selbstverständlich noch einmal an meine Lektorin zur finalen Kontrolle. Und da werden (hoffentlich) alle Rechtschreib- und Grammatikfehler entfernt. Du musst dir (und mir) diese Mühe also nicht machen. :-)*

2. Ausdruck. *Hier gilt im Grunde das Gleiche wie für 1. ABER: Wenn du Stellen besonders langweilig/gelungen/unverständlich/toll findest, darfst du mir das gerne mitteilen.*

So etwa:

»Teil I/Kapitel 5 (oder: Seite/Position): Der Junge schwadroniert endlos über seine Vergangenheit. Wen interessiert das? Langweilig!!!«

oder

»Die Schlussszene, als die Schwester mit dem Chefarzt zusammenzieht, von dem sie ein Baby erwartet? OMG! So toll, ich musste totaaaal weinen!«

So in der Art.

3. Fragen. Im Folgenden ein paar Fragen, die dir helfen sollen, eine Gesamteinschätzung des Romans zu formulieren. Um die Beantwortung dieser Fragen geht es mir vor allen Dingen. An ihnen kann ich ablesen, was gut/nicht so gut ankommt und entsprechende Änderungen vornehmen. Und zwar vor finalem Lektorat und Veröffentlichung, was mir eine unschätzbare Hilfe ist. Schließlich sollt ihr ja den besten Roman bekommen, den ich für euch schreiben kann.

Und hier sind die Fragen:

a. Welche Charaktere haben dir gut/nicht so gut gefallen und warum?

b. Gab es Stellen, an denen du vor Langeweile blättern wolltest und das vielleicht auch getan hast?

c. Gab es Stellen, die du nicht verstanden hast und die auch später im Roman nicht aufgelöst wurden? Wenn ja, wo?

d. Wie hat dir der Einstieg in die Story gefallen?

e. Konntest du einen Bezug zu HAUPTPERSON 1 und HAUPTPERSON 2 und dem GEGENSPIELER aufbauen? Wer ist dir sonst noch im Gedächtnis geblieben und wieso?

f. Welchem (Haupt-)Genre würdest du den Roman – ganz spontan – zuordnen?

Das war's schon. Du musst natürlich zu den einzelnen Punkten keine Romane schreiben, ein paar Stichpunkte wären schon ganz super und sind völlig ausreichend! Und du darfst natürlich auch gern eigene Fragen, Antworten, Kommentare, Meinungen kundtun. Die obigen Fragen dienen nur als Anhaltspunkte.

4. Ehrensache: Ich glaube, das versteht sich von selbst: Bitte gib dieses Manuskript nicht weiter. Auch nicht an deinen besten Kumpel. Danke! Wenn das Buch veröffentlicht ist, darfst du ihm dein Exemplar natürlich jederzeit gern borgen/schenken/verkaufen. Nur eben bitte nicht diesen Entwurf. Ich bin sicher, du verstehst das.

Danke!

Das war es dann auch schon. Das heißt, ich erwarte von

meinen Lesern nicht, dass sie meine miserable Rechtschreibung korrigieren oder Probleme für mich lösen, denn das ist *mein* Job als Autor und nicht ihrer. Sie sollen mir lediglich zeigen, an welchen Stellen es Probleme *gibt,* also ihr Lesefluss durch irgendetwas unterbrochen wurde.

Das ist Gold wert.

Wenn Sie gute (sprich: kritische!) Testleser haben, die Sie auf diese Stellen aufmerksam machen, stehen Ihre Chancen ausgezeichnet, ein wirklich gutes Buch abzuliefern.

ZURÜCK VON DEN TESTLESERN

Dass Sie die Bemerkungen Ihrer Testleser ernst nehmen sollten, muss ich nicht extra erwähnen. Aber Sie sollten auch in der Lage sein, konstruktive Kritik von ... nun ja, nicht so konstruktiver Kritik zu trennen. Bloß weil einer einzelnen Person das Ende der Geschichte nicht gefällt, müssen Sie nicht das ganze Buch umschreiben.

Wenn aber mehrere Ihrer Testleser über dieselbe Stelle stolpern, besteht vermutlich schon Handlungsbedarf Ihrerseits.

Machen Sie vorher klar, worauf der Leser sich bei dem jeweiligen Buch einlässt, am besten, indem Sie ihm das Genre verraten, und wenn Sie können auch schon einen Titel und einen Klappentext, also die Mini-Kurzzusammenfassung des Inhalts Ihres Buches (ohne das Ende natürlich!).

Wenn jemand ausschließlich Liebesschnulzen liest, wird Ihr Psychothriller kaum gut wegkommen, aber das muss vielleicht nichts mit Ihren schriftstellerischen Fähigkeiten zu tun haben, sondern einfach mit dem Geschmack des betreffenden Lesers.

Wenn Sie neu im Geschäft sind und Ihr Manuskript im

Bekanntenkreis herumzeigen, werden Sie höchstwahrscheinlich immer mit einer gewissen Portion Skepsis und der einen oder anderen hochgezogenen Augenbraue rechnen dürfen, frei nach dem Motto: »Oh, du versuchst dich also daran, die nächste J. K. Rowling zu werden? Na, das wollen wir doch erst mal sehen ...«

Vergessen Sie's.

Manche Menschen *müssen* einfach ständig so tun, als ob sie mehr Ahnung haben als alle anderen. Falls Sie auf einen solchen Zeitgenossen treffen und er zerreißt Ihr Manuskript in der Luft, nennt Sie einen Stümper und blutigen Anfänger – beißen Sie die Zähne zusammen, schenken Sie ihm ein Lächeln und denken Sie sich:

»Mag sein, dass ich ein blutiger Anfänger bin. Aber ich habe immerhin ein Buch geschrieben. Was hast *du* getan?«

Aber behalten Sie diesen Gedanken für sich, schließlich sind Sie ein netter Kerl oder eine coole Frau. Und dann lassen Sie diesen ewigen Nörgler auf dem Trockenen sitzen. Höchstwahrscheinlich wird seine Kritik letztlich wenig mehr als heiße Luft sein, sprich: Wenig konkrete Hinweise enthalten, was Sie verbessern sollten. Dieser Mensch wird Ihren Fragebogen vermutlich sowieso ignorieren, weil so etwas unter seiner Würde ist. *Pfff ... heiße Luft.*

TAG 27: LEKTORAT UND KORREKTORAT

Jetzt sind wir ernsthaft an einem Punkt angelangt, an dem Sie ohne fremde Hilfe nicht mehr weiterkommen. Spitze, denn das bedeutet, dass Ihr Buch noch genau einen Schritt von seiner endgültigen Fertigstellung entfernt ist.

Nur noch einen Schritt. Wow!

Nachdem Sie es aufpoliert, auf elf gedreht und auf Ihre arglosen Testleser losgelassen haben, wird es Zeit, dass ein echter Profi sich der Sache annimmt.

Ich meine natürlich einen Lektor oder eine Lektorin.

Nur, damit es an dieser Stelle nicht zu Missverständnissen kommt, es gibt zwei Arten von Lektoren. Erstens, die Verlagslektoren. Das sind die Menschen, die jeden Tag Tausende mehr oder weniger stümperhafter Manuskripte unaufgefordert zugesandt bekommen. Da wühlen sie sich dann durch, im Schweiße ihres Angesichts, auf der Suche nach dem einen Goldstück in diesem ganzen Haufen Manuskripte, damit der Verleger etwas zum Verlegen hat, womit er idealerweise ein bisschen Geld verdienen kann. Sie sind daher zumeist Angestellte eines Verlags.

Diese Sorte, also die Verlagslektoren, sind hier allerdings erst einmal nicht von Belang. Uns geht es um eine andere Spezies, nämlich den *freien* Lektor.

Diese Art von Lektoren werden dafür bezahlt, dass sie die Manuskripte ihrer Kunden auf Vordermann bringen, das heißt, sie lektorieren und Korrektur lesen. Und bezahlt werden Sie dafür von Ihnen, dem *freien* Autor. Natürlich nur, wenn Sie auch ein freier Autor sind, das heißt, an keinen Verlag und dessen Angestellte gebunden sind.

Lektorat und Korrektorat sind unterschiedliche Dinge. Auch das gehört zu den Dingen, die ich nicht in diesem Buch erläutern möchte, weil man so etwas als Autor einfach wissen muss. Ausführliche Infos finden Sie auf den Websites der entsprechenden Dienstleister oder hier: https://de.wikipedia.org/wiki/Korrektor und hier: https://de.wikipedia.org/wiki/Lektorat.

Das Resultat des Lektorats sind jede Menge (virtueller) gelber Klebezettel am Rand Ihres Manuskripts, wenn es zurückkommt. Da stehen dann Anschlussfehler, Logiklücken, Bemerkungen zu Stil und Ausdruck drauf und all das, was Ihrer Kontrolle und der Ihrer Testleser bis jetzt noch durch die Lappen gerutscht ist.

Das Korrektorat bezieht sich in aller Regel ausschließlich auf die richtige Schreibung von Wörtern und Satzgebilden. Und Kommas ... äh, ich meine, Kommata. Und ja, beides ist richtig.

Anschließend sollte Ihr Manuskript jedenfalls weitestgehend frei von dieser Art von Fehlern sein.

Und damit ist Ihr Buch dann endlich wirklich fertig.

WIE FINDEN SIE EINEN GEEIGNETEN LEKTOR?

*D*a gibt es eine einfache Methode. Schauen Sie, wer das Lektorat bei Ihren Lieblingsbüchern gemacht hat. Wenn es sich dabei ausschließlich um Bücher handelt, die bei großen Verlagen erschienen sind, haben Sie ein kleines Problem, denn diese Lektoren sind, wie eingangs beschrieben, üblicherweise an die Verlage gebunden und stehen Ihnen daher in aller Regel nicht zur Verfügung.

Also schauen Sie sich mal im Lager der Selfpublisher, auch bekannt als unabhängige oder *freie* Autoren, um. Gucken Sie sich ein paar Bücher an, von denen Sie meinen, sie klingen gut, und dann schauen Sie nach, wer außer dem Autor noch für das Resultat verantwortlich ist.

Bei den meisten E-Books können Sie in die ersten zehn Prozent des Buches kostenlos reinlesen, und das dürfte genügen, um sich ein Bild von der Schreibe des Autors und der Arbeit seiner Lektorin zu machen. Diese ist nämlich üblicherweise auf den ersten Seiten namentlich genannt.

Aber natürlich sehen Sie hier nur ein fertiges Resultat und wenn es Ihnen nicht gefällt, muss das nicht zwangsläufig an der Arbeit des Lektors liegen. Der kann nämlich auch nur mit dem arbeiten, was er vom Autor bekommt.

Wenn Sie allerdings schon auf den ersten fünf Seiten eines »professionell lektorierten und korrigierten« Buches dreißig Rechtschreibfehler finden, sollten Sie nach einem anderen Dienstleister Ausschau halten.

Wenn Sie sich für Ihre Favoriten entschieden haben, nehmen Sie Kontakt zu den entsprechenden Lektoren auf und stellen Sie Ihr Anliegen vor. Lassen Sie sich ein Angebot machen. Unnötig zu erwähnen, dass Sie Lektorat und Korrektorat eines 250-Seiten-Buches nicht nur einen schlappen Fünfziger kosten wird. Aber es lohnt sich, also machen Sie das unbedingt!

Fragen Sie die Lektorin, ob sie bereit ist, Ihnen eine Probe ihres Könnens zu geben, wenn Sie Ihr ein paar Seiten Ihres Manuskripts zusenden. Dann können Sie sich ein Bild davon machen, wie gründlich sie vorgeht, und ob sie beide gut zusammenpassen. Das ist nämlich sehr wichtig. Dass Ihr Lektor versteht, was Sie wollen.

Außerdem ist es unabdingbar, dass er sich in Ihrem Genre und mit Ihrem Zielpublikum auskennt. Das sollten Sie schon einigermaßen sichergestellt haben, indem Sie nach ihm oder ihr in den Büchern anderer Autoren gesucht haben, die im selben Genre tätig sind wie Sie. Eine Probe sollte Ihre letzten Zweifel beseitigen.

Wenn Sie sich für einen Partner entschieden haben, schicken Sie ihm Ihr komplettes Manuskript. Vergessen Sie nicht, sich auf einen zeitlichen Rahmen für das Projekt zu einigen, das heißt, bis wann Sie Ihr korrigiertes Manuskript zurückerhalten werden.

Klären Sie, inwiefern der Lektor Ihnen im Nachhinein für weitere Fragen zu seinen Bemerkungen zur Verfügung steht, oder ob Sie sich anschließend allein da durchbeißen müssen.

Dann warten Sie.

ZURÜCK VON DER LEKTORIN

Was die Lektorin an Ihrem Manuskript anmerkt, sollten Sie *unbedingt* und in vollem Umfang ernst nehmen. Jetzt haben Sie es mit einem Profi zu tun. Gehen Sie davon aus, dass Ihr Gegenüber (zumindest im Moment) mehr davon versteht als Sie, wie ein fertiges Buch zu »klingen« hat, damit es beim Publikum ankommt.

Vertrauen Sie auf den Sachverstand des Lektors!

Verwickeln Sie ihn oder sie nicht in endlose Diskussionen, indem Sie erklären, warum jene Person aber nicht gestrichen werden *darf*, und warum diese Sterbeszene über 15 Seiten gehen *muss*. Seien Sie kein störrisches Kind, das glaubt, man wolle ihm sein Spielzeug wegnehmen.

Ihre Geschichte ist nämlich bereits nicht mehr ausschließlich Ihr Spielzeug!

Sie ist stattdessen auf dem besten Weg, das Spielzeug Ihrer Leser zu werden. Eines, das sie hoffentlich lieben werden. Und der Lektor hilft Ihnen dabei. Ihr Lektor ist Ihr Verbündeter, und zwar der kompetenteste, den Sie haben. In dem, was er tut, ist er Ihnen haushoch überlegen, nämlich Fehler in Ihrem Manuskript zu finden. Da sind wir Autoren ein bisschen wie der Vogel Strauß. Unsere Köpfe stecken zu tief im Sand beziehungsweise Manuskript.

Noch mal, damit es auch wirklich hängen bleibt: Ein guter Lektor ist in diesem Geschäft Ihr bester Freund. Behandeln Sie ihn dementsprechend!

TAG 28: DAS FINALE

Finito.
Ihr Buch ist fertig.
Lesen Sie es noch mal durch. Einfach so aus Spaß.
Von Anfang bis
ENDE.

Oder: Lassen Sie es sich doch vorlesen. Ich mache das so, sehr gern sogar. Oftmals gehe ich dann laufen und höre mir dabei mein demnächst erscheinendes Buch schon mal auf den Kopfhörern an. Einfach so, ohne irgendwelche Absichten.

Na gut, vielleicht korrigiere ich danach hin und wieder doch noch mal eine Kleinigkeit. Aber wirklich nur eine klitzekleine!

Das Programm, das ich dafür benutze, heißt übrigens *Balabolka*, und das ist russisch. Die kostenlose Software beherrscht aber natürlich auch Deutsch, neben jeder Menge anderer Sprachen. Das Ganze funktioniert so: Wenn Sie das Programm starten, öffnet sich ein Textfenster. Da kopieren Sie den Text Ihres Buchs rein und bitten das Programm, eine MP3-Datei draus zu machen. Eine computergenerierte

Stimme »spricht« dann Ihr Hörbuch in diese MP3-Datei, und anschließend können Sie sich das Ganze anhören. Auf den Kopfhörern. Beim Joggen.

Cool, oder?

Das klingt dann stellenweise vielleicht etwas holprig oder roboterhaft. Das Programm spricht Fremdwörter oder Namen bisweilen etwas putzig aus, aber das spielt keine Rolle für den Genuss. Es ist ja nicht so, dass Sie da ein Hörbuch von einem Profi wie Detlef Bierstedt vorgetragen bekämen. (Falls doch: Glückwunsch!) Für unsere Zwecke genügt es allemal.

Link: **http://www.cross-plus-a.com/de/balabolka.htm**

CHECKLISTE / HAUSAUFGABEN

Keine Checkliste diesmal. Ihr Buch ist fertig. Meinen Glückwunsch und tief empfundenen Respekt!

Willkommen im Klub der (hoffentlich noch lange) lebenden Dichter!

SCHLUSS, AUS, FEIERABEND!

Dem ist im Grunde nichts hinzuzufügen. Aber vielleicht fragen Sie sich, und nicht ganz unberechtigt:

»Und was nun? Ich habe ein Buch. Schön. Aber wie bringe ich es denn nun unter die Leute?«

Das ist ausdrücklich nicht Thema dieses Buches.

Wirklich nicht.

Nein!!!

Okay, ich habe da vielleicht trotzdem noch so ein paar Ideen für Sie ...

Kommen wir zum Bonusteil dieses Buchs.

TEIL VII
BONUS 1: CHEAT SHEETS ZUM »SPICKEN«

SPICKZETTEL

Puh. Da haben wir eine Menge Stoff besprochen in diesem Buch über das Schreiben.

Nebenbei bemerkt: Wenn Ihnen Dinge sauer aufgestoßen sind oder Sie an manchen Stellen absolut nicht meiner Meinung sind: wunderbar! Dieses Buch spiegelt nämlich nur meine *persönlichen* (derzeitigen) Ansichten zum Thema »Schreiben und warum es der coolste Job der Welt ist« wider, nicht zwangsläufig auch ihre oder die von sonst irgendwem.

Ich erhebe weder Anspruch auf Vollständigkeit, noch darauf, die ultimative Lösung für alle Schreibprobleme gefunden zu haben. Wer immer das behauptet, ist sowieso ein Scharlatan. Jeder von uns tickt anders, und das macht die Sache ja so spannend.

Wenn Sie aber manchmal zustimmend nicken konnten, freut mich das natürlich sehr. In diesem Fall stehen die Wahrscheinlichkeiten nicht schlecht, dass es Ihnen genau wie mir geht, was Ratgeber betrifft:

Ich mag Übersichten.

Kurze, knappe Zusammenfassungen des Gesagten, die ich

mir dann über dem Schreibtisch an die Wand tackern kann. Praktisch.

So etwas habe ich natürlich auch für Sie vorbereitet, sogar zwei davon.

Das erste sogenannten Cheat Sheet (früher in der Schule sagten wir Spickzettel dazu) ist eine Übersicht über die einzelnen Tage und was an jedem einzelnen davon zu tun ist, sofern Sie sich an den Zeitrahmen von vier Wochen halten wollen oder können. Falls nicht, nützt es Ihnen genauso viel, nur ändern Sie dann einfach die Zeiten entsprechend Ihres eigenen Zeitplans ab.

Das zweite enthält eine lose Sammlung von Sprüchen und »Weisheiten« aus diesem Buch, die ich so nützlich finde, dass ich sie nochmals für Sie auf einen Blick zusammengefasst habe. Kein Wunder, die meisten davon stammen ja auch nicht von mir.

Hier ist ein Link zu einer Seite, wo Sie diese beiden Spickzettel als PDF downloaden können. Damit es auch wirklich nur die Leser (und Käufer) dieses Buches lesen, habe ich die Seite mit einem Passwort versehen, nachdem Sie dann gefragt werden.

Link: www.storyturbo.de/buchbonus
Passwort: Schönschreiben

TEIL VIII
BONUS 2: VERÖFFENTLICHEN

ÜBER DAS VERÖFFENTLICHEN

*D*urch meine eigenen Buchveröffentlichungen und meine Arbeit meiner Firma *Ideekarree* habe ich im Laufe der Zeit das ein oder andere über das Veröffentlichen von Büchern gelernt. Ein paar dieser Erkenntnisse möchte ich gern mit Ihnen teilen, ohne Anspruch auf Vollständigkeit oder sonst irgendwas.

Wenn Sie sich für die Themen *Veröffentlichen* und *Buchmarketing* begeistern und mehr von dem erfahren wollen, was ich darüber weiß, dann dürfte Sie das Schlusswort ganz am Ende dieses Buches interessieren. Da gebe ich Ihnen nämlich die Möglichkeit, Ihre Wünsche zu äußern, und zwar direkt bei mir.

Wenn Sie mögen.

DER TITEL

Nun wird es Zeit, Ihrem Kind einen Namen zu geben.
Worauf kommt es dabei an?
Ein paar Ideen:
Der Titel Ihres Buches sollte sofort unmissverständlich klarmachen, welchem Genre Ihr Buch zuzuordnen ist. Schauen Sie sich die Cover Ihrer Lieblingsbücher anderer Autoren an. Da dürfte wenig Zweifel daran bestehen, um welches Genre es sich jeweils handelt, selbst, wenn Sie nur den Titel lesen. Und falls es doch noch welche gibt, räumt diese spätestens das Coverbild aus. Stimmt's?

Auch damit kann man möglicherweise mal spielen. Vielleicht, später, wenn der Name des Autors auf dem Cover wichtiger ist als der Titel (oder gar der Inhalt). Aber vorher würde ich es nicht unbedingt empfehlen.

In den Titeln von Thrillern zum Beispiel kommen überdurchschnittlich oft Signalworte des Genres vor wie: Tod, Schuld, Blut, Mörder, Killer und allerlei andere Grausamkeiten. Raten Sie mal, wieso. Tipp: Es hat etwas mit den Erwartungen der Thrillerleser in diesem *Genre* zu tun. Seltener liest man hingegen bei Thrillern etwas von Sonne, Liebe und Zweisamkeit im Titel.

Ich weiß, dies ist (möglicherweise) Ihr erster Roman, und der ist etwas *ganz* Besonderes. Das ist es auch, wirklich! Und natürlich wollen Sie, dass das auch der Leser mitbekommt. Indem Sie nämlich einen weiten Bogen um all diese klischeebeladenen Standardtitel machen. Ihr Buch passt in keine Schublade! Sie pfeifen auf Konventionen! Hmm ... Ist das wirklich ratsam?

Ich finde, der Titel eines Buches sollte dem Leser Folgendes vermitteln:

»Hallo, ich könnte ein Buch sein, das dir gefällt. Und der Typ, der mich geschrieben hat, weiß ziemlich gut darüber Bescheid, worauf du stehst. Das merkt man schon an meinem Titel. Na los, jetzt kauf mich schon!«

Und dann tut er es. Vielleicht. Sonst vermutlich eher nicht.

Verzichten Sie also darauf, Ihrem Buch einen möglichst »ausgefallenen« oder »ganz besonderen« Titel zu geben. Ein *guter* Titel reicht vollkommen aus. Den Rest entscheidet sowieso der Leser. Wenn Sie nur etwas veröffentlichen möchten, um der Welt zu beweisen, dass Sie mit Ihrem ersten Versuch schon besser sind als der ganze Rest von uns, dann ... ehrlich? Behalten Sie es für sich, okay? Sie haben noch eine Menge zu lernen, Cowboy.

Der Titel Ihres Buches sollte prägnant sein. Das bedeutet in den meisten Fällen: kurz oder aus kurzen Wörtern bestehend. Das muss aber nicht so sein.

Der Hundertjährige, der aus dem Fenster stieg und verschwand von Jonas Jonasson ist ein Beispiel für einen verdammt langen Titel. Aber er ist trotzdem einprägsam. Wissen Sie, warum? Weil wir sofort ein bestimmtes Bild vor Augen haben, und das spiegelt recht treffend die bisweilen recht skurrile Grundstimmung dieses Romans wider. Und gibt auch deutliche Hinweise auf das Genre. Einen Thriller oder schnulzigen Liebesroman würde hier wohl niemand erwarten. Mission erfüllt, und zwar mit Bravour. Check.

Der Titel Ihres Buches sollte noch verfügbar sein. Finden Sie heraus, ob der Titel Ihres Buches nicht schon vergeben ist. Während Sie nach einem Titel brainstormen, sollten Sie also nebenbei gleich die Website des einen oder anderen Onlinebuchhändlers geöffnet haben. Wenn Ihr Buchtitel dort schon vergeben ist, Pech gehabt! Aber zumindest wissen Sie dann, dass Sie in die richtige Richtung denken. Zumindest, wenn das andere Buch einigermaßen erfolgreich ist.

Der Titel Ihres Buches muss aufs Cover passen und sollte dabei einigermaßen vernünftig aussehen. Das ist noch ein Grund, warum man lange Wörter möglichst vermeidet oder sich in diesen Fällen einen ausgesprochen fähigen Grafiker zu Hilfe nimmt. Trennstriche auf dem Cover sehen einfach bescheuert aus. Lange Wörter lassen sich auch selten auf den ersten Blick richtig erfassen, speziell wenn das Cover auf die Größe eines Fingernagels reduziert auf einer Website angezeigt wird. Wenn ein potenzieller Leser zweimal auf Ihr Cover schauen muss, um den Titel überhaupt lesen zu können, ist das oft schon ein Blick zu viel.

Tipp: Nehmen Sie ein neues A4-Dokument her und stellen Sie eine große Schriftart ein, und dann spielen Sie damit im Rahmen Ihrer Möglichkeiten herum. So etwa:

So sollte Ihr Cover eher nicht aussehen. Aber es genügt, um sich ein erstes Bild davon zu machen, ob der Titel »optisch funktioniert«.

Dann haben Sie schon mal eine grobe Vorstellung. Haben Sie jetzt noch Platz für das Covermotiv? Kann man Titel und Autor auch noch lesen, wenn man das Cover auf die Größe eines Vorschaubilds zusammenschrumpft? Enthält das Cover einen deutlichen Hinweis auf das Genre (hier: Thriller)?

Noch ein paar Tipps zum Finden eines tollen Titels:

- **Lassen Sie keinen Spielraum für Interpretationen.** Wählen Sie klare, deutliche (kurze) Worte, die sich leicht aussprechen lassen und deren Bedeutung jedem Ihrer Leser geläufig

ist. Das mag je nach Genre etwas variieren, im Zweifel entscheiden Sie sich für die Lösung, welche die meisten auf Anhieb verstehen dürften.
- **Man sagt, dass der Titel oftmals schon irgendwo im Manuskript versteckt ist.** Interessanter Gedanke. Lesen Sie es nochmals aufmerksam auf der Suche danach durch: Welche Dialogzeile fasst das Geschehen treffend zusammen? Welche Metapher ist besonders gelungen? (Weiß wie Schnee, rot wie Blut …) Worum geht es in Ihrem Buch eigentlich? Könnte man das Thema auf wenige Schlagworte reduzieren und aus diesen einen Titel bauen?
- **Denken Sie auch an Redewendungen, Songtitel, ein treffendes Graffito,** das Sie mal an eine Wand gesprüht gesehen haben und das Ihnen ins Auge stach. Wie heißen und was tun Ihre Hauptcharaktere? All das bietet Stoff für Titelideen.
- Brainstorming-Tipp: Lesen Sie Ihre **1-Satz-Zusammenfassung der Handlung** oder schreiben Sie eine neue. Schreiben Sie alle Verben heraus. Dann alle Substantive. Lässt sich daraus vielleicht etwas machen?

COVER

Auch hier nur das Wichtigste, und das liegt eigentlich auf der Hand: Etwas Unprofessionelles oder Uninteressantes guckt sich niemand näher an. Da ist es dann auch egal, wie gut Sie vielleicht schreiben, weil niemand einen Blick *in* Ihr Buch werfen wird, wenn die Verpackung nicht professionell daherkommt und auf die Zielgruppe abgestimmt ist. Im Zweifelsfall verlassen Sie sich besser nicht auf Ihr Bauchgefühl, wann ein Cover nun professionell wirkt und wann nicht. Fragen Sie jemanden, der es von Berufs wegen weiß: Einen Grafiker. Und zwar einen, der schon ein paar Cover für erfolgreiche Bücher gestaltet hat. Da besteht, Sie ahnen es, ein direkter Zusammenhang.

Dahinter steckt eine einfache Rechnung für den Leser:
Wenn ein Autor irgendein Bild lieblos auf den Buchumschlag klatscht, wie sorgsam kann er dann schon beim Schreiben vorgegangen sein?

Wenn Sie wissen wollen, wie ein professionelles Cover aussehen muss, das ist ganz einfach: Schauen Sie sich die Bestseller in Ihrem Genre an. Und dann finden Sie jemanden, der Ihnen so etwas gestalten kann. Und bezahlen Sie ihm, was er dafür haben will, denn das ist, neben dem Lektorat, die wichtigste Investition, die Sie tätigen werden, wenn Sie Ihr Buch tatsächlich verkaufen wollen. Und es ist vermutlich günstiger, als Sie denken.

Wenn Sie angesichts dieser Investition von vielleicht ein paar Hundert Euro oder weniger jetzt noch skeptisch sein sollten, halten Sie sich vor Augen: Wir haben bisher alles getan, um den Leser mit der *besten* Version Ihres Buches zu konfrontieren. Sie haben vier Wochen oder mehr Ihrer Lebenszeit dafür investiert. Ergo hat es ziemlich gute Chancen, sich ganz gut zu verkaufen, mindestens. Knausern Sie jetzt nicht am Cover, denn das, und der Titel, sind Ihre einzige Chance, einen positiven *ersten* Eindruck beim Leser zu hinterlassen.

Und für den gibt es bekanntermaßen keine zweite Chance.

KLAPPENTEXT

Zu Ihrem Buch gehört ein Klappentext, der den Leser in wenigen knappen Sätzen darüber informiert, worum es in Ihrem Buch geht und wieso er es auf der Stelle kaufen und lesen muss.

Was Sie jetzt brauchen, ist eine möglichst attraktive Kurzzusammenfassung Ihrer Story, auch Synopsis genannt. Das Schöne hierbei ist: Den größten Teil oder sogar alles davon haben Sie eigentlich schon.

Erinnern Sie sich noch daran, wie wir am Tag 3 der ersten Woche die Schneeflocken-Methode kennengelernt und sie uns am Beispiel des Plots von *Gone Girl* näher angeschaut haben? Diese Kurzzusammenfassung Ihrer Idee in fünf Schritten brauchen wir jetzt wieder.

Holen Sie sie mal auf den Bildschirm.

Lesen Sie sie durch.

Und dann passen Sie sie an die Geschichte an, die sich in Ihrem Buch inzwischen tatsächlich abspielt. Vermutlich hat sich nämlich einiges geändert, seit Sie zum letzten Mal diese fünf Sätze betrachtet haben.

Der erste Satz, erinnern wir uns, beschreibt die

Ausgangssituation unseres Helden. Den behalten wir auf jeden Fall. Vermutlich auch den zweiten, denn da erfahren wir, welches Ereignis dafür verantwortlich ist, dass unser Held überhaupt in dieses Schlamassel (also die eigentliche Story) gerät. Damit erzeugen wir Spannung und verraten noch nicht allzu viel. Die weiteren Wendepunkte der Geschichte könnten wir eventuell andeuten oder auch nicht. Auf jeden Fall sollten wir im Klappentext nichts verraten, was den Leser dann im eigentlichen Buch noch überraschen soll, logo. Und wie die ganze Sache am Ende ausgeht, verraten wir auf dem Klappentext natürlich auch nicht.

Aber ansonsten ist alles erlaubt, um dem Leser ordentlich Lust aufs Buch zu machen. Am Ende des Klappentexts macht sich oftmals ein Fragesatz gut, etwa einer wie dieser hier:

Wird es Jack Russell gelingen, seine Geliebte aus den Fängen des grausamen Grafen von Ducksteiner zu befreien? Und wie viel wird dann noch von ihm übrig sein?

Sie verstehen, was ich meine. Stellen Sie dem Leser zum Schluss der Synopsis eine Frage, die ihn brennend interessieren wird, nachdem er den ersten Teil des Klappentextes gelesen hat und in die Story und den Kampf des Protagonisten eingeführt wurde. Und die er nur beantworten kann, indem er Ihr Buch liest. Jetzt gleich!

Dann haben Sie ihn.

Lassen Sie ihn bloß nicht los, bis er mit dem Buch unter dem Arm aus dem Laden spaziert. (Idealerweise hat er es dann auch bezahlt.) Oder noch besser:

Lassen Sie ihn *nie wieder* los!

AGENT 007

*A*ngeblich lesen Verlagslektoren so gut wie keine Manuskripte, die Ihnen unaufgefordert direkt von Autoren zugesandt werden. Und ehrlich, ich kann sie verstehen. Es ist einfach ein Fakt, dass da jede Menge Müll dabei ist, und das beginnt schon bei formalen Kriterien. Wie wird sich wohl die professionelle Arbeit mit einem Autor gestalten, der nicht weiß, was eine Normseite ist und der sein handgeschriebenes Manuskript voller Kaffeeflecken einreicht?

Genau, unprofessionell.

Und auf so was hat niemand bei einem Verlag Bock. Hätte ich auch nicht als Leser.

Daher lesen Lektoren bevorzugt Manuskripte, die schon mal durch einen »menschlichen Filter« gegangen sind. Damit ist sichergestellt, dass der Autor zumindest grundlegende Spielregeln beherrscht, und außerdem muss es ihm offensichtlich gelungen sein, besagten »menschlichen Filter« von der Genialität seines Schaffens zu überzeugen. Dicker Pluspunkt.

Solch ein »Filter« heißt in vielen Fällen »Literaturagent«,

und ein »Filter« zu sein, ist nur der allergeringste Teil seiner vielfältigen Aufgaben. Aber kein ganz unwichtiger.

Einen solchen Agenten zu finden, ist wirklich nicht schwer. Ihn davon zu überzeugen, dass er Sie unter seine erfahrenen Fittiche nimmt, nun, das ist eine ganz andere Geschichte.

Wie finden Sie einen Agenten, der zu Ihnen passt? Indem Sie es genauso machen wie bei Ihrer Suche nach einem geeigneten Lektor. Schauen Sie, welche Agenturen die Autoren vertreten, auf die Sie stehen. Das finden Sie manchmal auf den vorderen Seiten des betreffenden Buches oder auf der Website des Autors oder in einschlägigen Internetforen. Da steht dann meist auch die Website der Agentur, wo Sie eine Kontaktmöglichkeit finden sollten.

So weit, so simpel.

Na ja.

Bevor Sie sich nun hinsetzen und einem einflussreichen Menschen, den Sie noch nie persönlich getroffen haben, eine stürmische E-Mail schreiben oder ihm, noch schlimmer, Ihr ganzes Manuskript als Einschreiben-Paket zusenden, finden Sie erstmal heraus, ob er das überhaupt haben will.

Stöbern Sie auf der Website der Agentur herum.

Dort finden Sie in aller Regel, welche Art von Buch und Autor (und in welchem Genre!) gerade gesucht wird, falls überhaupt. Vermutlich wird man Ihnen auch verraten, in welcher Form und Aufmachung man Ihr Manuskript denn zugesandt haben möchte, wie viele Normseiten Ihr Exposé höchstens umfassen darf, in welcher Schriftart es getippt sein soll und dergleichen mehr. Bei solchen Sachen sind Agenturen in aller Regel sehr spezifisch, und Sie sollten das respektieren und sich *exakt* an die gewünschten Vorgaben halten.

Das ist nämlich schon der erste Test, bei dem Sie ansonsten durchfallen werden. Nach meiner Kenntnis scheitern sehr viele Autoren an dieser einfachen Hürde. Schade drum.

Selbst wenn Sie ein zufriedener Selfpublisher sind, empfehle ich Ihnen unbedingt, Ihr Manuskript bei ein paar Agenturen einzusenden. Das Ergebnis Ihrer Bemühungen kann Ihnen nämlich bestätigen, dass Ihr Buch außergewöhnlich viel Potenzial besitzt. Nämlich dann, wenn man Ihnen antwortet.

Wenn man Ihnen nicht antwortet, heißt das nicht automatisch, dass Ihr Buch schlecht ist. Sondern nur, dass man Sie momentan nicht vertreten kann oder möchte. Aus tausend verschiedenen, möglichen Gründen. Was Sie niemals persönlich nehmen sollten. Auch das gehört zur Professionalität.

Machen Sie sich keine Gedanken, wenn das Letztere (also gar nichts) passiert. Schreiben Sie einfach weiter und probieren Sie es mit dem nächsten Buch erneut. Und dann wieder. Durchhaltevermögen ist ein wesentlicher Charakterzug aller erfolgreichen Menschen, die ich kenne, vom Autor bis zum Bodybuilder, vom Unternehmer bis zum erfolgreichen Gigolo.

Übrigens: Solch eine Bewerbung stellt für Sie gar nicht allzu viel Arbeit dar, wenn Sie nach der Methode in diesem Buch vorgegangen sind. Dann haben Sie nämlich jetzt bereits ein Exposé, und zwar das aus Phase 1. Sie müssen es nur noch in Form bringen (vermutlich noch ein bisschen kürzen) und mit einem netten Anschreiben versehen.

Fertig.

VERLAGE

*E*s folgt ein kurzer, und sehr allgemein gehaltener Überblick der Möglichkeiten, die Sie zur Veröffentlichung haben. Aus meiner ganz persönlichen Sicht. Ohne Anspruch auf irgendwas. Nur falls mich jetzt irgendso ein Druckkostenzuschuss-Spinner verklagen möchte. Dazu gleich mehr.

***

MAJOR-VERLAG. DIE »BIG PLAYER« im Spiel der Publikumsverlage. *Heyne* (und alles, was sonst noch zu *Random House Bertelsmann* gehört), *Piper, Ullstein, Fischer, Bastei* und so weiter. Wenn Sie dort Ihr Manuskript auf Anhieb unterbringen, sind Sie wirklich ein Glückspilz oder aber ein literarisches Wunderkind. Auf jeden Fall nimmt man Ihnen dann wohl ab, dass Sie Ihr Genre und Ihr Zielpublikum gut kennen und es exzellent bedienen können. Meinen allerherzlichsten Glückwunsch!

Übrigens: Wenn Sie nicht (auf Anhieb) bei einem Verlag unterkommen, ist es *genauso gut möglich*, dass Sie ein literarisches Genie sind. Harry Potter, ja, *der* Harry Potter, wurde auch von einem Dutzend Verlagen abgelehnt, bevor es schließlich einer genommen hat.

Und zwar nicht, wie manchmal behauptet wird, weil die Lektoren eine Bande oberflächlicher Nichtskönner wären. Sondern, weil es tausend gute Gründe geben kann, ein Buch abzulehnen, obwohl man es mag: Harry Potter zum Beispiel war von Anfang an als Serie angelegt, was ein enormes finanzielles Risiko für den Verlag bedeutet. Jo Rowling war bis dato unbekannt, und es bedeutet eine Menge Arbeit (und Ausgaben) für einen Verlag, das zu ändern. Fantasy, was Harry Potter ja irgendwie auch ein bisschen ist, war schon seit etlichen Jahren praktisch tot. Wenn man sich all das vor Augen hält, ist es fast schon verwunderlich, *dass* sich letztlich ein Verlag das Manuskript gekrallt hat. Bezeichnenderweise war das am Anfang auch ein eher kleinerer. Naja, und der Rest ist bekanntlich Geschichte.

Wie auch immer: Lassen Sie sich in keinem Fall die gute (Schreib-)Laune verderben. Und wenn tatsächlich irgendwann ein Vertrag auf Ihren Tisch flattert und Sie ohne Agenten durch die stürmische Buchsee steuern, sollte Ihr erster Gang der zu einem guten Anwalt sein. Lassen Sie sich nicht von Ihrem (berechtigten) Stolz dazu verleiten, etwas zu unterschreiben, was Sie noch fünf Bücher später bereuen könnten. Sie haben es mit Profis zu tun, also benehmen Sie sich selbst auch wie einer.

* * *

KLEINVERLAGE. Damit meine ich Verlage, die kleine Auflagen Ihrer Bücher drucken und oft selbst nur einen sehr beschränkten Zugang zum Papierbuch-Massenpublikum, sprich den Buchläden finden. So ein Verlag kann durchaus nützlich sein, besonders, wenn Sie in einer kleinen Nische mit einem klar umrissenen Zielpublikum schreiben. Einer kleinen, aber erlesenen Fangemeinde sozusagen, deren Vertrauen der jeweilige Nischenverlag bereits genießt. Das könnte Sie voranbringen, weil man dieses Vertrauen dann zu einem gewissen Teil auch Ihnen entgegenbringen wird.

Fragen Sie sich aber dennoch, bevor Sie irgendwas unterschreiben: Was kann der Verlag für *Sie* tun, das Sie nicht auch mit ein bisschen Aufwand selbst erledigen könnten? Spätestens wenn der »Verlag« von Ihnen als Autor Geld haben möchte, um Lektorat oder Coverdesigner oder die Erstauflage vorzufinanzieren, sollten Sie sich das Ganze sehr genau überlegen. *Sehr, sehr* genau. Womit wir gleich beim nächsten Thema sind. Und diese ärgerliche Erscheinung ist heutzutage aktueller denn je.

***

DRUCKKOSTENZUSCHUSS-»VERLAGE«, **kurz DKZ-Verlage.** Das sind sogenannte Verlage, die Ihnen anbieten, Ihr Buch rauszubringen, egal, wie mies es ist. Echt? Na klar, weil die ganze Chose letztlich niemand anderer bezahlt als Sie selbst und dabei immer noch ein großes Stück vom Kuchen für den sogenannten »Verlag« übrig bleibt. Selbst wenn er kein einziges Ihrer Bücher verkauft.

Was?

Das klingt für Sie eher nach einer Abzockmasche als nach einem seriösen Verlag? Hey, das haben *Sie* jetzt gesagt, ich halte mich bedeckt, sonst kommt noch jemand auf die Idee, mir seine Anwälte auf den Hals zu hetzen. Halten Sie mich für einen Traditionalisten, aber in meiner Welt bezahlen *richtige* Verlage ihre Autoren und nicht umgekehrt.

Ein kleiner Lesetipp zu diesem Thema ist das großartige Buch *Das Foucaultsche Pendel* von Umberto Eco aus dem Jahre 1988. Offenbar ist das Prinzip der Bezahlverlage auch schon vor 29 Jahren nichts Neues gewesen. Nur hießen sie damals noch Eitelkeits-Verlage. Interessanter Name, oder?

* * *

EIN ALLGEMEINER TIPP **zum Thema Verlag:** Jeder alte Hase im Marketing rät Ihnen: Machen Sie es wie Archimedes und sitzen Sie nach Möglichkeit am längeren Hebel.

So könnten auch Sie den Einstieg ins Buchgeschäft versuchen:

Werden Sie erstmal als Selfpublisher erfolgreich, das erspart Ihnen nämlich lange Wartezeiten. Das Feedback, ob Ihr Buch etwas taugt, bekommen Sie auch so, und zwar von den Leuten, auf die es wirklich ankommt: Ihren Lesern.

Wenn Sie dann erstmal ein paar Erfolge und Leser aufweisen können, sind Sie auch gleich viel attraktiver für einen Agenten oder Verlagslektor. Dem können Sie dann nämlich konkrete Zahlen und Erfolge aufweisen und das ist wesentlich beeindruckender als ein Anschreiben, das mit den Worten beginnt: »Ich dachte mir, ich schreibe auch mal so ein Buch ...«

Bestenfalls sparen Sie sich auf diese Weise sogar die Bewerbung beim Agenten oder Verlag, weil dieser bei *Ihnen* anruft anstatt umgekehrt.

SELFPUBLISHING

*E*in paar Autoren, die ich kenne, sind bei Verlagen, großen und kleineren und über manches glücklich und über anderes nicht so. Andere Autoren sind Selfpublisher. Dann gibt es noch so Exoten wie mich, die unbedingt auf mehreren Hochzeiten tanzen müssen, das heißt, gleichzeitig Selfpublisher und Verlagsautoren sind.

Was mir übrigens einen recht guten Einblick in *beide* Welten gewährt, was wiederum meinen Kunden beim *Ideekarree* zugute kommt.

Ein paar von uns Storyjunkies beweisen täglich, dass man vom Schreiben ganz gut über die Runden kommen kann. Allerdings nur, wenn man sich – verzeihen Sie meine offenen Worte – den Allerwertesten dafür ordentlich aufreißt. Wie jeder andere Selbstständige (und die meisten Angestellten) das auch tun. Das schließt den Kampf an mehreren Fronten (Schreiben, Gestaltung, Marketing, Promotion, Fanbetreuung usw.) mit ein. Das ist ein enormer Sack voll Arbeit und üblicherweise nicht mit 8-Stunden-Tagen zu packen. Das sollte man wissen. Nicht jeder ist dafür geschaffen, und das heißt noch lange nicht, dass Sie ein Feigling wären oder ein schlechter Autor, bloß weil Sie auch noch andere Interessen in Ihrem Leben haben. Ganz und gar nicht.

Genauso gut kann man doch neben seinem Job und sonstigen Hobbys ein wenig schreiben und auch ohne großen Marketingaufwand ein zufriedenes Publikum erreichen, ohne jahrelang Klinken putzen und Facebookbildchen posten zu müssen. Hey, das ist absolut cool und sagt nichts aus über irgendwas. Das alles gibt es im Selfpublishing und alles Mögliche dazwischen. Als Verlagsautor kommen Sie dann allerdings nicht so recht in Frage, da wird man schon eine gewisse Regelmäßigkeit Ihrer Veröffentlichungen erwarten, damit man das Geld nicht sinnlos verpulvert. Das ist nämlich immer knapp.

Noch etwas, das Ihnen klar sein sollte, bevor Sie sich bei einer Agentur oder einem Verlag bewerben: Wenn Sie ein Autor bei einem der größeren Verlage sind, wird nach einiger Zeit eines von zwei Dingen passieren: Entweder Ihre Bücher landen regelmäßig schon nach kürzester Zeit auf dem Grabbeltisch (Dann wird man die Zusammenarbeit mit Ihnen irgendwann überdenken müssen) oder Sie werden ein *Topseller* und man reißt sich um Ihre Aufmerksamkeit.

Sie sehen: Hart schuften müssen Sie in jedem Fall.

Allerdings nimmt Ihnen der Verlag dann eine Menge Arbeit ab, wie zum Beispiel Werbung, Cover, Lektorat und so weiter.

Ein Verlag ist ein wirtschaftlich orientiertes Unternehmen. Das heißt, er ist in erster Linie dazu da, das Geld zu erwirtschaften, das nötig ist, seine Mitarbeiter und Autoren in Lohn und Brot zu halten. Was ein Verlag hingegen nicht ist, ist eine Wohltätigkeitseinrichtung oder eine Institution, die darüber entscheidet, was ein gutes und was ein schlechtes Buch *per se* ist, was immer das überhaupt bedeuten soll.

Für einen Verlag ist ein gutes Buch vor allem eines, das

sich gut verkauft.

Verlage bringen die Bücher heraus, von denen sie glauben, dass sie damit Geld verdienen können. Das entscheidende Wort in diesem Satz ist »glauben«. Natürlich haben Verlagslektoren jahrelange Erfahrungen am Markt und verstehen etwas vom Geschäft, andererseits ... andererseits sind da die zig Ablehnungen, die Jo Rowling für Harry Potter kassiert hat und Stephen King für alles Mögliche und ein Haufen anderer Autoren für das, was spätere Mega-Bestseller geworden sind. Stellen Sie sich mal vor, die hätte aufgegeben!

Als Selfpublisher bekommen Sie direktes Feedback von Ihren Lesern, ohne den »Filter« einer Marketingabteilung oder einer Verlagsredaktion, die Ihr Buch ins nächste Jahr schiebt oder ins übernächste, weil die Entscheider in diesen Gremien *glauben*, dass es sich dann besser verkaufen wird.

Als Selfpublisher bringen Sie Ihre Bücher raus, wann Sie es für richtig halten, und es ist ausschließlich an Ihnen, Leser für Ihre Bücher zu finden. Im Guten wie im Schlechten. Und das wirtschaftlich orientierte Unternehmen sind Sie dann selbst. Wenn Sie davon leben wollen. Wozu Sie freilich keiner zwingen kann und will. Es ist völlig cool, ein Hobbyautor zu sein.

Okay.

Ich fand, das sollten Sie wissen. Entscheiden müssen Sie.

Wenn Sie schon seit einer Weile Autor/in sind, wissen Sie das vermutlich alles schon. Wenn dies Ihr erstes Buch ist und Sie mehr zum Thema Selfpublishing erfahren möchten, möchte ich Ihnen die folgenden beiden Websites für den Start ans Herz legen:

Johannes zum Winkels **E-Book-Boss (www.ebookboss.de)** und Matthias Mattings **Selfpublisher-Bibel (www.selfpublisherbibel.de)**.

Da finden Sie einen guten Einstieg in die Materie.

TEIL IX
ANHANG

LITERATURLISTE

Die Tipps in diesem Buch sind ein wildes Durcheinander aus Ideen anderer Leute und ein paar meiner eigenen Erfahrungen, in der Hoffnung, dass Sie etwas darin nützlich finden.

Der Rest ist weißes Chaos, wie Chuck Wendig so treffend sagt.

Wenn ich mich auf Methoden oder Bücher anderer Autoren beziehe, habe ich versucht, an der entsprechenden Stelle einen Vermerk zu machen, von wem ich mir da die Filetstücke herausgepickt habe. Es ist aber gut möglich, dass ich Ihnen hier ein paar Sachen als »meine« Ideen aufgetischt habe, die Sie schon mal anderswo gehört haben. Auch ich erfinde das Rad nicht neu, ich erfinde nur mein eigenes Rad, wenn Sie gestatten. Rund ist es trotzdem, und nicht eckig.

Um Ihnen einen Überblick zu geben, was möglicherweise einen Einfluss auf den Inhalt dieses Buches hatte, liste ich Ihnen die Bücher auf, die ich für die Wichtigsten unter denen halte, die ich bisher selbst zum Thema Schreiben gelesen habe. Ich hoffe, mein bescheidener Beitrag hat Ihnen Lust darauf gemacht, Ihr erstes / nächstes Buch zu schreiben und sich anschließend tiefer mit der Materie zu befassen. Falls ja, sollten Sie es nicht versäumen, sich die folgenden Bücher anzuschauen.

Wenn Sie meinen kleinen 4-Wochen-Kurs mit Bravour bestanden haben und Ihr erstes oder neues Buch hoffentlich viel positive Resonanz erzeugt hat, wird es Zeit, sich die Frage zu stellen, die sich jeder herausragende Schriftsteller täglich stellt:

Was kann ich tun, um noch besser zu werden?

Leider sind ein paar der Bücher derzeit nur in Englisch erhältlich, aber vielleicht hat sich das bis zur Veröffentlichung dieses Büchleins schon geändert. Bemühen Sie einfach mal eine Suchmaschine. Hier sind sie:

- *Das Leben und das Schreiben* von Stephen King. Wenn Sie nur ein Buch übers Schreiben lesen, sollte es dieses sein.
- *The Elements of Style* von William Strunk
- *The Bestseller Code: Anatomy of the Blockbuster Novel* von Jodie Archer und Matthew L. Jockers. Das wird Sie umhauen, glauben Sie mir.
- *Story Physics: Harnessing the Underlying Forces of Storytelling* von Larry Brooks
- *Story Engineering*, ebenfalls von Larry Brooks
- *On Writing Well* von William Zinsser
- *Save the Cat: The Last Book on Screenwriting You'll Ever Need* und die beiden Nachfolger von Blake Snyder. Diese Bücher richten sich zwar eher an Drehbuchautoren, und vermutlich werden Sie danach für eine Weile mit völlig neuen Augen ins Kino gehen. Aber das bringt uns Schriftsteller auf alle Fälle weiter: Ein paar neue Augen von Zeit zu Zeit. Wo wir gerade bei Drehbüchern sind, hier ist noch ein echter Klassiker:

- ***Adventures in the Screen Trade* und *Which Lie Did I Tell?: More Adventures in the Screen Trade*** von William Goldman. Der Mann hat einen ungeheuer kompetenten Background als Autor und Drehbuchautor einiger der besten Filme, die je gedreht wurden. Und er ist verdammt amüsant zu lesen.
- ***How to Write a Novel Using the Snowflake Method*** von Randy Ingermanson. Das habe ich schon oft genug erwähnt. Randy hat's drauf.
- ***Writing Fiction For Dummies*** von Randy Ingermanson und Peter Economy
- ***Wie man einen verdammt guten Roman schreibt*** von James N. Frey. Das Buch ist ein wahres Goldstück für Einsteiger. Wenn ich mich recht entsinne, war das das erste Buch, das ich je über das Schreiben gelesen habe. Von meinem Namensvetter, sozusagen. Witzig. Davon gibt's noch einen zweiten Teil und dann geht es genrespezifisch weiter zum Beispiel mit Knüllern wie: ***Wie man einen verdammt guten Kriminalroman schreibt: Von der Inspiration bis zum fertigen Manuskript: eine schrittweise Anleitung*** und so fort … Lesen Sie sie am besten alle, oder bis Sie für eine Weile genug von Herrn Frey haben.
- ***The Hero with a Thousand Faces*** von Joseph Campbell ist wohl eines der ersten modernen Strukturratgeber zum Thema Heldenreise. Sollte man gelesen haben, falls man gerade seinen Aristoteles verlegt hat.
- ***Write. Publish. Repeat. (The No-Luck-Required Guide to Self-Publishing Success)*** von Sean Platt und Johnny B. Truant. Hardcore-Schreiben, Ami-Style. Wenn Ihnen sowas hilft.

Natürlich beschäftige ich mich nicht ausschließlich mit dem Schreiben. Einige der folgenden Empfehlungen sind daher keine Schreibratgeber im engeren Sinne, aber ich habe da eine Menge Nützliches gefunden, auch und gerade fürs Schreiben:

- *The 4-Hour Work Week: Escape the 9-5, Live Anywhere and Join the New Rich* von Tim Ferris, dessen Website **http://fourhourworkweek.com** Sie unbedingt mal ein paar Besuche abstatten sollten. Kaufen Sie auch seine anderen Bücher *The 4 Hour Body* und *The 4 Hour Chef*, es lohnt sich bestimmt. Gleiches gilt auch für die folgenden Websites und Empfehlungen:
- **www.advancedfictionwriting.com.** Randy Ingermansons Website. Enough said.
- **www.terribleminds.com.** Die Website vom fluchenden Seemann unter meinen Lieblingsautoren, Chuck Wendig. Ich könnte den Kerl den ganzen Tag knuddeln. Lesen Sie unbedingt auch seine Romane!

Abschließend noch ein paar Tipps für eigene Forschungen, fangen Sie am besten mit einer Google-Suche an und kombinieren Sie die Suchbegriffe auch miteinander. Dann schauen Sie, was dabei herauskommt, und ob es für Sie interessant wird.

- **Paretoprinzip, 80-20-Regel**
- **Zeitmanagement**
- **Pomodoro-Technik**

WAS TUN MIT ALL DEN RATGEBERN?

Die meisten der oben genannten Bücher handeln zu einem großen Teil von etwas, über das wir ebenfalls schon früher in diesem Buch mal ganz kurz gesprochen haben: die Struktur des Dramas, also einer guten Story. Dazu habe ich noch eine Kleinigkeit zu sagen, die Sie vielleicht interessiert. Meine zwei Cents, wenn Sie so wollen.

Romane zu *lesen*, ist meiner Meinung nach für einen Romanautor wichtiger, als Ratgeber darüber zu lesen, wie man Bücher schreibt.

Es ist wahr, wenn Sie eine Brücke bauen wollen, sollten Sie jemanden finden, der Ihnen zeigt, wie das geht, es nützt Ihnen wenig bis gar nichts, wenn Sie einfach über möglichst viele Brücken gehen, um zu verstehen, wie man eine baut.

Aber.

Allerdings ist ein Buch keine Brücke, sie besteht aus mehr als dem Verstehen von Formeln und physikalischen Hintergründen. Es geht um ein Gefühl, es geht darum, gefesselt und unterhalten zu werden und vielleicht geht es sogar manchmal ein bisschen um so etwas wie Poesie. Das sind Dinge, die sich schwerlich mit ein paar simplen »Schreibregeln« vermitteln lassen, weil es Dinge des Unterbewussten sind und stark vom persönlichen Geschmack abhängen.

Ich glaube vielmehr, dass jemand, der das Wort »Schreibregeln« benutzt, den Sinn der Sache nicht wirklich verstanden hat.

Gleichzeitig sind diese unterbewussten Zusammenhänge viel leichter zu vermitteln als der physikalische Sachverstand, den man besitzen muss, um zum Beispiel die Golden Gate Bridge zu bauen, und dieses Verfahren (das »einfache« Lesen nämlich) macht auch noch viel mehr Spaß als zehn Semester Bauingenieurstudium.

Indem man nämlich als angehender Autor einfach möglichst viel *liest,* erschließt man sich den Großteil des Know-Hows von ganz allein. Fragen Sie Stephen King, wenn Sie mir nicht glauben. Oder jeden anderen guten Autor.

Lesen Sie nicht *immer* analytisch, sondern so oft es geht, einfach nur zum Vergnügen. Wenn Sie am Lesen prinzipiell keinen Spaß haben, werden Sie vermutlich auch nicht lange Spaß am Schreiben haben. Und mir ist egal, wie viel Sie dabei verdienen – Ihrem Werk wird immer ein bisschen die Seele fehlen, die »den Großen« (und vielen Ihrer weniger bekannten, aber nichtsdestotrotz genialen Kollegen) anhaftet. Aber definieren Sie Erfolg, wie Sie wollen. Ich tu's auch.

Strukturratgeber sind etwas für Fortgeschrittene. Bevor Sie sich jetzt all die oben genannten Bücher kaufen und dann vor diesem gewaltigen Stapel kapitulieren: Lesen Sie erstmal weiter in diesem Text.

Allzu leicht könnten Sie einfach überfahren werden, an Ihre Grenzen stoßen und jede Lust am Schreiben verlieren.

Ein Buch zu schreiben ist einfach.

Ein Buch zu schreiben, dessen Handlung »funktioniert«, ist schon wesentlich schwerer.

Ein Buch zu schreiben, dessen Handlung funktioniert und auch noch dem Muster von z. B. Blake Snyders Beat Sheet aus *Save The Cat!* folgt, ohne dass eben das allzu offensichtlich ist, ist *ganz enorm* schwer!

Es gibt Leute, die das können. Steven Spielberg ist so einer. Vince Gilligan hat das brillant mit der Erfolgsserie *Breaking Bad* gezeigt. William Goldman ist der *King* dieser Zunft. Aaron Sorkin ist einer von den wirklich, wirklich Guten, der viel von Mister Goldman gelernt hat und außerdem der heimliche König des Dialogs ... Ich könnte das endlos fortsetzen.

All diese Leute sind jedoch Ausnahmetalente und schon seit Jahrzehnten im Geschäft. Das kann ich von mir nicht behaupten. Können Sie?

Stellen Sie sich keine Ziele, an denen Sie scheitern *müssen*. Noch nicht.

Struktur- oder Schreibratgeber sind *kein* Regelwerk. Sie sind *keine* Anleitung zum Malen nach Zahlen, auch wenn das manchmal sogar funktioniert. Nehmen wir zum Beispiel Blake Snyder und seine Katze. Wenn Sie das Buch *Save The Cat!* tatsächlich mal lesen, werden Sie feststellen, dass auch Blake die Sache nicht so furchtbar eng sieht wie viele seiner militanteren Anhänger. Er fordert Sie sogar auf, die Strukturelemente des Plots zu verändern und sie in andere Reihenfolge zu packen, *wenn Sie es nur aus einem guten Grund tun*. Wozu Sie allerdings erstmal verstehen müssen, was Sie da überhaupt tun und wieso.

Und dabei hilft Ihnen die Lektüre seiner Bücher ganz enorm.

So entstehen diese Strukturratgeber nämlich: Blake Snyder, Joseph Campbell, Larry Brooks, und wie sie alle heißen, haben Tausende, wenn nicht Millionen Bücher und

Drehbücher analysiert, um herauszufinden, welche Struktur dahintersteckt, und ob es so etwas gibt wie ein Rezept für Erfolg.

Und bis jetzt hat niemand von diesen Profis diese Frage abschließend beantworten können.

Allerdings haben die Story-Experten gewisse Gemeinsamkeiten herausgefunden, welche alle Bestseller und Blockbuster haben oder doch zumindest die allermeisten davon. Das sind Dinge, die »funktionieren«, aber kein Mensch, der noch bei Trost ist, erhebt bei so etwas einen Anspruch auf Vollständigkeit. Keiner sagt Ihnen, ob das auch für *Sie* beim Schreiben funktionieren wird, und ob es nicht auch ganz andere Erfolgskriterien gibt, die bisher einfach noch niemand gefunden hat.

Vor allem aber stellt sich niemand hin und sagt: »So *müssen* Sie es machen, alles andere ist Mist.«

Genau so sollten Sie diese wirklich gut gemeinten Ratschläge auch verstehen: Als Anregung, und nicht als Marschbefehl. Analysieren Sie, begreifen Sie — und dann gehen Sie Ihren eigenen Weg.

Hier ist etwas, auf dem Sie mal herumkauen sollten, nämlich die Frage nach dem Huhn oder dem Ei, beziehungsweise, was davon zuerst da war:

All die analysierten Bücher gab es schon, als sie von den Strukturgurus analysiert wurden.

Das heißt, die Autoren dieser Bestseller haben beim Schreiben vielleicht kaum einen (bewussten) Gedanken an Strukturelemente verwendet, sondern sie hatten einfach ein Gefühl dafür, wann ihre Story funktionieren würde, und so haben sie die dann geschrieben.

Außerdem: Hinterher ist man immer schlauer, wie es so schön heißt, und *nachdem* die Europameisterschaft gelaufen ist, kann ich Ihnen auch die Torschützen jedes einzelnen Spiels aufzählen, nur – was nützt Ihnen das dann?

Wenn ein Buch schon ein Bestseller ist, finde ich bestimmt ein Strukturkorsett, in das ich es dann nachher zwängen kann. Weil gute Geschichten nun mal gewisse Erwartungen erfüllen. *Anfang, Mitte, Ende*, um mal eine zu nennen.

Auf jeden Bestseller, der sich an die sogenannten »Goldenen Regeln« hält, kommen Tausende, die sich ebenfalls daran halten, mitunter sogar sklavisch – und allesamt *keine* Bestseller geworden sind, nicht mal annähernd.

Warum, lieber Storyguru, warum?

Vielleicht deshalb:

William Goldman ist ein Autor, der eine Menge über Struktur, Drehbücher und Hollywood weiß, vermutlich mehr als irgendjemand sonst auf diesem Planeten. Und wissen Sie, für welchen Ausspruch über das Filmgeschäft er berühmt ist?

> »Nobody knows anything ... Not one person in the entire motion picture field knows for a certainty what's going to work. Every time out it's a guess and, if you're lucky, an educated one.«

— *William Goldman, Adventures in the Screen Trade: A Personal View of Hollywood and Screenwriting, 1983*

ÜBERSETZUNG VON MIR:

> »Niemand weiß irgendetwas. Nicht eine Person im Filmgeschäft kann mit Bestimmtheit sagen, was funktionieren wird. Jeder rät nur und wenn Sie Glück haben, hat derjenige einen begründeten Verdacht.«

Noch mal: *Niemand weiß irgendetwas.*

Weise Worte.

Das ist tröstlich, denn es heißt: Erfolg lauert manchmal dort, wo Sie es am wenigsten erwarten. Öfter als Sie denken. Graben Sie auch da.

Gute Analyse ist schwer, Kreativität ist *viel* schwerer. Ein Buch, das bekanntermaßen bereits ein Bestseller ist, auseinanderzunehmen und zu begründen, warum es eigentlich gar keine andere Wahl hatte, als ein Bestseller zu werden, ist interessant, aber im Grunde recht einfach. Es findet sich immer ein Strukturkonzept, welches dann nachher wie die Faust aufs Auge passt, wenn man lange genug danach sucht.

Ein Manuskript herzunehmen und *vorauszusagen*, ob es ein Hit wird, ist schon um einiges schwerer. Diesen Ansatz verfolgen die Autoren des Buches *The Bestseller Code: Anatomy of the Blockbuster Novel* und kommen zu ein paar wirklich verblüffenden Erkenntnissen. Wie gesagt, das wird Sie umhauen.

Aber all diese Kenntnisse über Struktur, Stil und den ganzen anderen Kram befähigen einen nicht automatisch auch zum Schreiben eines Bestsellers. So hat der 2009 verstorbene Blake Snyder zwar Tausende von Drehbuchautoren mit seinem scharfsinnigen »Save the Cat«-Konzept beeinflusst — sein eigener Erfolg als Drehbuchautor in Hollywood hielt sich jedoch in überschaubaren Grenzen. Weil es eben doch so ist, wie William Goldman sagt, dass nämlich niemand wirklich etwas *weiß*.

Am Ende stochern wir alle im Dunkeln. Aber es schadet sicher nichts, ein paar Taschenlampen im Gepäck zu haben.

Laaangweilig! Die meisten Strukturkonzepte sind auch deshalb so berühmt, weil Millionen Bücher und Filme ihnen anschließend gefolgt sind. Die guten davon tun das mit Eleganz und lenken uns durch spektakuläre Einfälle, Optik oder auch mal durch die Oberweite der Hauptdarstellerin von dieser Tatsache ab. Dennoch: Wir (die Leser, das Kinopublikum) kennen diese Struktur, und zwar in- und auswendig, wenn das die meisten von uns auch nur unterbewusst wahrnehmen.

Wir »erwarten« den vorletzten Twist genau bei zwei Dritteln des Films und die überraschende Erkenntnis kurz vor dem Schluss. Weil wir das schon unzählige Male so gesehen und gelesen haben.

Und dieser Umstand hilft uns als Autoren. Wie ich eingangs schrieb, bedeutet das nämlich, dass Sie eigentlich schon ein ziemlich gutes Gefühl dafür haben dürften, ob die Struktur Ihres Buches funktionieren wird oder nicht. Öffnen Sie sich diesem Gefühl.

Aber probieren Sie gelegentlich auch mal etwas Neues. Wenn Sie gut genug schreiben, kommen Sie auch damit durch. Und wer weiß, vielleicht wird es ja ein Hit, oder es revolutioniert das, was wir bisher über Bücher und die Struktur von Story zu wissen glaubten. Ich wünsche es Ihnen und uns von Herzen.

Sollten Sie allerdings auf die Idee kommen, diese »Strukturregeln« für ein literarisches Malen nach Zahlen zu benutzen, indem Sie einfach nur plump diesen sogenannten Regeln folgen, werden Sie uns zwangsläufig langweilen und noch schlimmer: sich selbst vermutlich auch. Und wie Sie wissen, verzeihen wir Ihnen nur eine einzige Sache als Leser oder Kinobesucher nicht: Wenn Sie uns langweilen. *Ab mit dem Koooopf!*

Warum empfehle ich Ihnen also dennoch das Studium von Dramastruktur?

Weil all diese Bücher lehrreich und die meisten von ihnen außerdem sehr unterhaltsam geschrieben sind. Weil gewisse Grundkenntnisse von Struktur einfach zu Ihrem und meinem Handwerkszeug gehören sollten und weil, falls Sie das mit der Schriftstellerei ernsthaft über längere Zeit betreiben, zwangsläufig irgendwann der Punkt kommen wird, an dem Sie etwas Neues brauchen werden; einen neuen Funken, eine neue Inspiration, eine neue Muse, mit der Sie wild auf der Parkbank herumknutschen können wie drei frisch verliebte Teenager.

Weil Ihre Storys vielleicht komplexer werden und anspruchsvoller und Sie dann an Punkte kommen könnten, wo Sie sich verrennen werden und vielleicht ein bisschen Hilfe gebrauchen können. Und dann kann es nützlich sein, ein bisschen in der Werkzeugkiste zu kramen.

Wie arbeiten Sie nun mit solchen Büchern und Konzepten? Ich habe natürlich auch dafür ein Patentrezept, das war Ihnen vermutlich sowieso schon klar. Hier ist es:

Lesen Sie das betreffende Buch durch, erfreuen Sie sich an Aha!-Momenten und der gekonnten Schreibe seiner Autoren und Autorinnen, und dann klappen Sie das Ding zu und machen was anderes, am besten Schreiben.

Machen Sie sich *keine* Notizen am Buchrand, unterstreichen Sie sich nichts, kopieren Sie nichts in Ihr Notizbuch, schreiben Sie nichts ab!

Was Ihnen etwas nützt, wird sie später von ganz allein aus dem Unterbewusstsein anspringen, und zwar dann, wenn Sie es brauchen. Und wenn Sie Lust drauf haben, lesen Sie das Buch einfach noch mal und noch mal und ... Das funktioniert sogar mit diesem.

Es würde mich freuen, wenn Sie's täten.

FÜR SIE: EIN SCHLUSSWORT

Wenn Sie demnächst ein neues Buch veröffentlichen werden, und dieses hier hatte auch nur das Mindeste damit zu tun, freue ich mich wie verrückt für Sie. Ich drücke Ihnen die Daumen, dass es ein Megabestseller wird! Aber selbst wenn das nicht auf Anhieb klappen sollte, haben Sie mit Sicherheit ein vortreffliches Buch abgeliefert: Und Sie wissen jetzt, wie Sie das wiederholen können und dabei immer besser werden. Immer und immer wieder.

Dann ist es höchstens eine Frage der Zeit, bis man Ihr Talent entdecken wird. Sie lassen der Leserschaft ja praktisch keine andere Wahl.

Ich würde mich sehr freuen, von Ihnen und Ihrem Buch zu hören. Wenn es mir gefällt und Sie das möchten, empfehle ich es vielleicht sogar den Lesern meines Newsletters weiter. Das mache ich nämlich gelegentlich, weil diese wundervollen Menschen einfach viel schneller lesen, als ich schreiben kann. Unglaublich, wie sie nun mal sind.

Wenn Sie Lust bekommen haben sollten, eins meiner

Bücher zu lesen, dann schauen Sie doch mal auf **www.LC-Frey.de** vorbei. Das ist meine Autorenwebsite.

Eine kleine große Bitte: Wenn Sie der Meinung sind, dass dieses Buch hier seinen Lesern (also Ihnen und anderen Schriftstellern und solchen, die es werden wollen) etwas nützt, dann seien Sie doch so nett und schreiben ein paar hilfreiche Sätze in Form einer Rezension, und zwar auf der Website, auf der Sie es gekauft haben. Darüber würde ich mich wahnsinnig freuen und andere Leser auch, weil sie dann leichter entscheiden können, ob ihnen dieses Buch etwas nützt oder nicht. Ein paar kurze Sätze genügen dabei völlig, die restliche Schreibkraft sollten Sie sich lieber für Ihren nächsten Roman aufheben.

Wenn Sie außerdem noch Fragen oder Anregungen haben, lesen Sie noch das nächste Kapitel. Dann ist aber wirklich Schluss. Versprochen.

FEEDBACK: WÜNSCHE, FRAGEN, ANREGUNGEN?

Als Leser (und hoffentlich auch Käufer) dieses Buches möchte ich Ihnen neben einer Rezension auf der Website Ihres bevorzugten Online-Buchhändlers (wo ich sie natürlich auch lesen werde) gern eine weitere Möglichkeit geben, mir die Fragen zu stellen, die Sie jetzt vielleicht noch an mich haben. Soweit möglich, werde ich Ihre Fragen öffentlich beantworten, sodass sie alle anderen Leser sehen können, dann haben wir alle was davon.

Hier ist der Link zu einer Facebook-Seite, die ich eingerichtet habe, damit wir alle miteinander über das Schreiben von Büchern (und worauf wir sonst Lust haben) reden können:

https://www.facebook.com/StoryTurbo/

Wenn Sie das nicht in aller Öffentlichkeit wollen, schreiben sie mir einfach eine Mail. Ich tue mein Bestes, ihnen so schnell wie möglich zu antworten.

NEUES VON MIR UND MEINEN ROMANEN

Außerdem würde es mich sehr freuen, wenn Sie meinen Autoren-Newsletter abonnieren würden. Dann habe ich nämlich die Möglichkeit, Sie gelegentlich auf Neuerscheinungen aus meiner Feder hinzuweisen. Außerdem kommen Sie auf diese Weise in den Genuss von exklusiven Gewinnspielen, Vorab-Leseproben, Cover-Previews und, und, und. Der Newsletter ist selbstverständlich kostenlos.

Hier können Sie ihn abonnieren:
www.lcfrey.de/newsletter-2

Und damit bleibt mir wenig mehr, als Ihnen zu danken, dass Sie diese Reise mit mir angetreten haben. Ich wünsche Ihnen viel Erfolg als Autorin oder Autor. Lassen Sie mich gern wissen, wenn ich etwas damit zu tun hatte.

Wir lesen uns!
Ihr
L.C. Frey

ÜBER DEN AUTOR

„Die ersten Plätze in den Bestsellerlisten ist er gewohnt, in den Kategorien Suspense und Psychothriller rangiert er meistens auf Platz 1. Viele Auszeichnungen schmücken seine Vita. Bestseller-Autor L.C. Frey ist bekannt für seine Krimis und Horrorthriller."

– Angela Baur, Tolino Media Blog

* * *

L.C. Frey

L.C. Frey hatte jede Menge Jobs, bevor er zum Schreiben fand. Der diplomierte Ingenieur optimierte Bewegungsabläufe für Roboter und plante Fließbandanlagen, bevor er sich für eine Weile als Berufsmusiker und mit einem Tonstudio durchs Leben schlug. Seine Liebe zur Literatur führte ihn 2011 nach Leipzig, wo er seitdem lebt und an seinen Romanen arbeitet. Als Selfpublisher erreichte er mehrfach vordere Plätze in den Amazon-Verkaufscharts sowie 2016 den Status *Bild-Bestseller*. Im September 2015 erhielt der Autor erstmals den begehrten *Kindle Unlimited Allstar*, eine Auszeichnung für besonders beliebte und vielgelesene Autoren.

Frey liebt es, seine Leser mit der abgründigen Seite der menschlichen Seele zu konfrontieren, wobei er sich bisweilen auch dabei ein Augenzwinkern nicht verkneifen kann. Unter dem Pseudonym Ina Straubing schrieb er außerdem den Liebesroman *Die Liebe ist ein Trampeltier*, der im *Montlake Romance* Verlag von Amazon erschien. Der Autor lebt mit seiner Lebensgefährtin in Leipzig.

Von L.C. Frey bisher erschienen:

- STORY TURBO: BESSER SCHREIBEN MIT SYSTEM! (2017)
- SO KALT DEIN HERZ (PSYCHOTHRILLER, 2017)
- ICH BRECHE DICH (THRILLER, 2017)
- DIE SCHULD DER TOTEN (THRILLER-SAMMELBAND, 2016)
- VOM DUNKEL DER SEELE (MIT PAUL ANGER, THRILLER, 2016)
- OBLIVIO TOTALIS (KURZGESCHICHTE, ERSCHIENEN IN DER ANTHOLOGIE „VISIONARIUM PRÄSENTIERT: ARCANUM. GESCHICHTEN AUS DER ZUKUNFT", 2016)
- ABGESANG: DER TAG DER TOTEN (INTERAKTIVES LESEABENTEUER, 2016)
- DÜSTERE DICKICHTE: SCHURKEN-ALARM (INTERAKTIVES LESEABENTEUER, 2016)
- TOTGESPIELT (THRILLER, 2016, KINDLE-BESTSELLER, BILD-BESTSELLER 2016)
- DIE SCHULD DER ENGEL (THRILLER, 2015, KINDLE-BESTSELLER #6 IN 2015)
- JAKE SLOBURN STAFFEL 1: DER GROSSE JAKE-SLOBURN SAMMELBAND (2014)
- BEUTETRIEB: JAKE SLOBURNS DRITTER FALL (HORRORTHRILLER, 2014)
- DAS GEHEIMNIS VON BARTON HALL (SCHAUERNOVELLE, 2014)
- DRAAKK: SOMETHING HAS AWOKEN (ENGLISH VERSION, 2014)
- DRAAKK: ETWAS IST ERWACHT. (HORRORTHRILLER, 2013)

- KINDERSPIELE: Jake Sloburns zweiter Fall (Horrorthriller, 2013)
- SEX, DRUGS & TOD: Jake Sloburns erster Fall (Horrorthriller, 2013)
- NORA: AUCH PSYCHOS BRAUCHEN LIEBE (Minithriller, 2013)

Mehr über L.C. Frey auf
www.LCFrey.de

Printed in Poland
by Amazon Fulfillment
Poland Sp. z o.o., Wrocław